高等职业教育财务会计类系列教材

税法与纳税实务（下册）

主　编◎郑福芹　张永新　邢庆亮
副主编◎冀香芬　刘纪录
王春芳　郭太相

同济大学出版社
TONGJI UNIVERSITY PRESS
·上海·

内容提要

本书以满足办税员、税务管理、税务会计、税务代理等纳税岗位需求为依据，将税法理论与纳税实务相结合，做到理实一体，具有较强的实用性、实战性。全书共分上、下两册九个项目。下册主要包括个人所得税法及纳税实务，关税法、船舶吨税法及纳税实务，财产和行为类税法及纳税实务，税务行政法制。

本书不仅可以作为高等职业院校财经商贸类专业的教学用书，也可作为各种财税培训机构的培训用书，还可以供广大财税实务工作者阅读参考。

图书在版编目(CIP)数据

税法与纳税实务. 下册 / 郑福芹，张永新，邢庆亮主编；冀香芬等副主编. --上海：同济大学出版社，2024.11. -- ISBN 978-7-5765-0045-5

Ⅰ. D922.22;F812.423

中国国家版本馆 CIP 数据核字第 2024AV1064 号

税法与纳税实务(下册)

主　编　郑福芹　张永新　邢庆亮

责任编辑　杨　艳　**助理编辑**　张瀚文　**责任校对**　徐春莲　**封面设计**　渲彩轩

出版发行　同济大学出版社　www.tongjipress.com.cn

(地址:上海市四平路 1239 号　邮编:200092　电话:021-65985622)

经　销　全国各地新华书店

排　版　南京文脉图文设计制作有限公司

印　刷　启东市人民印刷有限公司

开　本　787mm×1092mm　1/16

印　张　15

字　数　328 000

版　次　2024 年 11 月第 1 版

印　次　2024 年 11 月第 1 次印刷

书　号　ISBN 978-7-5765-0045-5

定　价　52.80 元

前言

随着我国税制改革的不断深入和税收立法步伐的加快，税法教材内容的更新换代需求更为迫切，而在实际教学中，因为出版周期长、时间跨度大等，税法教材内容的更新相对滞后，不能满足财经商贸类专业的教学需求。同时，一些高等职业院校将“税法”与“纳税实务”课程合二为一，在现行市面上很难找到与之相匹配的单本教材，只能征订《税法》《纳税实务》等多本教材配合教学使用，这样既增加了教材使用成本，教学内容的重复也增加了教师的教学负担，所以我们迫切需要一本适合税法理论与纳税实务并行教学的单本教材，本书的编写就显得极为必要。

本书编写以习近平新时代中国特色社会主义思想为指导，深入贯彻党的二十大精神，严格遵守教育部印发的《职业院校教材管理办法》的规定，全面贯彻党的教育方针，落实立德树人根本任务。《税法与纳税实务》以满足办税员、税务管理、税务会计、税务代理等纳税岗位需求为依据，以培养学生良好的职业道德、依法纳税意识以及税法应用和考证能力、纳税实操能力、税务管理能力等职业核心能力为目标，集税法与纳税实务于一体，将税法与纳税实务、税务筹划等的内容有机融合，既注重税法理论学习，也注重纳税实务操作处理，要求学生掌握税法基本理论，增值税、消费税、企业所得税、个人所得税等现行各税种的基本法律内容，税额计算，纳税申报，网上报税实务操作等内容。

与国内外已出版的同类书比较，本书主要有以下特点：

一是全过程全方位融入课程思政教育，重视课程思政建设。本书以普法教育为基础，加强社会主义法治教育，注重培养学生的依法纳税意识和自律意识，注重立德树人，将税法知识传授和价值引领有机结合，每个项目均明确了课程思政目标、提炼了课程思政元素、融入了课程思政教学内容，在各项目、各税种的教学中全方位全过程融入课程思政内容，在案例讲解和税法条款解读中潜移默化地融入社会主义核心价值观、爱国主义理想信念，以及劳动教育、职业道德、依法纳税、诚信、环保、绿色低碳等课程思政教育理念。

二是注重时效性，力求引入最新税法内容（本书适用最新税法政策截至 2024 年 6 月）。本书根据截稿时间前的最新财税政策内容编写，力求政策最新，突出时效性。本书所用各税种纳税申报表等表格均为最新版本。

三是理实结合，强调教学做一体化。本书将税法理论与纳税实务操作融为一体，每个税种的学习内容包括税法基本要素理论、税额计算、网上报税实务操作等部分，坚持理实融合、课证融合、产教融合、学岗融通、知行合一。同时，本书体例新颖，教学资源丰富，含课件、案例、讲义、习题等资源，方便教学使用。

四是注重实用性。本书以实际案例模拟企业各税种税务操作流程，突出培养纳税岗位实践能力。

五是注重实战性，突出岗课赛证融合。本书将课程内容与近年会计考证真题考点、技能大赛项目等有机融合，培育学生的考证能力和后续可持续发展能力。

本书总学时为 96 学时，各章具体学时分配建议如下：

《税法与纳税实务》学时参考表

编号	教学内容		学时安排	
			理论	实践
1	项目一　税法总论及纳税实务基础	前言、税法要素、税法体系、涉税会计岗位、税务登记管理、纳税操作基础等	6	2
2	项目二　增值税法及纳税实务	增值税基本法律、增值税计税管理、税务会计及网上报税操作处理	16	14
3	项目三　消费税法及纳税实务	消费税基本法律、消费税计税管理、税务会计及网上报税操作处理	6	4
4	项目四　城市维护建设税法及纳税实务	城建税、教育费附加的基本内容及网上报税操作处理		
5	项目五　企业所得税法及纳税实务	企业所得税基本法律、企业所得税计税管理、税务会计及网上报税操作处理	8	10
6	项目六　个人所得税法及纳税实务	个人所得税基本法律、个人所得税计税管理、税务会计及网上报税操作处理	6	4
7	项目七　关税法、船舶吨税法及纳税实务	关税、船舶吨税的基本法律及计税管理	2	0
8	项目八　财产和行为类税法及纳税实务	资源税、土地增值税、城镇土地使用税、耕地占用税、房产税、环境保护税、契税、车船税、印花税、车辆购置税的基本法律及计税管理、税务会计及网上报税操作处理	8	4
9	项目九　税务行政法制	税务管理、税款征收、税务检查、违法处理、税务会计及网上报税操作处理	4	2
合计			56	40

本书不仅可以作为高等职业院校财经商贸类专业的教学用书，也可作为各种财税培训机构的培训用书，还可以供广大财税实务工作者阅读参考。

本书分为上、下两册，由同济大学出版社出版。

上册由潍坊职业学院郑福芹、王妮娜、邢庆亮主编，张永新、王美婷、李梅、刘纪录为副主编，分工如下：郑福芹主编项目一至项目五主体部分；王妮娜主编项目四、参编项目二；邢庆亮参编项目一并对全书的课程思政进行审核指导；张永新参编项目三；王美婷参编项目一；李梅、刘纪录参编项目五。

下册由潍坊职业学院郑福芹、张永新、邢庆亮主编，冀香芬、刘纪录、王春芳、郭太相为副主编，分工如下：郑福芹主编项目六至项目八主体部分；张永新共同主编项目六、项目七；邢庆亮编写项目八任务 8.3、8.4 并对全书的课程思政进行审核指导；冀香芬编写项目九；刘纪录编写项目六任务 6.3；王春芳编写项目八任务 8.5；郭太相编写项目八任务 8.6、8.7。

本书在编写过程中借鉴了专家学者们的研究成果，同时得到了山东北方联合会计师事务所（普通合伙）注册会计师兼律师李建军、致同会计师事务所（特殊普通合伙）注册会计师赵艳美和同济大学出版社的大力支持，在此表示衷心感谢。由于作者水平有限，书中难免存在一些不足之处，敬请广大读者批评指正。

编者

2024 年 6 月

目　录

项目六
个人所得税法及纳税实务

职业能力与思政目标

1. 理解个人所得税的征收理念、掌握个人所得税的基本概念、特点；
2. 掌握个人所得税的纳税人、征税范围、税率、税收优惠等税法要素内容；
3. 确定个人所得税的计税依据、计税方法、税额计算、汇算清缴，学会计算个人所得税的应纳税额；
4. 掌握个人所得税征收管理和纳税申报流程，能根据业务资料办理个人所得税的网上报税实务操作；
5. 了解我国的个税政策、现阶段国情及收入分配制度的基本情况，培养学生的社会主义核心价值观；
6. 理解体会个人所得税中所蕴含的调节收入分配、国家鼓励生育等人本理念，理解人民税收、为国聚财、为民收税理念；
7. 培养学生良好的职业道德、正确的消费理念、诚信品质、依法纳税意识等；
8. 培养学生具备熟练的税务实操能力和一定的税务筹划与风险管控能力。

案例导入

财富的“二八法则”

社会约80%的财富集中在20%的人手里，而80%的人只拥有20%的社会财富。这种统计的不平衡性在社会、经济及生活中无处不在，这就是“二八法则”。

个人所得税是对社会财富的二次分配，体现的是公平与效率的平衡。开征个人所得税，旨在增加财政收入的同时，调节收入分配、缩小贫富差距、促进社会公平、增强公民依法纳税意识。

党的二十大报告提出要增进民生福祉，提高人民生活品质。为此，我国坚持按劳分配为主体、多种分配方式并存，构建初次分配、再分配、第三次分配协调配套的制度体系。坚持多劳多得，促进机会公平，增加低收入者收入，扩大中等收入群体。加大税收、社会保障、转移支付等的调节力度。完善个人所得税制度，规范收入分配秩序，规范财富积累机制，保护合法收入，调节过高收入，取缔非法收入。

课程思政元素

1. 用现实案例进行普法教育、国情教育，筑牢法治意识、法律底线意识。
2. 强化税收法治教育，树立依法纳税意识，教育学生自觉学法、懂法、守法、用法。
3. 调节收入分配，缩小贫富差距，体现社会公平。
4. 树立防范化解税收风险理念，树立税务筹划意识。
5. 培养良好的职业道德，以及客观公正、诚实守信、廉洁自律的人生价值观。
6. 引导学生树立正确的价值观，坚守法律底线，坚决同偷税、漏税等违法行为作斗争。

任务 6.1　个人所得税的纳税人与征税范围

一、个人所得税的概念及法律依据

个人所得税主要是以自然人取得的各类应税所得为征税对象而征收的一种所得税，是政府利用税收对个人收入进行调节的一种手段。

个人所得税最早起源于英国，为了筹措对法战争的军费，英国于 1799 年开始对高收入群体征收个人所得税。个人所得税目前已成为世界各国普遍适用的一个税种。

各国开征个人所得税，既是为了调节贫富差距，也是为了增加财政收入，而通过财政收入来提供公共产品是第一位的，收入调节功能则是第二位的。为了维护国家的经济权益，适应对外开放的需要，我国于 1980 年开始实施个人所得税法并开征个人所得税。我国个人所得税法的立法原则是调节收入分配、体现社会公平、增强依法纳税意识、增加财政收入。

个人所得税法是指国家制定的用以调整征税机关与自然人（居民、非居民人）之间在个人所得税征纳与管理过程中所发生的社会关系的法律规范的总称。1980 年 9 月 10 日，第五届全国人民代表大会第三次会议制定了《中华人民共和国个人所得税法》（以下简称《个人所得税法》）。《个人所得税法》多年来经过了七次修改，目前适用的基本规范是2018年8月31日由第十三届全国人民代表大会常务委员会第五次会议修改通过，并于2019年1月1日起施行的《个人所得税法》。

知识链接

我国个人所得税法的发展

1980年9月10日，第五届全国人民代表大会第三次会议通过并公布了《中华人民共和国个人所得税法》，我国的个人所得税制度至此方始建立。

1993年10月31日，第八届全国人民代表大会常务委员会第四次会议通过了《关于修改〈中华人民共和国个人所得税法〉的决定》，对《个人所得税法》进行第一次修正，规定在中国境内有住所或无住所但在境内居住满一年的个人在中国境内和境外的所得，以及在中国境内无住所又不居住或无住所而在境内居住不满一年的个人在中国境内的所得，均应依法缴纳个人所得税。

1999年8月30日，第九届全国人民代表大会常务委员会第十一次会议通过了《关于修改〈中华人民共和国个人所得税法〉的决定》，对《个人所得税法》进行第二次修正，开征了个人储蓄存款利息所得税。

2005年10月27日，第十届全国人民代表大会常委会第十八次会议通过了《个人所得税法修正案草案》，对《个人所得税法》进行第三次修正，规定个人所得税免征额自2006年1月1日起由800元提高到1 600元。

2007年6月29日，第十届全国人民代表大会常务委员会第二十八次会议通过了《关于修改〈中华人民共和国个人所得税法〉的决定》，对《个人所得税法》进行第四次修正。

2007年12月29日，第十届全国人民代表大会常委会第三十一次会议通过了《关于修改〈中华人民共和国个人所得税法〉的决定》，对《个人所得税法》进行第五次修正，规定个人所得税免征额自2008年3月1日起由1 600元提高到2 000元。

2011年6月30日，第十一届全国人民代表大会常委会第二十一次会议通过了《关于修改〈中华人民共和国个人所得税法〉的决定》，对《个人所得税法》进行第六次修正，规定个人所得税免征额提高到3 500元，同时，个人所得税第1级税率由5%修改为3%，9级超额累进税率修改为7级，取消15%和40%两档税率，扩大3%和10%两个低档税率的适用范围。

2018年8月31日，第十三届全国人民代表大会常委会第五次会议通过了《关于修改〈中华人民共和国个人所得税法〉的决定》，对《个人所得税法》进行第七次修正，规定自2018年10月1日起，个人所得税免征额调至每月5 000元，2018年10月1日至2018年12月31日，将工资、薪金所得基本减除费用标准提高至每月5 000元，并适用新的综合所得税率。

新个税法2019年1月1日起全面施行，工资薪金、劳务报酬、稿酬和特许权使用费等四项劳动性所得首次实行综合征税，增加六项专项附加扣除，即居民个人的综合所得以每一纳税年度的收入额减除费用60 000元以及专项扣除、专项附加扣除和依法确定的其他扣除后的余额为应纳税所得额。历经此次修改，个税的部分税率级距进一步优化调整，扩大3%、10%、20%三档低税率的级距，缩小25%税率的级距，其他三档较高税率级距不变。

二、个人所得税的征收模式

个人所得税的纳税人不仅包括个人，还包括具有自然人性质的企业。一般地，个人所得税的税制模式有三种：分类征收制、综合征收制与混合征收制。分类征收制，就是对纳税人不同来源、不同性质的所得项目分别规定不同的税率征税；综合征收制，就是对纳税人全年的各项所得加以汇总，并就其总额进行征税；混合征收制兼有上述两种模式的特点，即对一部分所得项目加以汇总后实行按年汇总计算纳税，对其他所得项目则实行分类征收。

自2019年1月1日起，我国实行分类与综合相结合的个人所得税征收模式，即混合征收制，对工资薪金所得、劳务报酬所得、稿酬所得和特许权使用费所得采用综合征收，对四项之外的其他所得采用分类征收。个人所得税在组织财政收入、提高公民纳税意识，尤其在调节个人收入分配差距方面具有重要作用。

我国个人所得税具有超额累进税率与比例税率并用、费用定额扣除和定率扣除并用、课源制和申报制两种征纳方法并用、计算较复杂等特点。

三、个人所得税的纳税义务人

个人所得税的纳税义务人包括中国公民、个体工商户、个人独资企业、合伙企业投资者、在中国有所得的外籍人员（包括无国籍人员，下同）和香港、澳门、台湾同胞。上述纳税义务人依据住所和居住时间两个标准，区分为居民个人和非居民个人，分别承担不同的纳税义务。

（一）居民个人

居民个人承担无限纳税义务。其所取得的应纳税所得无论是来源于中国境内还是中国境外，都要在中国缴纳个人所得税。根据《个人所得税法》规定，居民个人是指在中国境内有住所，或者无住所而一个纳税年度内在中国境内居住累计满183天的个人。

在中国境内有住所的个人是指因户籍、家庭、经济利益关系而在中国境内习惯性居住的个人。

一个纳税年度即公历1月1日起至12月31日止。在计算居住天数时，取消了原有的临时离境规定，按纳税人一个纳税年度内在境内的实际居住时间确定，即境内无住所的个人在一个纳税年度内无论出境多少次，只要在我国境内累计住满183天，就可判定为我国的居民个人。个人所得税的居民个人包括以下两类：

1. 在中国境内定居的中国公民和外国侨民。但不包括虽具有中国国籍，却并没有在内地定居，而是侨居海外的华侨和居住在中国香港、澳门、台湾的同胞。

2. 从公历1月1日起至12月31日止，在中国境内累计居住满183天的外国人、海外侨胞和中国香港、澳门、台湾同胞。

例如，一外籍人员从2021年10月起到中国境内的公司任职，在2022年纳税年度内，虽然该外籍个人曾多次离境回国，但由于其在我国境内的居住停留时间累计达206天，已经超过了一个纳税年度内在境内累计居住满183天的标准，因此，该纳税义务人应为居民个人。

现行《个人所得税法》中“中国境内”的概念，是指中国内地地区，目前还不包括中国香港、澳门和台湾地区。

（二）非居民个人

非居民个人是指不符合居民个人判定标准（条件）的纳税义务人。非居民个人承担有限纳税义务，仅就其来源于中国境内的所得向中国缴纳个人所得税。《个人所得税法》规定，非居民个人指“在中国境内无住所又不居住，或者无住所而一个纳税年度内在境内居住累计不满183天的个人”。也就是说，非居民个人是指习惯性居住地不在中国境内，而且不在中国居住；或者在一个纳税年度内在中国境内居住累计不满183天的个人。

自2019年1月1日起，无住所个人一个纳税年度内在中国境内累计居住天数按照个人在中国境内累计停留的天数计算。在中国境内停留的当天满24小时的，计入中国境内居住天数；在中国境内停留的当天不足24小时的，不计入中国境内居住天数。

【做中学6-1】 某外国人2019年2月12日来华工作，2020年2月15日回国，2020年3月2日返回中国，2020年11月15日至2020年11月30日期间因工作需要去了日本，2020年12月1日返回中国，后于2021年11月20日离华回国，则该纳税人（ ）。

A. 2019年度为我国居民纳税人，2020年度为我国非居民纳税人

B. 2020年度为我国居民纳税人，2021年度为我国非居民纳税人

C. 2020年度和2021年度均为我国非居民纳税人

D. 2019年度、2020年度、2021年度均为我国居民纳税人

【答案】 D

【解析】 2019年2月12日至2019年12月31日，满183天；2020年2月15日至

2020 年 12 月 31 日，满 183 天；2021 年 1 月 1 日至 2021 年 11 月 20 日，满 183 天。故 2019、2020、2021 年度均为我国的居民纳税人。

四、个人所得税的征税范围

居民个人取得下列第（一）至（四）项所得（以下称综合所得），按纳税年度合并计算个人所得税；非居民个人取得下列第（一）至（四）项所得，按月或者按次分项计算个人所得税。纳税人取得下列第（五）至（九）项所得，分别计算个人所得税。

（一）工资、薪金所得

1. 一般规定

工资、薪金所得是指个人因任职或者受雇而取得的工资、薪金、奖金、年终加薪、劳动分红、津贴、补贴以及与任职或者受雇有关的其他所得。

一般来说，工资、薪金所得属于非独立个人劳动所得。非独立个人劳动是指个人所从事的是由他人指定、安排并接受管理的劳动。工作或服务于公司、工厂、行政事业单位的人员（私营企业主除外）均为非独立劳动者。非独立劳动者从上述单位取得的劳动报酬是以工资、薪金的形式体现的。

除工资、薪金以外，奖金、年终加薪、劳动分红、津贴、补贴也被确定为工资、薪金范畴。其中，年终加薪、劳动分红不分种类和取得情况，一律按“工资、薪金所得”课税。其中，奖金是指所有具有工资性质的奖金，免税奖金的范围在税法中另有规定。

根据我国目前个人收入的构成情况，《个人所得税法》规定对于一些不属于工资、薪金性质的补贴、津贴或者不属于纳税人本人工资、薪金所得项目的收入不予征税，包括：

（1）独生子女补贴。

（2）执行公务员工资制度未纳入基本工资总额的补贴、津贴差额和家属成员的副食品补贴。

（3）托儿补助费。

（4）差旅费津贴、误餐补助。其中，误餐补助是指按照财政部规定，个人因公在城区、郊区工作，不能在工作单位或返回就餐的，根据实际误餐顿数，按规定的标准领取的误餐费。需要注意的是，单位以误餐补助名义发给职工的补助、津贴不能包括在内。

（5）外国来华留学生领取的生活津贴费、奖学金，不属于工资、薪金范畴，不征收个人所得税。

2. 特殊规定

一些所得的发放也被视为取得工资、薪金所得，包括：

（1）公司职工取得的用于购买企业国有股权的劳动分红，按“工资、薪金所得”项目计征个人所得税。

（2）个人因公务用车和通信制度改革而取得的公务用车、通信补贴收入，扣除一定标准的公务费用后，按照“工资、薪金所得”项目计征个人所得税。按月发放的，并入当月“工资、薪金所得”计征个人所得税；不按月发放的，分解到所属月份并与该月份“工资、薪金所得”合并后计征个人所得税。

公务费用扣除标准由省级税务局根据纳税人公务交通、通信费用实际发生情况调查测算，报经省级人民政府批准后确定，并报国家税务总局备案。

(3) 出租汽车经营单位对出租车驾驶员采取单车承包或承租方式运营，出租车驾驶员从事客货营运取得的收入，按“工资、薪金所得”项目征税。出租车属个人所有，但挂靠出租车公司的，或出租车公司转移出租车所有权给驾驶员的，按个体工商户的生产经营所得计税。

(4) 从 2004 年 1 月 20 日起，对商品营运活动中，企业和单位对营销成绩突出的雇员以培训班、研讨会、工作考察等名义组织旅游活动，通过免收差旅费、旅游费等形式对个人实行的营销业绩奖励（包括实物、有价证券等），应根据所发生费用的全额并入营销人员当期的工资、薪金所得，按照“工资、薪金所得”项目征收个人所得税，并由提供上述费用的企业和单位代扣代缴。

(5) 企事业单位将自建住房以低于购置或建造成本价格销售给职工的，职工因此少付的价格按“工资、薪金所得”按全年一次性奖金的办法计算个人所得税。

(6) 全年一次性奖金、内部退养费、解除劳动关系的一次性补偿收入等也属于“工资、薪金所得”项目。

（二）劳务报酬所得

劳务报酬所得是指个人独立从事各种非雇佣的各种劳务所取得的所得，包括从事设计、装潢、安装、制图、化验、测试、医疗、法律、会计、咨询、讲学、翻译、审稿、书画、雕刻、影视、录音、录像、演出、表演、广告、展览、技术服务、介绍服务、经纪服务、代办服务、其他劳务取得的所得。

自 2004 年 1 月 20 日起，对商品营销活动中企业和单位对其营销业绩突出的非雇员以培训班、研讨会、工作考察等名义组织旅游活动，通过免收差旅费、旅游费等形式对个人实行的营销业绩奖励（包括实物、有价证券等），应根据所发生费用的全额作为该营销人员当期的劳务收入，按照“劳务报酬所得”项目征收个人所得税，并由提供上述费用的企业和单位代扣代缴。

在实际操作过程中，还可能出现难以判定一项所得是属于工资、薪金所得还是劳务报酬所得的情况。二者区分主要看是否存在雇佣与被雇佣的关系。区别在于：工资、薪金所得是属于非独立个人劳务活动，即在机关、团体、学校、部队、企业、事业单位及其他组织中任职、受雇而得到的报酬；而劳务报酬所得则是个人独立从事各种技艺、提供各项劳务取得的报酬。

个人担任公司董事、监事，且不在公司任职、受雇的，其担任董事、监事职务所取得的董事费、监事费收入，属于劳务报酬性质，按“劳务报酬所得”项目征税；个人在公司（包括关联公司）任职、受雇，同时兼任董事、监事的，应将董事费、监事费与个人工资收入合并，统一按“工资、薪金所得”项目缴纳个人所得税。个人兼职取得的收入，应按照“劳务报酬所得”项目缴纳个人所得税。

（三）稿酬所得

稿酬所得是指个人因其作品以图书或报刊形式出版、发表而取得的所得。作品是指包括中外文字、图片、乐谱等能以图书或报刊方式出版、发表的作品；个人作品包括本人的著作、翻译的作品等。个人取得遗作稿酬，应按“稿酬所得”项目征收个人所得税。

个人受雇于报纸或杂志等单位的记者、编辑等专业人员，因在本单位的报纸、杂志上发表作品取得的所得，属于因任职、受雇而取得的所得，应与其当月工资收入合并按“工资、薪金所得”项目征收个人所得税。除上述专业人员以外，其他人员在本单位的报纸或杂志上发表作品取得的所得，应按“稿酬所得”项目征收个人所得税。

出版社的专业人员撰写、编写或翻译的作品，由本社以图书形式出版而取得的稿费收入，应按“稿酬所得”项目征收个人所得税。

（四）特许权使用费所得

特许权使用费所得是指个人提供专利权、商标权、著作权、非专利技术以及其他特许权的使用权取得的所得。提供著作权的使用权取得的所得不包括稿酬所得。作者将自己的文字作品手稿原件或复印件公开拍卖（竞价）取得的所得属于提供著作权的使用权所得，应按“特许权使用费所得”项目征收个人所得税。个人取得特许权的经济赔偿收入，应按“特许权使用费所得”项目缴纳个人所得税，税款由支付赔偿的单位或个人代扣代缴。

从 2002 年 5 月 1 日起，编剧从电视剧的制作单位取得的剧本使用费，不再区分剧本的使用方是否为其任职单位，统一按“特许权使用费所得”项目征收个人所得税。

（五）经营所得

经营所得包括以下四个方面：

1. 个体工商户从事生产、经营活动取得的所得，个人独资企业投资人、合伙企业的个人合伙人来源于境内注册的个人独资企业、合伙企业生产、经营的所得。个体工商户以业主为个人所得税纳税义务人。

2. 个人依法从事办学、医疗、咨询以及其他有偿服务活动取得的所得。

3. 个人对企事业单位承包经营、承租经营以及转包、转租取得的所得。对企事业单位的承包经营、承租经营所得是指个人承包经营或承租经营以及转包、转租取得的所得。承包项目可分多种，如生产经营、采购、销售、建筑安装等各种承包。转包包括全部转包和部分转包。

4. 个人从事其他生产、经营活动取得的所得。

(1) 个人因从事彩票代销业务而取得的所得，或者从事个体出租车运营的出租车驾驶员取得的收入，都应按照“经营所得”项目征收个人所得税。这里所说的从事个体出租车运营包括出租车属个人所有，但挂靠出租汽车经营单位或企事业单位，驾驶员向挂靠单位缴纳管理费的，以及出租汽车经营单位将出租车所有权转移给驾驶员的。

(2) 个体工商户和从事生产、经营的个人，取得与生产、经营活动无关的其他各项应税所得，应分别按照其他应税项目的有关规定，计算征收个人所得税。

(3) 个人独资企业、合伙企业的个人投资者使用企业资金为本人、家庭成员及其相关人员支付与企业生产经营无关的消费性支出及购买汽车、住房等财产性支出，视为企业对个人投资者的利润分配，并入投资者个人的生产经营所得，依照“经营所得”项目征收个人所得税。

(六) 利息、股息、红利所得

利息、股息、红利所得是指个人拥有债权、股权而取得的利息、股息、红利所得。利息包括存款利息、贷款利息和各种债券的利息。个人取得的利息所得，除国债和国家发行的金融债券利息外，应当依法缴纳个人所得税。股息、红利是指个人拥有股权取得的股息、红利。股息、红利所得，除另有规定外，都应当缴纳个人所得税。

(七) 财产租赁所得

财产租赁所得是指个人出租不动产、机器设备、车船以及其他财产取得的所得。个人取得的财产转租收入属于“财产租赁所得”的征税范围，由财产转租人缴纳个人所得税。

(八) 财产转让所得

财产转让所得是指个人转让有价证券、股权、合伙企业中的财产份额、不动产、机器设备、车船以及其他财产取得的所得。在现实生活中，个人进行的财产转让主要是个人财产所有权的转让。财产转让所得因其性质的特殊性，需要单独列举项目征税。对个人取得的各项财产转让所得，除股票转让所得外，都要征收个人所得税。为了配合企业改制，促进股票市场的稳健发展，报经国务院批准，从 1997 年 1 月 1 日起，对个人转让上市公司股票取得的所得继续暂免征收个人所得税。

(九) 偶然所得

偶然所得是指个人得奖、中奖、中彩以及其他偶然性质的所得。得奖是指参加各种有奖竞赛活动，取得名次得到的奖金；中奖、中彩是指参加各种有奖活动，如有奖销售、有奖储蓄或者购买彩票，经过规定程序，抽中、摇中号码而取得的奖金。偶然所得应缴纳的个人所得税税款一律由发奖单位或机构代扣代缴。

个人取得的所得，难以界定应纳税所得项目的，由国务院税务主管部门确定。

五、所得来源地的确定

除国务院财政、税务主管部门另有规定外，下列所得，不论支付地点是否在中国境内，均为来源于中国境内的所得：

1. 因任职、受雇、履约等而在中国境内提供劳务取得的所得。
2. 将财产出租给承租人在中国境内使用而取得的所得。
3. 转让中国境内的不动产等财产或者在中国境内转让其他财产取得的所得。
4. 许可各种特许权在中国境内使用而取得的所得。
5. 从中国境内企业、事业单位、其他组织以及居民个人取得的利息、股息、红利所得。

任务 6.2　个人所得税的税率与应纳税所得额的确定

自 2019 年 1 月 1 日起，我国个人所得税实行混合所得税制，采用超额累计税率和比例税率并用的税率形式，根据不同的所得项目确定不同的适用税率。

一、综合所得适用预扣率和税率

居民个人取得的工资薪金所得、劳务报酬所得、稿酬所得、特许权使用费所得合并为综合所得。居民个人的综合所得按年计征，分月或分次预缴，年终汇算清缴。综合所得的税率分为预扣预缴适用税率和年度汇算清缴适用税率两种。

（一）居民个人综合所得预扣预缴税率

1. 居民个人工资、薪金所得预扣预缴个人所得税的预扣率

居民个人工资、薪金所得适用累计预扣法，一般按月预扣预缴个人所得税，适用 3%～45%的七级超额累进预扣预缴税率，见表 6-1。自 2019 年 1 月 1 日起，扣缴义务人向居民个人支付工资、薪金所得时，应当按照累计预扣法计算预扣税款，并按月办理扣缴申报。

表 6-1　居民个人工资、薪金所得预扣预缴个人所得税预扣率表

级数	累计预扣预缴应纳税所得额	预扣率（%）	速算扣除数（元）
1	不超过 36 000 元的部分	3	0
2	超过 36 000 元至 144 000 元的部分	10	2 520

（续表）

级数	累计预扣预缴应纳税所得额	预扣率（%）	速算扣除数（元）
3	超过 144 000 元至 300 000 元的部分	20	16 920
4	超过 300 000 元至 420 000 元的部分	25	31 920
5	超过 420 000 元至 660 000 元的部分	30	52 920
6	超过 660 000 元至 960 000 元的部分	35	85 920
7	超过 960 000 元的部分	45	181 920

累计预扣法是指扣缴义务人在一个纳税年度内预扣预缴税款时以纳税人在本单位截至当前月份工资、薪金所得累计收入减除累计免税收入、累计减除费用、累计专项扣除、累计专项附加扣除和累计依法确定的其他扣除后的余额为累计预扣预缴应纳税所得额的方法。

2. 居民个人劳务报酬所得预扣预缴个人所得税的预扣率

居民个人劳务报酬所得按次预扣预缴个人所得税，适用三级超额累进预扣率，见表 6-2。

表 6-2 居民个人劳务报酬所得预扣预缴个人所得税预扣率表

级数	预扣预缴应纳税所得额	预扣率（%）	速算扣除数（元）
1	不超过 20 000 元的部分	20	0
2	超过 20 000 元至 50 000 元的部分	30	2 000
3	超过 50 000 元的部分	40	7 000

3. 居民个人稿酬所得、特许权使用费所得预扣预缴个人所得税的预扣率

居民个人稿酬所得、特许权使用费所得预扣预缴个人所得税，适用 20%的比例预扣率。

（二）居民个人综合所得年度汇算清缴税率

居民个人综合所得按纳税年度汇算清缴个人所得税，适用 3%～45%的七级超额累进税率，见表 6-3。

表 6-3 居民个人综合所得个人所得税税率表

（工资薪金、劳务报酬、稿酬、特许权使用费所得年度汇算清缴适用）

级数	全年应纳税所得额	税率（%）	速算扣除数（元）
1	不超过 36 000 元的部分	3	0
2	超过 36 000 元至 144 000 元的部分	10	2 520
3	超过 144 000 元至 300 000 元的部分	20	16 920
4	超过 300 000 元至 420 000 元的部分	25	31 920

（续表）

级数	全年应纳税所得额	税率（%）	速算扣除数（元）
5	超过 420 000 元至 660 000 元的部分	30	52 920
6	超过 660 000 元至 960 000 元的部分	35	85 920
7	超过 960 000 元的部分	45	181 920

（三）非居民个人综合所得税率（按月计算）

非居民个人的综合所得按月或按次计算个人所得税，适用 3%～45%的七级超额累进税率，见表 6-4。

表 6-4　非居民个人综合所得个人所得税月度税率表

级数	月（或次）应纳税所得额	税率（%）	速算扣除数（元）
1	不超过 3 000 元的部分	3	0
2	超过 3 000 元至 12 000 元的部分	10	210
3	超过 12 000 元至 25 000 元的部分	20	1 410
4	超过 25 000 元至 35 000 元的部分	25	2 660
5	超过 35 000 元至 55 000 元的部分	30	4 410
6	超过 55 000 元至 80 000 元的部分	35	7 160
7	超过 80 000 元的部分	45	15 160

居民个人综合所得按月计算税额的也适用此表，如全年一次性奖金的个人所得税计算等。

二、经营所得适用税率

经营所得按年计税，适用 5%～35%的五级超额累进税率，见表 6-5。

表 6-5　经营所得个人所得税税率表

级数	全年应纳税所得额	税率（%）	速算扣除数（元）
1	不超过 30 000 元的部分	5	0
2	超过 30 000 元至 90 000 元的部分	10	1 500
3	超过 90 000 元至 300 000 元的部分	20	10 500
4	超过 300 000 元至 500 000 元的部分	30	40 500
5	超过 500 000 元的部分	35	65 500

承包、承租人对企业经营成果不拥有所有权，仅是按合同（协议）规定取得一定所

得的，其所得按“工资、薪金所得”项目征税，纳入年度综合所得，适用3%～45%的七级超额累进税率。

承包、承租人按合同（协议）的规定只向发包、出租方缴纳一定费用后，企业经营成果归其所有的，承包、承租人取得的所得，按“对企事业单位的承包经营、承租经营所得”项目征税，适用5%～35%的五级超额累进税率。

三、其他所得适用税率

财产租赁所得，财产转让所得，利息、股息、红利所得以及偶然所得，适用20%的比例税率。

四、应纳税所得额的确定

个人所得税的计税依据是纳税人取得的应纳税所得额。由于个人所得税的应税项目不同，取得某项所得所需费用也不相同，因此，计算个人应纳税所得额需按不同应税项目分项计算，某项应税项目的收入额减去税法规定项目费用减除标准后的余额为该应税项目应纳税所得额。

（一）居民个人综合所得的应纳税所得额

居民个人取得综合所得以每年收入额减除费用60 000元以及专项扣除、专项附加扣除和依法确定的其他扣除后的余额为应纳税所得额。居民个人综合所得按纳税年度合并计算个人所得税，适用3%～45%的超额累进税率，计算公式如下：

$$\text{应纳税所得额}=\text{每一纳税年度的收入额}-\text{费用}-\text{专项扣除}-\text{专项附加扣除}-\text{依法确定的其他扣除}$$

需要注意的是：年终汇算清缴时，工资薪金所得按实际发生额计入纳税年度综合所得；劳务报酬所得、特许权使用费所得按收入的80%计入纳税年度综合所得，即打8折计入；稿酬所得按收入的56%计入纳税年度综合所得，即打5.6折计入。

知识链接

起征点与免征额

公众一般认为的“起征点”正确的说法应该是“个人所得税免征额”。“起征点”与“免征额”有着严格的区别：所谓起征点，是征税对象达到征税数额开始征税的界限，征税对象的数额未达到起征点时不征税。一旦征税对象的数额达到或超过起征点，则要就其全部的数额征税，而不是仅对其超过起征点的部分征税。所谓免征额，是在征税对象总额中免予征税的数额，它是按照一定标准从征税对象总额中预先减除的数额。免征额部分不征税，只对超过免征额部分征税，如现行个人所得税的免征额为每月 5 000 元（每年 60 000 元）。

1. 专项扣除

专项扣除包括居民个人按照国家规定的范围和标准缴纳的基本养老保险、基本医疗保险、失业保险等社会保险费和住房公积金等。

2. 专项附加扣除

专项附加扣除包括子女教育、继续教育、大病医疗、住房贷款利息、住房租金、赡养老人、3 岁以下婴幼儿照护 7 项支出，具体范围、标准和实施步骤由国务院确定，并报全国人民代表大会常务委员会备案。

专项附加扣除是《个人所得税法》第七次修订后引入的新的费用扣除标准，遵循公平合理、利于民生、简便易行的原则，目前包含了子女教育、继续教育、大病医疗、住房贷款利息、住房租金、赡养老人、3 岁以下婴幼儿照护 7 项支出，并将根据教育、医疗、住宅、养老等民生支出变化情况适时调整专项附加扣除的范围和标准。取得综合所得和经营所得的居民个人可以享受专项附加扣除。专项附加扣除标准如下：

（1）子女教育专项附加扣除。纳税人年满 3 岁的子女接受学前教育和学历教育的相关支出，按照每个子女每月 1 000 元（每年 12 000 元）的标准定额扣除。2023 年国家税务总局发布 2023 年第 14 号《关于贯彻执行提高个人所得税有关专项附加扣除标准政策的公告》规定：自 2023 年 1 月 1 日起，子女教育专项附加扣除标准，由每个子女每月 1 000 元提高到 2 000 元。学前教育包括年满 3 岁至小学入学前教育；学历教育包括义务教育（小学、初中教育）、高中阶段教育（普通高中、中等职业、技工教育）、高等教育（大学专科、大学本科、硕士研究生、博士研究生教育）。父母可以选择由其中一方按扣除标准的 100%扣除，也可以选择由双方分别按扣除标准的 50%扣除，具体扣除方式在一个纳税年度内不能变更。纳税人子女在中国境外接受教育的，纳税人应当留存境外学校录取通知书、留学签证等相关教育的证明资料备查。

（2）继续教育专项附加扣除。纳税人在中国境内接受学历（学位）继续教育的支出，在学历（学位）教育期间按照每月 400 元（每年 4 800 元）的标准定额扣除，同一学历（学位）继续教育的扣除期限不能超过 48 个月（4 年）。纳税人接受技能人员职业资格继续教育、专业技术人员职业资格继续教育的支出，在取得相关证书的当年按照 3 600 元定额扣除。接受本科及以下学历（学位）继续教育，符合税法规定扣除条件的，可以选择由其父母扣除，也可以选择由本人扣除。

纳税人接受技能人员职业资格继续教育、专业技术人员职业资格继续教育的，应当留存相关证书等资料备查。

(3) 大病医疗专项附加扣除。在一个纳税年度内，纳税人发生的与基本医保相关的医药费用支出，扣除医保报销后个人负担（指医保目录范围内的自付部分）累计超过15 000元的部分，由纳税人在办理年度汇算清缴时在80 000元限额内据实扣除。换句话说就是在15 000元至80 000元的范围内的支出是可以抵扣纳税额的。

纳税人发生的医药费用支出可以选择由本人或者其配偶扣除；未成年子女发生的医药费用支出可以选择由其父母一方扣除。纳税人及其配偶、未成年子女发生的医药费用支出应按前述规定分别计算扣除额。

纳税人应当留存医药服务收费及医保报销相关票据原件（或复印件）等资料备查，医疗保障部门应当向患者提供在医疗保障信息系统记录的本人年度医药费用信息查询服务。

(4) 住房贷款利息专项附加扣除。纳税人本人或配偶单独或共同使用商业银行或住房公积金个人住房贷款，为本人或其配偶购买中国境内住房，发生的首套住房贷款利息支出，在实际发生贷款利息的年度按照每月1 000元（每年12 000元）的标准定额扣除，扣除期限最长不超过240个月（20年）。纳税人只能享受一套首套住房贷款利息扣除。首套住房贷款是指购买住房享受首套住房贷款利率的住房贷款。在扣除的时候可以选择夫妻其中一方进行扣除。经夫妻双方约定，可以选择由其中一方扣除，具体扣除方式确定后，在一个纳税年度内不得变更。

若是夫妻双方婚前分别购买住房发生的首套住房贷款，其贷款利息支出婚后可以选择其中一套购买的住房由购买方按扣除标准的100%扣除，也可以由夫妻双方对各自购买的住房分别按扣除标准的50%扣除，具体扣除方式在一个纳税年度内不能变更。

纳税人应当留存住房贷款合同、贷款还款支出凭证备查。

(5) 住房租金专项附加扣除。纳税人在主要工作城市没有自有住房而发生的住房租金支出，可以按照以下标准定额扣除：直辖市、省会（首府）城市、计划单列市以及国务院确定的其他城市，扣除标准为每月1 500元（每年18 000元）；除上述所列城市外，市辖区户籍人口超过100万的城市，扣除标准为每月1 100元（每年13 200元）；市辖区户籍人口不超过100万的城市，扣除标准为每月800元（每年9 600元）。

市辖区户籍人口以国家统计局公布的数据为准。主要工作城市是指纳税人任职受雇的直辖市、计划单列市、副省级城市、地级市（地区、州、盟）全部行政区域范围；纳税人无任职受雇单位的，为受理其综合所得汇算清缴的税务机关所在城市。

夫妻双方主要工作城市相同的，只能由一方扣除住房租金支出，住房租金支出由签订租赁住房合同的承租人扣除。

纳税人应当留存住房租赁合同、协议等有关资料备查。

纳税人及其配偶在一个纳税年度内不得同时分别享受住房贷款利息专项附加扣除和住房租金专项附加扣除。

(6) 赡养老人专项附加扣除。纳税人赡养一位及以上被赡养人的赡养支出，统一按以下标准定额扣除：纳税人为独生子女的，按照每月2 000元（每年24 000元）的标准定额扣除；纳税人为非独生子女的，由其与兄弟姐妹分摊每月 2 000 元（每年 24 000 元）的扣除额度，每人分摊的额度最高不得超过每月 1 000 元（每年 12 000 元）。2023 年国家税务总局发布 2023 年第 14 号《关于贯彻执行提高个人所得税有关专项附加扣除标准政策的公告》规定：自 2023 年 1 月 1 日起，赡养老人专项附加扣除标准由每月 2 000 元提高到 3 000 元，其中独生子女每月扣除 3 000 元，非独生子女与兄弟姐妹分摊每月 3 000 元的扣除额度，每人不超过 1 500 元。可以由赡养人均摊或者约定分摊，也可以由被赡养人指定分摊。约定或者指定分摊的须签订书面分摊协议，指定分摊优于约定分摊。具体分摊方式和额度在一个纳税年度内不得变更。

被赡养人是指年满 60 岁的父母，以及子女均已去世的年满 60 岁的祖父母、外祖父母。

（7）3 岁及以下婴幼儿照护费专项附加扣除。自 2022 年 1 月 1 日起，纳税人照护 3 岁以下婴幼儿子女的相关支出，按照每个婴幼儿每月 1 000 元的标准定额扣除。2023 年国家税务总局发布 2023 年第 14 号《关于贯彻执行提高个人所得税有关专项附加扣除标准政策的公告》规定：自 2023 年 1 月 1 日起，3 岁以下婴幼儿照护专项附加扣除标准，由每个婴幼儿每月 1 000 元提高到 2 000 元。

父母可以选择由其中一方按扣除标准的 100%扣除，也可以选择由双方分别按照扣除标准的 50%扣除，具体扣除方式在一个纳税年度内不能变更。

积极营造婚育友好社会氛围，缓解育龄家庭压力

3. 依法确定的其他扣除

其他扣除包括个人缴付符合国家规定的企业年金、职业年金，个人购买的符合国家规定的商业健康保险、税收递延型商业养老保险的支出，以及国务院规定可以扣除的其他项目。

专项扣除、专项附加扣除和依法确定的其他扣除，以居民个人一个纳税年度的应纳税所得额为限额；一个纳税年度扣除不完的，不结转以后年度扣除。

（二）非居民个人的应纳税所得额

非居民个人的工资、薪金所得，以每月收入额减除费用 5 000 元后的余额为应纳税所得额；劳务报酬所得、稿酬所得、特许权使用费所得，以每次收入额为应纳税所得额。

（三）经营所得的应纳税所得额

经营所得，以每一纳税年度的收入总额减除成本、费用以及损失后的余额，为应纳税所得额。成本、费用是指生产、经营活动中发生的各项直接支出和分配计入成本的间接费用以及销售费用、管理费用、财务费用；损失是指生产、经营活动中发生的固定资产和存货的盘亏、毁损、报废损失，转让财产损失，坏账损失，自然灾害等不可抗力因素造成的损失以及其他损失。

取得经营所得的个人没有综合所得的，在计算其每一纳税年度的应纳税所得额时应

当减除费用 60 000 元、专项扣除、专项附加扣除以及依法确定的其他扣除。专项附加扣除在办理汇算清缴时减除。纳税人从事生产、经营活动，未提供完整、准确的纳税资料，不能正确计算应纳税所得额的，由主管税务机关核定其应纳税所得额或者应纳税额。个人独资企业的投资者以全部生产经营所得为应纳税所得额；合伙企业的投资者按照合伙企业的全部生产经营所得和合伙协议约定的分配比例，确定应纳税所得额，合伙协议没有约定分配比例的，以全部生产经营所得和合伙人数量为标准平均计算每个投资者的应纳税所得额。

上述所称生产经营所得，包括企业分配给投资者个人的所得和企业当年留存的所得（利润）。

对个体工商户业主、个人独资企业和合伙企业自然人投资者的生产经营所得依法计征个人所得税时，个体工商户业主、个人独资企业和合伙企业自然人投资者本人的费用扣除标准统一确定为每年 60 000 元（每月 5 000 元）。

对企业事业单位的承包经营、承租经营所得，以每一纳税年度的收入总额减除必要费用后的余额为应纳税所得额。这里的每一纳税年度的收入总额，是指纳税义务人按照承包经营、承租经营合同规定分得的经营利润和工资、薪金性质的所得；这里的减除必要费用，是指按年减除 60 000 元。

（四）其他所得的应纳税所得额

1. 财产租赁所得

每次收入不超过 4 000 元的，减除费用 800 元后的余额为应纳税所得额；4 000 元以上的，减除 20%的费用后的余额为应纳税所得额。

2. 财产转让所得

以转让财产的收入额减除财产原值和合理费用后的余额为应纳税所得额。合理费用是指卖出财产时按照规定支付的有关费用。财产原值按照下列方法计算：

（1）有价证券，为买入价以及买入时按照规定缴纳的有关费用；

（2）建筑物，为建造费或者购进价格以及其他有关费用；

（3）土地使用权，为取得土地使用权所支付的金额、开发土地的费用以及其他有关费用；

（4）机器设备、车船，为购进价格、运输费、安装费以及其他有关费用；

（5）其他财产，参照以上方法确定。

纳税义务人未提供完整、准确的财产原值凭证，不能正确计算财产原值的，由主管税务机关核定其财产原值。

3. 利息、股息、红利所得和偶然所得

以每次收入额为应纳税所得额。

任务 6.3　个人所得税应纳税额的计算

《个人所得税法》对纳税义务人的征税方法可以归纳为三种：一是按年计征，如经营所得、居民个人取得的综合所得；二是按月计征，如非居民个人取得的工资、薪金所得；三是按次计征，如利息、股息、红利所得，财产租赁所得，偶然所得，非居民个人取得的劳务报酬所得，稿酬所得，特许权使用费所得 6 项所得。根据应税项目的不同，个人所得税应纳税额的计税方法也有所不同。

一、居民个人综合所得的计税方法

居民个人取得的综合所得采取按年计征、分月或分次预缴、年终汇算清缴的计税方法。自 2019 年 1 月 1 日起，居民个人的工资薪金所得采用累计预扣法按月预扣预缴个人所得税，劳务报酬所得、稿酬所得、特许权使用费所得按次预扣预缴个人所得税。前述四项综合所得年终汇算清缴，多退少补。简言之，居民个人综合所得的税额计算分为预扣预缴税额计算、年度汇算清缴税额计算两个步骤。

（一）居民个人综合所得的预扣预缴税额计算

《中华人民共和国个人所得税法实施条例》规定，扣缴义务人向个人支付应税款项时，应当依照《个人所得税法》规定预扣或代扣税款，按时缴库，并专项记载备查。

全员全额扣缴申报是指扣缴义务人应当在代扣税款的次月 15 日内向主管税务机关报送其支付所得的所有个人的有关信息、支付所得数额、扣除事项和数额、扣缴税款的具体数额和总额以及其他相关涉税信息资料。这种方法有利于控制税源、防止漏税和逃税。实行个人所得税全员全额扣缴申报的应税所得包括：工资、薪金所得，劳务报酬所得，稿酬所得，特许权使用费所得，利息、股息、红利所得，财产租赁所得，财产转让所得，以及偶然所得。扣缴义务人应当依法办理全员全额扣缴申报。

1. 居民个人取得工资、薪金所得的预扣预缴个人所得税的计算

根据《个人所得税法》及其《实施条例》、《税收征管法》及其《实施细则》的有关规定，自 2019 年 1 月 1 日起，扣缴义务人向居民个人支付工资、薪金所得时，应当按照累计预扣法计算预扣税款，并按月办理扣缴申报。居民个人取得全年一次性奖金、半年奖、季度奖、加班奖、先进奖、考勤奖等各种名目奖金时，也须与当月工资、薪金收入合并，按税法规定缴纳（扣缴）个人所得税。

累计预扣法是指扣缴义务人在一个纳税年度内预扣预缴税款时，以纳税人在本单位截至当前月份工资、薪金所得累计收入，减除累计免税收入、累计减除费用、累计专项

扣除、累计专项附加扣除和累计依法确定的其他扣除后的余额为累计预扣预缴应纳税所得额，适用居民个人工资、薪金所得预扣预缴个人所得税预扣率表（表 6-1），计算累计应预扣预缴税额，再减除累计减免税额和累计已预扣预缴税额，其余额为本期应预扣预缴税额。余额为负值时暂不退税，纳税年度终了后余额仍为负值时，由纳税人通过办理综合所得年度汇算清缴，税款多退少补。具体计算公式为：

$$\text{本期应预扣预缴税额}=\left(\text{累计预扣预缴应纳税所得额}\times\text{预扣率}-\text{速算扣除数}\right)-\text{累计减免税额}-\text{累计已预扣预缴税额}$$

$$\text{累计预扣预缴应纳税所得额}=\text{累计收入}-\text{累计免税收入}-\text{累计减除费用}-\text{累计专项扣除}-\text{累计专项附加扣除}-\text{累计依法确定的其他扣除}$$

其中：累计减除费用按照每月 5 000 元乘以纳税人当年截至本月在本单位的任职受雇月份数计算。专项扣除、专项附加扣除、其他扣除与年度汇算清缴方法相同。除大病医疗以外，纳税人可以选择在单位发放工资薪金时按月享受专项附加扣除政策。

居民个人向扣缴义务人提供有关信息并依法要求办理专项附加扣除的，扣缴义务人应当按照规定在工资、薪金所得按月预扣预缴税款时予以扣除，不得拒绝。一个纳税年度内若没有及时将扣除信息报送任职受雇单位，以致在单位预扣预缴工资、薪金所得税未享受扣除或未足额享受扣除的，可以在当年剩余月份内向单位申请补充扣除，也可以在次年 3 月 1 日至 6 月 30 日内，向汇缴地主管税务机关进行汇算清缴申报时办理扣除。

年度预扣预缴税额与年度应纳税额不一致的，由居民个人于次年 3 月 1 日至 6 月 30 日向主管税务机关办理综合所得年度汇算清缴，税款多退少补。

【做中学 6-2】 杨某 2015 年入职，2022 年每月应发工资均为 30 000 元，每月减除费用 5 000 元，三险一金等专项扣除为 4 500 元，享受专项附加扣除共计 2 000 元，没有减免收入及减免税额等情况，计算其每个月应预扣预缴税额和全年预扣预缴税额。

【答案】 1 月：(30 000－5 000－4 500－2 000)×3%＝555(元)

2 月：(30 000×2－5 000×2－4 500×2－2 000×2)×10%－2 520－555＝625(元)

3 月：(30 000×3－5 000×3－4 500×3－2 000×3)×10%－2 520－555－625＝1 850(元)

4 月：(30 000×4－5 000×4－4 500×4－2 000×4)×10%－2 520－555－625－1 850＝1 850(元)

5 月：(30 000×5－5 000×5－4 500×5－2 000×5)×10%－2 520－555－625－1 850－1 850＝1 850(元)

6 月：(30 000×6－5 000×6－4 500×6－2 000×6)×10%－2 520－555－625－1 850－1 850－1 850＝1 850(元)

7 月：(30 000×7－5 000×7－4 500×7－2 000×7)×10%－2 520－555－625－1 850－1 850－1 850－1 850＝1 850(元)

8 月：(30 000×8－5 000×8－4 500×8－2 000×8)×20%－16 920－555－625－1 850－1 850－1 850－1 850－1 850＝2 250(元)

9 月：(30 000×9－5 000×9－4 500×9－2 000×9)×20%－16 920－555－625－1 850－1 850－1 850－1 850－1 850－2 250＝3 700(元)

10 月：(30 000×10－5 000×10－4 500×10－2 000×10)×20%－16 920－555－625－1 850－1 850－1 850－1 850－1 850－2 250－3 700＝3 700(元)

11 月：(30 000×11－5 000×11－4 500×11－2 000×11)×20%－16 920－555－625－1 850－1 850－1 850－1 850－1 850－2 250－3 700－3 700＝3 700(元)

12 月：(30 000×12－5 000×12－4 500×12－2 000×12)×20%－16 920－555－625－1 850－1 850－1 850－1 850－1 850－2 250－3 700－3 700－3 700＝3 700(元)

1～12 月累计共预扣预缴税额为 27 480 元。

知识链接

自 2020 年 7 月 1 日起，对一个纳税年度内首次取得工资、薪金所得的居民个人，扣缴义务人在预扣预缴个人所得税时，可按照每月 5 000 元乘以纳税人当年截至本月月份数计算累计减除费用。首次取得工资、薪金所得的居民个人是指自纳税年度首月起至新入职时，未取得工资、薪金所得或者未按照累计预扣法预扣预缴过连续性劳务报酬所得个人所得税的居民个人。例如，大学生王莉 2022 年 7 月毕业后进入某公司工作，公司发放 7 月份工资并计算当期应预扣预缴的个人所得税时，可减除费用 35 000 元（7 个月×5 000 元/月）。

自 2021 年 1 月 1 日起，对上一纳税年度 1～12 月均在同一单位任职且预扣预缴申报了工资、薪金所得个人所得税，且上一纳税年度 1～12 月的累计工资、薪金收入（包括全年一次性奖金等各类工资、薪金所得，且不扣减任何费用及免税收入）不超过 60 000 元，本纳税年度自 1 月起仍在该单位任职受雇并取得工资、薪金所得的居民个人，扣缴义务人在预扣预缴本年度工资、薪金所得个人所得税时，累计减除费用自 1 月份起直接按照全年 60 000 元计算扣除，即在纳税人累计收入不超过 60 000 元的月份，暂不预扣预缴个人所得税，在其累计收入超过 60 000 元的当月及当年内后续月份，再预扣预缴个人所得税。扣缴义务人应当按规定办理全员全额扣缴申报，并在《个人所得税扣缴申报表》相应纳税人的备注栏注明“上年各月均有申报且全年收入不超过 60 000 元”字样。

2. 居民个人取得劳务报酬所得的预扣预缴个人所得税的计算

扣缴义务人向居民个人支付劳务报酬所得、稿酬所得、特许权使用费所得时，按次或按月预扣预缴个人所得税。

(1) 劳务报酬所得“次”的规定

劳务报酬所得属于一次性收入，应以每次提供劳务取得的收入为一次；属于同一事项连续取得收入的，以1个月内取得的收入为一次。但需要注意的是，如果一次性劳务报酬收入是以分月支付的方式取得的，就适用“同一事项连续取得收入，以1个月内取得的收入为一次”的规定。由于居民个人取得的劳务报酬所得、稿酬所得和特许权使用费所得均纳入综合所得并按年征收，当居民个人取得这些所得时，扣缴义务人仍须按“次”预扣预缴相应的税款。

(2) 劳务报酬所得的预扣预缴应纳税所得额

预扣预缴税款时，劳务报酬所得、稿酬所得和特许权使用费所得的应纳税所得额为每次收入不足4 000元的减除费用800元，每次收入在4 000元以上的，减除20%的费用。即：

① 每次收入≤4 000元时

$$应纳税所得额=每次收入-800$$

② 每次收入>4 000元时

$$应纳税所得额=每次收入\times(1-20\%)$$

(3) 劳务报酬所得的个人所得税预扣率及税额计算

劳务报酬所得预扣预缴个人所得税适用三级超额累进预扣率表（表6-2）。劳务报酬所得预扣预缴个人所得税税额的计算公式为：

$$劳务报酬所得应预扣预缴税额=预扣预缴应纳税所得额\times预扣率-速算扣除数$$

上述公式可分解为以下公式：

① 每次收入≤4 000元时

$$劳务报酬所得预扣预缴税额=(每次收入-800)\times20\%$$

② 每次收入>4 000元且所得额≤20 000元时

$$劳务报酬所得预扣预缴税额=每次收入\times(1-20\%)\times20\%$$

③ 每次劳务报酬所得额>20 000元时

$$劳务报酬所得预扣预缴税额=每次收入\times(1-20\%)\times适用税率-速算扣除数$$

需要注意的是，年终汇算清缴时，劳务报酬所得按收入的80%计入年度综合所得，即打8折计入综合所得。

【做中学6-3】 2023年3月，张立外出讲学取得收入3 000元；李明兼职提供会计咨询服务取得收入5 000元；王强从事建筑设计服务取得劳务收入50 000元；刘英俊从事表演取得收入100 000元。各扣缴义务人应当为其分别预扣预缴多少个人所得税？

【答案】 扣缴义务人应分别预扣预缴的个人所得税额为：

张立：应预扣预缴税额＝(3 000－800)×20%＝440(元)

李明：应预扣预缴税额＝5 000×(1－20%)×20%＝800(元)

王强：预扣预缴税额＝50 000×(1－20%)×30%－2 000＝10 000(元)

刘英俊：预扣预缴税额＝100 000×(1－20%)×40%－7 000＝25 000(元)

3. 居民个人取得稿酬所得的预扣预缴个人所得税的计算

(1) 稿酬所得“次”的规定

稿酬所得以每次出版、发表取得的收入为一次。同一作品再版取得的所得，应视作另一次稿酬所得计征个人所得税。同一作品先在报刊上连载、然后再出版的，或先出版、再在报刊上连载的，应视为两次稿酬所得征税，即连载作为一次，出版作为另一次。同一作品在报刊上连载取得收入的，以连载完成后取得的所有收入合并为一次计征个人所得税。同一作品在出版和发表时，以预付稿酬或分笔支付稿酬等形式取得的稿酬收入，应合并计算为一次计征个人所得税。同一作品出版、发表后，因添加印数而追加稿酬的，应与以前出版、发表时取得的稿酬合并计算为一次计征个人所得税。在两处或两处以上出版、发表或再版同一作品而取得稿酬所得，则可分别就各处取得的所得或再版所得按分次所得计征个人所得税。作者去世后，对取得其遗作稿酬的个人按“稿酬所得”项目征收个人所得税。

(2) 稿酬所得的预扣预缴应纳税所得额

预扣预缴税款时，稿酬所得的应纳税所得额为每次收入不足 4 000 元的，减除费用 800 元；每次收入在 4 000 元以上的，减除 20%的费用。即：

① 每次收入≤4 000 元时

$$应纳税所得额＝每次收入－800$$

② 每次收入＞4 000 元时

$$应纳税所得额＝每次收入×(1－20\%)$$

(3) 稿酬所得的个人所得税预扣率及税额计算

稿酬所得预扣预缴个人所得税，适用比例预扣率 20%，并按应纳税额减征 30%。

稿酬所得预扣预缴个人所得税税额的计算公式为：

① 每次收入≤4 000 元时

$$\begin{aligned}稿酬所得预扣预缴税额&＝(每次收入额－800)×20\%×(1－30\%)\\&＝(每次收入额－800)×14\%\end{aligned}$$

② 每次收入＞4 000 元时

$$\begin{aligned}稿酬所得预扣预缴税额&＝每次收入额×(1－20\%)×20\%×(1－30\%)\\&＝每次收入额×11.2\%\end{aligned}$$

需要注意的是，年终汇算清缴时，稿酬所得按收入的 56%计入年度综合所得。即稿酬折上折，打 8 折后再打 7 折计入综合所得，即打 5.6 折计入综合所得。

【做中学 6-4】 某画家 2022 年 8 月将其精选的书画作品交由某出版社出版，从出版社取得稿酬 100 000 元。同月，作家张某出版小说一部，从该出版社取得稿酬 50 000 元。出版社应为该画家和作家张某预扣预缴多少个人所得税？

【答案】 画家稿酬所得应预扣预缴个人所得税税额＝100 000×(1－20%)×20%×(1－30%)＝11 200(元)

作家张某稿酬所得应预扣预缴税额＝50 000×(1－20%)×20%×(1－30%)＝5 600(元)

【做中学 6-5】 2022 年 8 月，张某在杂志上发表一篇文章，取得稿酬 5 000 元。下列应预扣预缴个人所得税税额的计算列式中正确的是（　　）。

A. 5 000×20%＝1 000(元)

B. 5 000×(1－20%)×20%＝800(元)

C. 5 000×(1－20%)×20%×(1－30%)＝560(元)

D. 5 000×20%×(1－30%)＝700(元)

【答案】 C

【解析】 预扣预缴税额＝每次收入额×11.2%＝5 000×11.2%＝560(元)

【做中学 6-6】 国内某作家完成了一部小说，3 月第一次出版获得稿酬 20 000 元，8 月该小说再版获得稿酬 10 000 元，该作家两次所获稿酬应缴纳个人所得税（　　）元。

A. 3 360　　B. 4 800　　C. 3 460　　D. 4 660

【答案】 A

【解析】 第一次预扣预缴个税＝20 000×(1－20%)×20%×(1－30%) ＝2 240(元)

第二次预扣预缴个税＝10 000×(1－20%)×20%×(1－30%) ＝1 120(元)

【做中学 6-7】 国内某作家的一篇小说 2022 年在一家晚报上连载三个月，三个月的稿酬收入分别为 3 000 元、4 000 元和 5 000 元。计算该作家应预扣预缴税额。

【答案】 稿酬所得预扣预缴税额＝(3 000＋4 000＋5 000)×(1－20%)×20%×(1－30%)＝1 344(元)

【解析】 连载算一次计征个人所得税。

4. 居民个人特许权使用费所得预扣预缴个人所得税的计算

(1) 特许权使用费所得“次”的规定

特许权使用费所得以每一项使用权的每次转让所取得的收入为一次。如果该次转让取得的收入是分笔支付的，则应将各笔收入相加计征个人所得税。

(2) 特许权使用费所得的预扣预缴应纳税所得额

预扣预缴税款时，特许权使用费所得的应纳税所得额为每次收入不足 4 000 元的，减除费用 800 元；每次收入在 4 000 元以上的，减除 20%的费用。即：

① 每次收入≤4 000 元时

应纳税所得额＝每次收入－800

② 每次收入>4 000 元时

$$应纳税所得额=每次收入\times(1-20\%)$$

（3）特许权使用费所得的个人所得税预扣率及税额计算

特许权使用费所得预扣预缴个人所得税，适用比例预扣率 20%。特许权使用费所得预扣预缴个人所得税税额的计算公式为：

① 每次收入≤4 000 元时

$$特许权使用费所得预扣预缴税额=(每次收入额-800)\times20\%$$

② 每次收入>4 000 元时

$$特许权使用费所得预扣预缴税额=每次收入额\times(1-20\%)\times20\%$$

需要注意的是，年终汇算清缴时，特许权使用费所得按收入的 80%计入综合所得，即打 8 折计入综合所得。

【做中学 6-8】 张某 2023 年 3 月取得特许权使用费所得 3 000 元；李某取得特许权使用费所得 5 000 元。二人应预扣预缴多少个人所得税？

【答案】 张某应预扣预缴税额=(3 000−800)×20%=440(元)

李某应预扣预缴税额=5 000×(1−20%)×20%=800(元)

（二）居民个人综合所得的年度汇算清缴税额计算

1. 居民个人综合所得的年度汇算清缴计征方法

自 2019 年 1 月 1 日起，居民个人的综合所得在进行年度汇算清缴时，工资、薪金所得应全额计入纳税年度综合收入总额；劳务报酬所得、特许权使用费所得以收入减除 20%的费用后的余额计入纳税年度综合收入总额，即劳务报酬所得、特许权使用费所得打 8 折计入年度综合收入额；稿酬所得在扣除 20%费用的基础上再减征 30%，即稿酬所得以实际取得稿酬收入的 56%计入年度综合收入总额，也就是说，稿酬所得先打 8 折再打 7 折，实际打 5.6 折计入年度综合收入额。

居民个人的综合所得以每一纳税年度的收入总额减除费用 60 000 元以及专项扣除、专项附加扣除和依法确定的其他扣除后的余额为年度应纳税所得额。

2. 居民个人综合所得年度汇算清缴的适用税率

居民个人取得的综合所得按纳税年度合并计征个人所得税，适用 3%～45%的七级超额累进税率（表 6-3）。

3. 居民个人综合所得年度汇算清缴的计税依据及税额计算

居民个人综合所得应纳税额的计算公式为：

$$应纳税额=\sum(每一级数的全年应纳税所得额\times对应级数的适用税率)$$

由于居民个人综合所得计算个人所得税适用的是七级超额累进税率，采用加计法计算比较繁琐，故实际中一般运用速算扣除数计算法简化计算过程。速算扣除数计算法是指先确定各级距速算扣除数，再按速算扣除数法计算，其计算公式为：

速算扣除数＝全额累进税额－超额累进税额

速算扣除数法计算居民个人综合所得年度汇算清缴应纳税额的计算公式为：

全年综合所得应纳税所得额＝纳税年度综合收入－全年减除费用60 000－全年专项扣除五险一金－全年专项附加扣除：七项－全年其他扣除

纳税年度综合收入＝全年工资薪金收入＋全年劳务报酬收入×80%＋全年稿酬收入×56%＋全年特许权使用费收入×80%

全年综合所得应纳个税税额＝全年综合所得应纳税所得额×税率－速算扣除数

汇算清缴应补缴税额＝全年综合所得应纳税额－减免税额－工资薪金已预扣预缴税额－劳务报酬、稿酬、特许权使用费所得已预扣预缴税额

【做中学 6-9】　承【做中学 6-2】，计算杨某 2022 年全年汇算清缴应补退税额。

【答案】　杨某 2022 年每个月预扣预缴税款情况见表 6-6。

表 6-6　杨某 2022 年每个月预扣预缴税款情况表

单位：元

月份	累计收入	累计减除费用	累计专项扣除	累计专项附加扣除	累计其他扣除	累计应纳税所得额	税率（%）	累计应纳税额	累计已纳税额	本期应预扣预缴税额
1	30 000	5 000	4 500	2 000		18 500	3	555	—	555
2	60 000	10 000	9 000	4 000		37 000	10	1 180	555	625
3	90 000	15 000	13 500	6 000		55 500	10	3 030	1 180	1 850
4	120 000	20 000	18 000	8 000		74 000	10	4 880	3 030	1 850
5	150 000	25 000	22 500	10 000		92 500	10	6 730	4 880	1 850
6	180 000	30 000	27 000	12 000		111 000	10	8 580	6 730	1 850
7	210 000	35 000	31 500	14 000		129 500	10	10 430	8 580	1 850
8	240 000	40 000	36 000	16 000		148 000	20	12 680	10 430	2 250
9	270 000	45 000	40 500	18 000		166 500	20	16 380	12 680	3 700
10	300 000	50 000	45 000	20 000		185 000	20	20 080	16 380	3 700
11	330 000	55 000	49 500	22 000		203 500	20	23 780	20 080	3 700
12	360 000	60 000	54 000	24 000		222 000	20	27 480	23 780	3 700

综上可知，杨某 2022 年 1～12 月累计共预扣预缴个人所得税税额为 27 480 元。

年度汇算清缴时，杨某全年综合计算应纳个人所得税税额＝(30 000×12－5 000×12－4 500×12－2 000×12)×20%－16 920＝27 480(元)

所以，杨某2022年度应补缴税额为0元，无须补缴个人所得税。

支付工资、薪金所得的扣缴义务人应当于年度终了后2个月内，向纳税人提供其个人所得和已扣缴税款等信息。纳税人年度中间需要提供上述信息的，扣缴义务人应当提供。纳税人取得除工资、薪金所得以外的其他所得，扣缴义务人应当在扣缴税款后及时向纳税人提供其个人所得和已扣缴税款等信息。

【做中学 6-10】 接上例，若杨某2022年收入情况如下：全年工资薪金收入360 000元，三险一金等专项扣除为每月4 500元，全年享受专项附加扣除共计24 000元，全年取得劳务报酬收入30 000元（已预扣预缴税款5 200元），稿酬收入20 000元（已预扣预缴税款2 240元）。不考虑其他因素，请计算杨某汇算清缴多退少补的个人所得税税额。

【答案】 1. 杨某全年综合所得收入＝360 000＋30 000×(1－20％)＋20 000×(1－20％)×70％＝395 200(元)

2. 全年减除费用＝60 000(元)

专项扣除＝54 000(元)

专项附加扣除＝24 000(元)

扣除项目合计＝60 000＋54 000＋24 000＝138 000(元)

3. 全年应纳税所得额＝395 200－138 000＝257 200(元)

4. 全年应纳个人所得税税额＝257 200×20％－16 920＝34 520(元)

5. 杨某2022年汇算清缴应补交税额＝34 520－27 480－5 200－2 240＝－400(元)

所以，汇算清缴时应该退税400元。

二、非居民个人综合所得的计税方法

非居民个人取得综合所得，有扣缴义务人的由扣缴义务人代扣代缴税款，不办理汇算清缴。扣缴义务人向非居民个人支付工资薪金所得、劳务报酬所得、稿酬所得、特许权使用费所得时，应按以下方法按月或按次代扣代缴个人所得税。

1. 非居民个人的工资薪金所得

按月计税，以每月收入减除费用5 000元后的余额为应纳税所得额，即：

应纳税所得额＝每月收入－5 000

2. 劳务报酬所得、特许权使用费所得

按次计税，以每次收入减除20％的费用后的余额为应纳税所得额，即：

每次应纳税所得额＝每次收入×(1－20％)

3. 稿酬所得

按次计税，以每次收入减除20％的费用后的余额再减按70％计算为应纳税所得额，即：

每次应纳税所得额＝每次收入×(1－20%)×70%＝每次收入×56%

非居民个人综合所得按月计算个人所得税，适用换算后的月度税率表（表 6-4），计算公式为：

非居民个人综合所得每月应纳税额＝每月应纳税所得额×税率－速算扣除数

【做中学 6-11】 2022 年 3 月，某外商投资企业雇员麦克（非居民个人）取得工资薪金收入 30 000 元、劳务报酬收入 15 000 元、稿酬收入 12 000 元。计算麦克 3 月应纳个人所得税。

【答案】 3 月麦克应纳税所得额＝(30 000－5 000)＋15 000×(1－20%)＋12 000×(1－20%)×70%＝43 720(元)

3 月麦克应纳个人所得税税额＝43 720×30%－4 410＝8 706(元)

三、经营所得的个人所得税计算方法

经营所得包括个体工商户的生产经营所得、对企事业单位的承包承租经营所得、个人独资企业、合伙企业经营所得。

(一) 经营所得的应纳税所得额

个体工商户从事生产经营以及与生产经营有关的活动取得的货币形式和非货币形式的各项收入为收入总额，包括销售货物收入、提供劳务收入、转让财产收入、利息收入、租金收入、接受捐赠收入和其他收入。

个体工商户、对企事业单位的承包承租经营所得、个人独资企业、合伙企业的生产、经营所得，以每一纳税年度的收入总额减除成本、费用、税金、损失、其他支出以及允许弥补的以前年度亏损后的余额为应纳税所得额。

1. 成本

成本是指个体工商户在生产经营活动中发生的销售成本、销货成本、业务支出以及其他耗费。

2. 费用

费用是指个体工商户在生产经营活动中发生的销售费用、管理费用和财务费用，已计入成本的有关费用除外。

3. 税金

税金是指个体工商户在生产经营活动中发生的除个人所得税和允许抵扣的增值税以外的各项税金及其附加。

4. 损失

损失是指个体工商户在生产经营活动中发生的固定资产和存货的盘亏、毁损、报废损失、转让财产损失、坏账损失、自然灾害等不可抗力因素造成的损失以及其他损失。

个体工商户发生的损失，减除责任人赔偿和保险赔款后的余额，参照财政部、国家税务总局有关企业资产损失税前扣除的规定扣除。

5. 其他支出

其他支出是指除成本、费用、税金、损失外，个体工商户在生产经营活动中发生的与生产经营活动有关的、合理的直接支出。除税收法律法规另有规定外，个体工商户实际发生的成本、费用、税金、损失和其他支出不得重复扣除。

6. 亏损

亏损是指个体工商户依照规定计算的应纳税所得额小于 0 的数额。

（二）个体工商户不得扣除的支出

个体工商户不得扣除的支出有：个人所得税税款，税收滞纳金，罚金、罚款和被没收财物的损失，不符合扣除规定的捐赠支出，赞助支出，用于个人和家庭的支出，与取得生产经营收入无关的其他支出，国家税务总局规定不准扣除的支出，以及个体工商户业主的工资、薪金支出。

（三）经营所得的计税方法

经营所得按年计征，分月或分季预缴、年终汇算清缴、多退少补。计算公式为：

应纳税所得额＝全年收入总额－成本费用及损失

经营所得适用五级 5%～35%的超额累进税率，见税率表（表 6-5）。

（四）经营所得的应纳税额计算

经营所得应纳税额的计算公式为：

$$\text{本月应预缴税额}=\text{本月累计应纳税所得额}\times\text{适用税率}-\text{速算扣除数}-\text{上月累计已预缴税额}$$

全年应纳税额＝全年应纳税所得额×适用税率－速算扣除数

汇算清缴税额＝全年应纳税额－全年累计已预缴税额

【做中学 6-12】 某市大华酒家为个体经营户，账证比较齐全，2021 年 12 月营业额 120 000 元，购进肉、蛋、菜、面、米等原料费 60 000 元，缴纳水电费、房租、煤气费等 15 000 元，缴纳税前允许扣除的税费合计 6 600 元。当月支付给 2 名雇员工资 6 000 元，业主个人扣除费用标准为 5 000 元。1 至 11 月累计应纳税所得额为 55 600 元，1 至 11 月累计已预缴个人所得税额为 3 600 元。请依照现行税法规定计算该个体业户 12 月应缴纳的个人所得税。

【答案】 1. 12 月应纳税所得额＝120 000－60 000－15 000－6 600－6 000－5 000＝27 400(元)

2. 全年累计应纳税所得额＝27 400＋55 600＝83 000(元)

3. 全年应纳个人所得税=83 000×10%−1 500=6 800(元)

4. 12月应纳个人所得税=6 800−3 600=3 200(元)

【做中学6-13】 王某2022年1至12月承包一商店，承包期一年，取得承包经营所得200 000元，此外，他还每月从商店领取工资8 000元。计算其应缴纳的个人所得税。

【答案】 1. 全年应纳税所得额=200 000+8 000×12−5 000×12=236 000(元)

2. 全年应纳个人所得税=236 000×20%−10 500=36 700(元)

四、财产租赁所得的个人所得税计算方法

财产租赁所得，按次计征个人所得税。

(一) 应纳税所得额的计算

财产租赁所得一般以个人每次取得的收入，定额或定率减除规定费用后的余额为应纳税所得额。每次收入不超过4 000元，定额减除费用800元；每次收入在4 000元以上，定率减除20%的费用。财产租赁所得以1个月内取得的收入为一次。

在确定财产租赁的应纳税所得额时，纳税人在出租财产过程中缴纳的税金和教育费附加，可持完税（缴款）凭证，从其财产租赁收入中扣除。准予扣除的项目除了费用和有关税费外，还包括能够提供有效、准确凭证，证明由纳税人负担的该出租财产实际开支的修缮费用。允许扣除的修缮费用以每次800元为限，一次扣除不完的准予在下一次继续扣除，直到扣完为止。个人出租财产取得的财产租赁收入，在计算缴纳个人所得税时，应依次按顺序扣除以下费用：

1. 财产租赁过程中缴纳的税金和国家能源交通重点建设基金、国家预算调节基金、教育费附加。税费包括但不限于出租房屋缴纳的城市维护建设税、教育费附加、房产税、印花税等税费。

2. 取得转租收入的个人向出租方支付的租金。

3. 由纳税人负担的该出租财产实际开支的修缮费用，以每次800元为限分次扣除（修缮费超过800元的当月最多扣800元，其余下月再扣）。

4. 税法规定的费用扣除标准：每次（月）收入不超过4 000元的，减除费用800元；4 000元以上的，减除费用为收入额的20%。应纳税所得额的计算公式为：

(1) 每月收入≤4 000元时：

应纳税所得额=每月收入额−准予扣除项目−修缮费用(800元为限)−800

(2) 每月收入>4 000元时：

应纳税所得额=[每月收入额−准予扣除项目−修缮费用(800元为限)]×(1−20%)

租金收入是不含增值税的，免征增值税的租金收入不扣减增值税额。

（二）应纳税额的计算

财产租赁所得适用20%的比例税率。其应纳税额的计算公式为：

（1）每月收入≤4 000元时：

应纳税额＝[每月收入额－准予扣除项目－修缮费用(800元为限)－800]×20%

（2）每月收入>4 000元时：

应纳税额＝[每月收入额－准予扣除项目－修缮费用(800元为限)]×(1－20%)×20%

个人将承租房屋转租取得的租金收入属于个人所得税应税所得，应按“财产租赁所得”项目计算缴纳个人所得税。扣除税费的顺序为：①财产租赁过程中缴纳的税费；②向出租方支付的租金；③由纳税人负担的修缮费用；④税法规定的费用扣除标准。但对个人按市场价格出租的居民住房取得的所得，自2001年1月1日起暂减按10%的税率征收个人所得税。

【做中学6-14】 张某出租住房，每月取得租金收入3 000元，缴纳相关税费200元，每月发生的准予扣除项目及修缮费用合计500元，取得合法票据。计算其全年应纳个人所得税。

【答案】 张某全年应纳个人所得税＝(3 000－500－200－800)×10%×12＝1 800(元)

【做中学6-15】 杨某2022年7月按市场价出租住房，租期一年，每月取得不含税租金收入3 500元，8月发生住房修缮费用2 000元（不考虑其他税费）。计算其全年应纳个人所得税。

【答案】 杨某出租住房本年个人所得税＝(3 500－800－800)×10%×2＋(3 500－400－800)×10%＋(3 500－800)×10%×3＝1 420(元)

五、财产转让所得的个人所得税计算方法

（一）应纳税所得额的计算

财产转让所得按次计征，以转让财产的收入额减除财产原值和合理费用后的余额为应纳税所得额。计算公式为：

应纳税所得额＝转让财产的收入额－财产原值－合理费用

（二）应纳税额的计算

应纳税额计算公式为：

应纳税额＝(收入总额－财产原值－合理费用)×20%

（三）税收优惠

对股票转让所得暂不征收个人所得税。对个人出售自有住房取得的所得按照“财产转让所得”征收个人所得税，但对个人转让自用5年以上并且是家庭唯一生活用房取得的所得免征个人所得税。个人因离婚办理房屋产权过户手续的，不征收个人所得税。

【做中学 6-16】 张某将自己4年前购买的原价200 000元的一套住房出售（不是唯一住房），售价280 000元，支付中介费、流转税金共计5 000元。计算其应纳个人所得税。

【答案】 张某转让住房应纳个人所得税＝(280 000－200 000－5 000)×20%＝15 000(元)

六、利息、股息、红利所得及偶然所得的个人所得税计算方法

（一）税额计算

利息、股息、红利所得及偶然所得按次计征，以每次收入额为应纳税所得额。适用税率为20%。计算公式为：

应纳税额＝每次收入额×20%

【做中学 6-17】 2023年2月，张某取得红利3 000元；李某在参加福利彩票抽奖，花1 000元抽中一辆价值300 000元的别克轿车外加500 000元现金。分别计算两人应纳个税。

【答案】 张某红利所得应缴纳个人所得税＝3 000×20%＝600(元)

李某偶然所得应缴纳个人所得税＝(300 000＋500 000)×20%＝160 000(元)

（二）特殊情况

1. 自2008年10月9日起，个人储蓄存款利息暂免征个人所得税。

2. 对个人购买福利彩票、赈灾彩票和体育彩票，一次中奖收入在1万元以下（含1万元）的暂免征收个人所得税；超过1万元的，全额征收个人所得税。

3. 发票中奖，一次800元以下免税。

七、捐赠的处理方法

（一）限额扣除

根据《关于公益慈善事业捐赠个人所得税政策的公告　财政部　税务总局公告2019年第99号》规定，自2019年1月1日起，公益慈善事业的捐赠新政策如下：

个人通过中华人民共和国境内公益性社会组织、县级以上人民政府及其部门等国家

机关，向教育、扶贫、济困等公益慈善事业的捐赠（以下简称公益捐赠），发生的公益捐赠支出，可以按照个人所得税法有关规定在计算应纳税所得额时扣除。限额扣除标准为：捐赠额不超过应纳税所得额的30%的部分。

1. 居民个人发生的公益捐赠支出可以在财产租赁所得、财产转让所得、利息股息红利所得、偶然所得（以下统称分类所得）、综合所得或者经营所得中扣除。在当期一个所得项目扣除不完的公益捐赠支出，可以按规定在其他所得项目中继续扣除。

2. 居民个人发生的公益捐赠支出，在综合所得、经营所得中扣除的，扣除限额分别为当年综合所得、当年经营所得应纳税所得额的30%；在分类所得中扣除的，扣除限额为当月分类所得应纳税所得额的30%。

居民个人根据各项所得的收入、公益捐赠支出、适用税率等情况，自行决定在综合所得、分类所得、经营所得中扣除的公益捐赠支出的顺序。

3. 居民个人取得工资薪金所得的，可以选择在预扣预缴时扣除，也可以选择在年度汇算清缴时扣除。

居民个人选择在预扣预缴时扣除的，应按照累计预扣法计算扣除限额，其捐赠当月的扣除限额为截至当月累计应纳税所得额的30%（全额扣除的从其规定）。个人从两处以上取得工资薪金所得，选择其中一处扣除，选择后当年不得变更。

4. 居民个人取得劳务报酬所得、稿酬所得、特许权使用费所得的，预扣预缴时不扣除公益捐赠支出，统一在汇算清缴时扣除。

5. 居民个人取得全年一次性奖金、股权激励等所得，且按规定采取不并入综合所得而单独计税方式处理的，公益捐赠支出扣除比照上述分类所得的扣除规定处理。

6. 居民个人发生的公益捐赠支出，可在捐赠当月取得的分类所得中扣除。当月分类所得应扣除未扣除的公益捐赠支出，可以按照以下规定追补扣除：扣缴义务人已经代扣但尚未解缴税款的，居民个人可以向扣缴义务人提出追补扣除申请，退还已扣税款。扣缴义务人已经代扣且解缴税款的，居民个人可以在公益捐赠之日起90日内提请扣缴义务人向征收税款的税务机关办理更正申报追补扣除，税务机关和扣缴义务人应当予以办理。居民个人自行申报纳税的，可以在公益捐赠之日起90日内向主管税务机关办理更正申报追补扣除。

居民个人捐赠当月有多项多次分类所得的，应先在其中一项一次分类所得中扣除。已经在分类所得中扣除的公益捐赠支出，不再调整到其他所得中扣除。

7. 在经营所得中扣除公益捐赠支出，应按以下规定处理：

个体工商户发生的公益捐赠支出，在其经营所得中扣除。

个人独资企业、合伙企业发生的公益捐赠支出，其个人投资者应当按照捐赠年度合伙企业的分配比例（个人独资企业分配比例为百分之百），计算归属于每一个人投资者的公益捐赠支出，个人投资者应将其归属的个人独资企业、合伙企业公益捐赠支出和本人需要在经营所得扣除的其他公益捐赠支出合并，在其经营所得中扣除。

经营所得采取核定征收方式的，不扣除公益捐赠支出。

8. 非居民个人发生的公益捐赠支出，未超过其在公益捐赠支出发生的当月应纳税所得额30%的部分，可以从其应纳税所得额中扣除。扣除不完的公益捐赠支出，可以在经营所得中继续扣除。

9. 国务院规定对公益捐赠全额税前扣除的，按照规定执行。个人同时发生按30%扣除和全额扣除的公益捐赠支出，自行选择扣除次序。

10. 公益性社会组织、国家机关在接受个人捐赠时，应当按照规定开具捐赠票据；个人索取捐赠票据的，应予以开具。

个人发生公益捐赠时不能及时取得捐赠票据的，可以暂时凭公益捐赠银行支付凭证扣除，并向扣缴义务人提供公益捐赠银行支付凭证复印件。个人应在捐赠之日起90日内向扣缴义务人补充提供捐赠票据，如果个人未按规定提供捐赠票据的，扣缴义务人应在30日内向主管税务机关报告。

机关、企事业单位统一组织员工开展公益捐赠的，纳税人可以凭汇总开具的捐赠票据和员工明细单扣除。

11. 个人通过扣缴义务人享受公益捐赠扣除政策，应当告知扣缴义务人符合条件可扣除的公益捐赠支出金额，并提供捐赠票据的复印件，其中捐赠股权、房产的还应出示财产原值证明。扣缴义务人应当按照规定在预扣预缴、代扣代缴税款时予扣除，并将公益捐赠扣除金额告知纳税人。个人自行办理或扣缴义务人为个人办理公益捐赠扣除的，应当在申报时一并报送《个人所得税公益慈善事业捐赠扣除明细表》。个人应留存捐赠票据，留存期限为五年。

（二）全额扣除

从2000年开始，个人通过非营利社会团体、国家机关，对下列机构的捐赠准予在个人所得税前全额扣除：

1. 向红十字事业的捐赠，在计算个税时准予全额扣除。

2. 向公益性青少年活动场所（其中包括新建）的捐赠，准予在计算个税时全额扣除。

3. 向农村义务教育的捐赠，准予在计算个税时全额扣除。

4. 向教育事业的捐赠，准予在计算个税时全额扣除。

5. 向福利性、非营利性老年服务机构的捐赠，准予在计算个税时全额扣除。

6. 对宋庆龄基金会、中国福利会、中国残疾人福利基金会、中国扶贫基金会、中国煤矿尘肺病治疗基金会、中华环境保护基金会的用于公益事业的捐赠，准予全额扣除。

7. 对中国医药卫生事业发展基金会的捐赠，准予全额扣除。

8. 对中国教育发展基金会的捐赠，准予全额扣除。

9. 对中国老龄事业发展基金会、中国华文教育基金会、中国绿化基金会、中国妇女发展基金会、中国关心下一代健康体育基金会、生物多样性保护与绿色发展基金会、儿童少年基金会、中国光彩事业基金会、中华健康快车基金会、中华慈善总会、中国法律援助基金会、中华见义勇为基金会的捐赠，准予全额扣除。

10. 向地震灾区、向2022年冬奥会及冬残奥会的捐赠，准予全额扣除。

【做中学6-18】 张某2022年取得综合所得100 000元，通过民政部门向贫困地区捐赠20 000元。计算张某应预扣预缴的个人所得税税额。

【答案】 1. 张某的综合所得应纳税所得额＝100 000(元)

2. 允许在税前扣除的捐赠限额＝100 000×30%＝30 000(元)

3. 应预扣预缴所得税税额＝(100 000－20 000)×10%－2 520＝5 480(元)

八、居民个人综合所得几种特殊项目的个人所得税计算方法

（一）全年一次奖金个税计算

1. 全年一次奖金的定义

全年一次奖金是指行政机关、企事业单位等扣缴义务人根据全年经济效益和对雇员全年工作业绩的综合考核情况向雇员发放的一次性奖金，也包括年终加薪、实行年薪制和绩效工资办法的单位根据考核情况兑现的年薪和绩效工资。

2. 全年一次奖金的计税方法

居民个人取得全年一次奖金的，到2027年12月31日止，可选择不并入当年综合所得，按照规定的计税方法由扣缴义务人发放时代扣代缴，即将居民个人取得的全年一次奖金除以12个月得到的数额，按其商数依照按月换算后的个人所得税综合所得税率表（表6-4），确定适用税率和速算扣除数，单独计算纳税。

具体计算步骤是：

(1) 先将取得的全年一次奖金，除以12个月，折合成月奖金，求出商数；

(2) 按商数确定对应的适用税率和速算扣除数；

(3) 全年一次奖金应纳个税＝全年一次奖金×税率－速算扣除数。

【做中学6-19】 张三2022年12月取得全年一次奖金288 000元，求其应纳个税。

【答案】 1. 求商计算每月奖金：288 000÷12＝24 000(元/月)；

2. 按商数24 000元确定对应的适用税率和速算扣除数，即20%、1 410元；

3. 全年一次奖金应纳个税＝288 000×20%－1 410＝56 190(元)。

3. 注意事项

在一个纳税年度内，对每一个纳税人，该计税办法只允许采用一次。实行年薪制和绩效工资的单位，居民个人取得年终兑现的年薪和绩效工资按上述方法试行。居民个人取得全年一次奖金，也可以选择并入当年综合所得计算纳税。

居民个人取得除全年一次奖金以外的其他各种名目奖金，如半年奖、季度奖、加班奖、先进奖、考勤奖等，一律与当月工资、薪金收入合并，按税法规定缴纳个人所得税。

【做中学 6-20】 张三、李四是大学同学，同年参加工作。2023 年 12 月，张三取得全年一次奖金 144 000 元；李四取得全年一次奖金 145 000 元。思考：李四比张三到手的税后奖金多吗？为什么？

【答案】 1. 张三全年一次奖金的个税计算

(1) 求商：144 000÷12=12 000(元)；

(2) 根据商确定适用税率为 10%，速算扣除数为 210 元；

(3) 全年一次奖金应纳个税=144 000×10%−210=14 190(元)

2. 李四全年一次奖金的个税计算

(1) 求商：每月奖金平均额=145 000÷12=12 083.33(元)；

(2) 根据商确定适用税率为 20%，速算扣除数为 1 410 元；

(3) 全年一次奖金应纳个税=145 000×20%−1 410=27 590(元)

3. 税筹比较分析

(1) 张三税后收入=144 000−14 190=129 810(元)

(2) 李四税后收入=145 000−27 590=117 410(元)

故李四税后奖金比张三少 12 400 元。

(二) 内部退养费及个人提前退休取得补贴收入个税计算

实行内部退养的个人在其办理内部退养手续后至法定离退休年龄之间从原任职单位取得的工资、薪金，不属于离退休工资，应按“工资、薪金所得”项目计征个人所得税。

个人在办理内部退养手续后从原任职单位取得的一次性收入，应按办理内部退养手续后至法定离退休年龄之间的所属月份进行平均，并与领取当月的工资、薪金合并后减除当月费用扣除标准，以余额为基数确定适用税率，再将当月工资、薪金加上取得的一次性收入，减去费用扣除标准，按适用税率计征个人所得税。

自 2019 年 1 月 1 日起，个人提前退休取得一次性补贴收入征收个人所得税按以下规定执行：个人办理提前退休手续而取得的一次性补贴收入，应按照办理提前退休手续至法定离退休年龄之间实际年度数平均分摊，确定适用税率和速算扣除数，单独适用综合所得税率表（表 6-3）计算纳税。计算公式为：

$$\text{应纳税额}=\left\{\left[\left(\begin{matrix}\text{一次性}\\\text{补贴收入}\end{matrix}\div\begin{matrix}\text{办理提前退休手续至}\\\text{法定退休年龄的实际年度数}\\\text{（内退实际年度数）}\end{matrix}\right)-\begin{matrix}\text{费用扣除}\\\text{标准}\end{matrix}\right]\times\text{适用税率}-\text{速算扣除数}\right\}\times\text{内退实际年度数}$$

即：

$$\text{应纳税额}=\left[\left(\begin{matrix}\text{一次性}\\\text{退养费}\end{matrix}\div\text{内退年数}-60\,000\right)\times\text{适用税率}-\text{速算扣除数}\right]\times\text{内退年数}$$

【做中学 6-21】 某单位职工王某 2022 年 4 月份办理了内部退养手续，并领取一次性收入 144 000 元（离退休还有 2 年）。老李应于 2022 年 12 月办理退休手续，但其打算移民并腾出岗位给新人，于 2021 年 5 月正式办理退休手续，并获得提前退休一次性补贴 140 000 元。计算两人应纳税额。

【答案】 1. 王某内部退养费应纳税额：

(1) 年应纳税所得额＝144 000÷2－60 000＝12 000(元)，适用税率 3%，速算扣除数 0 元；

(2) 应纳税额＝(144 000÷2－60 000)×3%×2＝720(元)。

2. 老李提前退休应纳税额＝[(140 000÷2－60 000)×3%－0]×2＝600(元)

（三）个人因解除劳动合同取得的一次性补偿收入个税计算

自 2001 年 10 月 1 日起，对个人因解除劳动合同取得经济补偿金按以下规定处理：

个人因与用人单位解除劳动关系而取得的一次性补偿收入（包括用人单位发放的经济补偿金、生活补助费和其他补助费用），其收入在当地上年职工平均工资 3 倍数额以内的部分免征个人所得税；超过 3 倍数额的部分不并入当年综合所得，单独适用综合所得税率表（表 6-3）计算纳税。

个人在解除劳动合同后又再次任职、受雇的，已纳税的一次性补偿收入不再与再次任职、受雇的工资、薪金所得合并计算补缴个人所得税。个人领取一次性补偿收入时按照国家和地方政府规定的比例实际缴纳的住房公积金、医疗保险费、基本养老保险费、失业保险费，可以在计征其一次性补偿收入的个人所得税时予以扣除。

【做中学 6-22】 某企业职工王某 2023 年 12 月与单位解除劳动合同关系，王某在本企业工作 16 年，领取一次性经济补偿 200 000 元。假定当地上年度职工平均工资 50 000 元。计算其应纳税额。

【答案】 1. 一次解除劳动关系补偿费应纳税所得额＝200 000－50 000×3＝50 000(元)

2. 应纳个人所得税税额＝50 000×10%－2 520＝2 480(元)

（四）单位低价向职工售房个税计算

单位按低于购置或建造成本价格出售住房给职工，职工因此而少支出的差价部分，符合税法规定的，不并入当年综合所得，以差价收入除以 12 个月得到的数额，按照月度税率表（表 6-4）确定适用税率和速算扣除数，单独计算纳税额。计算方法类似于全年一次性奖金。计算公式为：

$$\text{应纳税额}=\begin{matrix}\text{职工实际支付购房价款低于该房}\\\text{屋购置或建造成本价格的差额}\end{matrix}\times\text{适用税率}-\text{速算扣除数}$$

【做中学 6-23】 2023 年 4 月田某作为人才被引入某公司，该公司将购置价 800 000 元的一套住房以 500 000 元的价格出售给田某。田某取得该住房应缴纳个人所得税

（　　）元。

A. 21 500　　　　B. 37 500

C. 52 440　　　　D. 58 590

【答案】 D

【解析】 1. 差价求商：300 000÷12＝25 000(元)

2. 根据商确定适用税率为 20%，速算扣除数为 1 410 元

3. 低价购房补贴应纳个税＝300 000×20%－1 410＝58 590(元)

【案例实训 6-1】

中国公民李某为境内甲公司设计部经理，2022 年 12 月有关收支情况如下：

1. 为其他单位提供一项设计服务，分两次取得全部劳务报酬，每次 1 500 元；

2. 在某杂志发表专业文章一篇，取得稿酬 4 000 元；

3. 房屋租金收入 6 000 元，房屋租赁过程中缴纳相关税费 240 元，支付该房屋的修缮费 500 元，购房贷款 2 200 元，供暖费 2 300 元；

4. 月基本工资 8 000 元，每月三险一金扣除 1 500 元，子女教育扣除 1 000 元，本月获得全年一次性奖金 90 000 元。

请根据上述内容完成下列问题。

1. 下列各项中，关于李某当月提供设计服务劳务报酬所得预扣预缴个人所得税的计算正确的是（　　）。

A. (1 500＋1 500－800)÷(1－20%)×20%＝550(元)

B. (1 500＋1 500)×20%＝600(元)

C. (1 500－800)×20%×2＝280(元)

D. (1 500＋1 500－800)×20%＝440(元)

2. 下列各项中，关于李某当月发表专业文章稿酬所得应预扣预缴个人所得税的计算正确的是（　　）。

A. 4 000×20%＝800(元)

B. (4 000－800)×20%＝640(元)

C. (4 000－800)×20%×(1－30%)＝448(元)

D. (4 000×20%)×(1－30%)＝560(元)

3. 李某当月下列各项支出中，在计算房屋租金收入应缴纳个人所得税时准予扣除的是（　　）。

A. 供暖费 2 300 元　　　　B. 相关税费 240 元

C. 购房贷款 2 200 元　　　　D. 房屋修缮费 500 元

4. 李某全年一次性奖金采用单独计税方式，应缴纳（　　）个人所得税。

A. 8 790 元　　　　B. 6 480 元

C. 2 700 元　　　　D. 1 080 元

5. 假定李某每个月的工资不变，则李某 12 月工资薪金所得应预扣预缴的个人所得税

额是（　　）。

A. 15 元　　B. 165 元

C. 180 元　　D. 210 元

6. 李某年终汇算清缴应补退税额为（　　）。

A. 319.2 元　　B. −748.8 元

C. 568.8 元　　D. 268.8 元

【答案】 1. D　2. C　3. BD　4. A　5. A　6. B

【解析】 汇算清缴个税＝[(8 000×12−1 500×12−5 000×12−1 000×12)＋3 000×80%＋4 000×56%]×3%−180−440−448＝−748.8(元)。

任务 6.4　个人所得税的税收优惠

一、免征个人所得税的优惠

1. 省级人民政府、国务院部委和中国人民解放军军以上单位，以及外国组织、国际组织颁发的科学、教育、技术、文化、卫生、体育、环境保护等方面的奖金。

2. 国债和国家发行的金融债券利息。

3. 按照国家统一规定发给的补贴、津贴。

4. 福利费、抚恤金、救济金。

5. 保险赔款。

6. 军人的转业费、复员费、退役金。

7. 按照国家统一规定发给干部、职工的安家费、退职费、退休工资、离休工资、离休生活补助费。

8. 依照有关法律规定应予免税的各国驻华使馆、领事馆的外交代表、领事官员和其他人员的所得。

9. 中国政府参加的国际公约、签订的协议中规定免税的所得。

10. 五险一金。

11. 个人转让自用达 5 年以上，并且是唯一的家庭生活用房取得的所得。

12. 见义勇为奖金，个人举报、协查各种违法、犯罪行为而获得的奖金。

13. 对个人购买福利彩票、赈灾彩票、体育彩票，一次中奖收入在 1 万元以下（含 1 万元）的暂免征收个人所得税；超过 1 万元的，全额征收个人所得税。个人取得单张有奖发票奖金所得不超过 800 元的，暂免征收个人所得税；超过 800 元的，全额征收个人所得税。

14. 外籍个人以非现金形式或实报实销形式取得的住房补贴、伙食补贴、搬迁费、洗衣费。

15. 符合条件的外籍专家取得的工资、薪金所得。

16. 个人办理代扣代缴手续，按规定取得的扣缴手续费。

17. 自2008年10月9日（含）起，对储蓄存款利息所得暂免征收个人所得税。

18. 个体工商户、个人独资企业和合伙企业或个人从事种植业、养殖业、饲养业、捕捞业取得的所得。

19. 个人在上海、深圳证券交易所转让从上市公司公开发行和转让市场取得的股票的转让所得。

20. 被拆迁人按照国家有关城镇房屋拆迁管理办法规定的标准取得的拆迁补偿款。

【做中学6-24】 下列项目中，免予征收个人所得税的有（　　）。

A. 个人取得的保险赔款

B. 个人取得的国债利息

C. 个人购买的福利彩票、体育彩票，一次中奖收入在1万元以下的

D. 个人转让自用5年以上并且是家庭唯一生活用房取得的所得

【答案】 ABCD

【做中学6-25】 根据《个人所得税法》的规定，下列各项免征个人所得税的有（　　）。

A. 张某获得的保险赔款

B. 王某出租居民住房所得

C. 李某领取的按照国家统一规定发给的补贴

D. 赵某领取的按照国家统一规定发给的退休工资

【答案】 ACD

【做中学6-26】 根据个人所得税法的规定，下列各项免征个人所得税的有（　　）。

A. 股票转让所得

B. 储蓄存款利息

C. 个人转让自用5年以上并且是家庭唯一生活用房取得的所得

D. 个人购买的福利彩票、赈灾彩票、体育彩票，一次中奖收入在1万元以下的

【答案】 ABCD

二、减征个人所得税的优惠

1. 个人投资者持有2019年至2023年发行的铁路债券取得的利息收入，减按50%计入应纳税所得额计算征收个人所得税。税款由兑付机构在向个人投资者兑付利息时代扣代缴。

2. 自2019年1月1日至2023年12月31日，一个纳税年度内在船航行时间累计满183天的远洋船员，其取得的工资、薪金收入减按50%计入应纳税所得额，依法缴纳个人

所得税。

3. 自 2021 年 1 月 1 日至 2022 年 12 月 31 日，对个体工商户年应纳税所得额不超 100 万元的部分，在现行优惠政策基础上，减半征收个人所得税。个体工商户不区分征收方式，均可享受。

《关于进一步支持小微企业和个体工商户发展有关税费政策的公告》财税 2023 年第 12 号公告规定：为进一步支持小微企业和个体工商户发展，自 2023 年 1 月 1 日至 2027 年 12 月 31 日，对个体工商户年应纳税所得额不超过 200 万元的部分，减半征收个人所得税。个体工商户在享受现行其他个人所得税优惠政策的基础上，可叠加享受本条优惠政策。

4. 有下列情形之一的，可以减征个人所得税，具体幅度和期限，由省、自治区、直辖市人民政府规定，并报同级人民代表大会常务委员会备案。

（1）残疾、孤老人员和烈属的所得；

（2）因自然灾害遭受重大损失的；

（3）国务院可以规定其他减税情形，报全国人民代表大会常务委员会备案。

2019 年 1 月 1 日起，个人所得税各项所得的税额计算汇总见表 6-7。

表 6-7　个人所得税计税汇总表

<table>
<tr><th rowspan="2" colspan="2">项目</th><th colspan="4">综合所得</th><th rowspan="2">经营所得</th><th colspan="4">分类所得</th></tr>
<tr><th>工资、薪金所得</th><th>劳务报酬所得</th><th>稿酬所得</th><th>特许权使用费所得</th><th>利息、股息、红利所得</th><th>财产租赁所得</th><th>财产转让所得</th><th>偶然所得</th></tr>
<tr><td rowspan="6">应纳税所得额的计算</td><td>收入总额</td><td>全额</td><td>全额×（1－20%）</td><td>全额×（1－20%）×70%</td><td>全额×（1－20%）</td><td>全额</td><td>全额</td><td>全额</td><td>全额</td><td>全额</td></tr>
<tr><td rowspan="4">扣除项目</td><td colspan="4">基本生计费用 60 000 元/年</td><td rowspan="4">成本费用损失、基本生计费用扣 60 000 元/年</td><td rowspan="4">无扣除项目</td><td rowspan="4">每次收入≤4 000 元的减 800 元；超过 4 000 元的扣 20%费用</td><td rowspan="4">财产原值、合理费用</td><td rowspan="4">无扣除项目</td></tr>
<tr><td colspan="4">专项扣除：三险一金</td></tr>
<tr><td colspan="4">专项附加扣除：子女、继续教育、大病医疗、贷款利息、房租、赡养老人、婴幼儿照护费</td></tr>
<tr><td colspan="4">其他扣除：年金、职业年金、合规保险</td></tr>
<tr><td>适用税率</td><td colspan="4">3%～45%的超额累进税率</td><td>5%～35%的超额累进税率</td><td>20%税率</td><td>20%税率</td><td>20%税率</td><td>20%税率</td></tr>
<tr><td rowspan="3" colspan="2">扣缴义务人主要义务</td><td colspan="4">按月或按次预扣预缴</td><td rowspan="3">不适用</td><td colspan="4">按月或按次预扣预缴</td></tr>
<tr><td colspan="4">全员全额预扣预缴</td><td colspan="4">全员全额预扣预缴</td></tr>
<tr><td colspan="4">向纳税人提供所得及税款扣缴信息</td><td colspan="4">向纳税人提供所得及税款扣缴信息</td></tr>
<tr><td rowspan="2" colspan="2">纳税人主要义务</td><td colspan="4">年度汇算清缴（如需要）</td><td>按月/按季预缴</td><td rowspan="2" colspan="4">无扣缴义务人或扣缴义务人未扣缴税款的，自行依法申报纳税</td></tr>
<tr><td colspan="4">留存资料备查</td><td>年度汇算清缴</td></tr>
</table>

任务 6.5　境外所得的税额扣除

在对纳税人的境外所得征税时，会存在其境外所得已在来源国家或者地区缴税的实际情况，基于国家之间对同一所得应避免双重征税的原则，我国在对纳税人的境外所得行使税收管辖权时，对该所得在境外已纳税额采取了分不同情况从应征税额中予以扣除的做法。

一、税法规定的抵免原则

居民个人从中国境外取得的所得，可以从其应纳税额中抵免已在境外缴纳的个人所得税税额，但抵免额不得超过该纳税人境外所得依照税法规定计算的应纳税额。

1. 已在境外缴纳的个人所得税税额，是指居民个人来源于中国境外的所得，依照该所得来源国家（地区）的法律应当缴纳并且实际已经缴纳的所得税税额。

2. 纳税人境外所得依照税法规定计算的应纳税额，是居民个人抵免已在境外缴纳的综合所得、经营所得以及其他所得的所得税税额的限额（以下简称抵免限额）。除国务院财政、税务主管部门另有规定外，来源于中国境外一个国家（地区）的综合所得抵免限额、经营所得抵免限额以及其他所得抵免限额之和，为来源于该国家（地区）所得的抵免限额。

居民个人在中国境外一个国家（地区）实际已经缴纳的个人所得税税额，低于依照规定计算出的来源于该国家（地区）所得的抵免限额的，应当在中国缴纳差额部分的税款；超过来源于该国家（地区）所得的抵免限额的，其超过部分不得在本纳税年度的应纳税额中抵免，但是可以在以后纳税年度来源于该国家（地区）所得的抵免限额的余额中补扣，补扣期限最长不得超过 5 年。

3. 居民个人申请抵免已在境外缴纳的个人所得税税额，应当提供境外税务机关出具的税款所属年度的有关纳税凭证。

二、居民个人应分项计算当期境外所得应纳税额

居民个人来源于中国境外的综合所得，应当与境内综合所得合并计算应纳税额。

居民个人来源于中国境外的经营所得，应当与境内经营所得合并计算应纳税额。居民个人来源于境外的经营所得，按照《个人所得税法》及其《实施条例》的有关规定计算的亏损，不得抵减其境内或他国（地区）的应纳税所得额，但可以用来源于同一国家（地区）以后年度的经营所得按中国税法规定弥补。

居民个人来源于中国境外的利息、股息、红利所得，财产租赁所得，财产转让所得和偶然所得（以下简称其他分类所得），不与境内所得合并，应当分别单独计算应纳税额。

三、居民个人应区分国计算境外所得抵免限额

居民个人在一个纳税年度内来源于中国境外的所得，应区分来源国即依照所得来源国家（地区）税收法律规定在中国境外已缴纳的所得税税额允许在抵免限额内从其该纳税年度应纳税额中抵免。

居民个人来源于一国（地区）的综合所得、经营所得以及其他分类所得项目的应纳税额为其抵免限额，按照下列公式计算：

$$\text{来源于一国（地区）综合所得的抵免限额}=\text{合并中国境内和境外全部综合所得计算得到的应纳税额}\times\frac{\text{来源于该国（地区）的综合所得收入额}}{\text{中国境内和境外综合所得收入额合计}}$$

$$\text{来源于一国（地区）经营所得的抵免限额}=\text{合并中国境内和境外全部经营所得计算得到的应纳税额}\times\frac{\text{来源于该国（地区）的经营所得应纳税所得额}}{\text{中国境内和境外经营所得应纳税所得额合计}}$$

$$\text{来源于一国（地区）其他分类所得的抵免限额}=\text{该国（地区）的其他分类所得单独计算的应纳税额}$$

$$\text{来源于一国（地区）所得的抵免限额}=\text{来源于该国（地区）综合所得的抵免限额}+\text{来源于该国（地区）经营所得的抵免限额}+\text{来源于该国（地区）其他分类所得的抵免限额}$$

抵免限额的计算过程需要分国、分项（综合所得、经营所得和其他所得）计算。

境外已纳税款超过抵免限额的部分可向后结转 5 年，在该国家（地区）扣除限额的余额中补扣。

四、居民个人境外所得已纳税额抵免的计算

可抵免的境外所得税税额，是指居民个人取得境外所得，依照该所得来源国（地区）税法应当缴纳且实际已经缴纳的所得税性质的税额。居民个人一个纳税年度内来源于一国（地区）的所得实际已经缴纳的所得税税额，低于依照税法规定计算出的来源于该国（地区）该纳税年度所得的抵免限额的，应以实际缴纳税额作为抵免额进行抵免；超过来源于该国（地区）该纳税年度所得的抵免限额的，应在限额内进行抵免，超过部分可以在以后 5 个纳税年度内结转抵免。即：（1）在境外实际缴纳的税额≤抵免限额的，应补缴个人所得税；（2）在境外实际缴纳的税额＞抵免限额的，无需补税。

居民个人从中国境外取得所得的，应当在取得所得的次年 3 月 1 日至 6 月 30 日期间，向中国境内任职、受雇单位所在地主管税务机关申报纳税。在中国境内没有任职、受雇单位的，向户籍所在地或中国境内经常居住地主管税务机关办理纳税申报；户籍所在地

与中国境内经常居住地不一致的，选择其中一地主管税务机关办理纳税申报；在中国境内没有户籍的，向中国境内经常居住地主管税务机关办理纳税申报。

【做中学 6-27】 假定某中国居民个人王明 2022 年 5 月转让美国一套私有住房取得收入折合人民币 420 万元，该住房的买价及转让时发生的费用共计 350 万元，已被扣缴个人所得税 20 万元；同月还从加拿大取得股息所得 50 万元，已被扣缴个人所得税 6 万元。经核查境外完税凭证无误，请依照现行税法规定计算该居民个人境外所得在我国境内应补缴的个人所得税，以及该纳税人上述来源于两国的所得抵免限额。

【答案】 1. 王明来自美国所得的抵免限额＝(420－350)×20％＝14(万元)

2. 王明来自加拿大所得的抵免限额＝50×20％＝10(万元)

3. 王明美国被扣缴税额的抵免额：20＞14，抵免额 14 万元；

王明加拿大被扣缴税额的抵免额：6＜10，抵免额 6 万元。

(4) 王明应补缴个人所得税＝14－14＋10－6＝4(万元)

【做中学 6-28】 居民个人刘某 2022 年取得境内工资收入 135 000 元，单位代扣三险一金 15 000 元。刘某还从境外甲国获得劳务报酬收入折合人民币 50 000 元、稿酬收入折合人民币 20 000 元和利息收入折合人民币 10 000 元，并分别就这三项收入在甲国缴纳税款 10 000 元、1 000 元和 2 000 元。除居民个人年度费用扣除标准 60 000 元、专项扣除 15 000 元和赡养老人专项附加扣除 12 000 元外，不考虑其他费用扣除和境内预缴税额。请就王某 2022 年来源于甲国的所得计算抵免限额并进行抵免。

【答案】 1. 刘某 2022 年境内、外全部综合所得收入额＝135 000＋50 000×(1－20％)＋20 000×(1－20％)×70％＝186 200(元)

2. 刘某 2022 年境内、外全部综合所得应纳税额＝(186 200－60 000－15 000－12 000)×10％－2 520＝7 400(元)

3. 刘某 2022 年来源于甲国的综合所得抵免限额＝7 400×(40 000＋11 200)÷(135 000＋40 000＋11 200)＝2 034.8(元)

4. 刘某 2022 年来源于甲国的其他分类所得抵免限额＝10 000×20％＝2 000(元)

5. 刘某 2022 年来源于甲国的所得抵免限额＝2 034.8＋2 000＝4 034.8(元)

6. 刘某 2022 年来源于甲国的综合所得在甲国实际已纳税额 11 000 元＞来源于甲国的所得的抵免限额 2 034.8 元，因此国内缴税时应抵免税额为 2 034.8 元，无需补交税款。

刘某来源于甲国的利息所得的实际已纳税额 2 000 元＝来源于甲国的利息抵免限额，因此国内缴税时应抵免税额为 2 000 元，无需补税。

7. 刘某 2022 年境内境外所得应纳税额＝7 400＋2 000－2 034.8－2 000＝5 365.2(元)。

任务 6.6　个人所得税的税收征管与纳税申报

个人所得税的申报方式有两种：全员全额扣缴申报和自行申报。

一、个人所得税扣缴申报

根据《个人所得税法》第九条，个人所得税以所得人为纳税人，以支付所得的单位或者个人为扣缴义务人。扣缴义务人应当按照国家规定对除经营所得以外的其他八项所得项目办理全员全额扣缴申报。全员全额扣缴申报是指扣缴义务人应当在代扣税款的次月 15 日内，向主管税务机关报送其支付所得的所有个人的有关信息、支付所得数额、扣除事项和数额、扣缴税款的具体数额和总额以及其他相关涉税信息资料。

扣缴义务人首次向纳税人支付所得时，应当按照纳税人提供的纳税人识别号等基础信息填写《个人所得税基础信息表（A 表）》，并于次月扣缴申报时向税务机关报送。扣缴义务人对纳税人向其报告的相关基础信息变化情况，应当于次月扣缴申报时向税务机关报送。

支付工资、薪金所得的扣缴义务人应当于年度终了后 2 个月内，向纳税人提供其个人所得和已扣缴税款等信息。纳税人年度中间需要提供上述信息的，扣缴义务人应当提供。纳税人取得除工资、薪金所得以外的其他所得，扣缴义务人应当在扣缴税款后，及时向纳税人提供其个人所得和已扣缴税款等信息。

扣缴义务人在向个人支付应纳税所得额时，不论纳税人是否属于本单位人员，均应代扣代缴其应纳的个人所得税税款。

扣缴义务人应当按照纳税人提供的信息计算税款、办理扣缴申报，不得擅自更改纳税人提供的信息。扣缴义务人有未按照规定向税务机关报送资料和信息、未按照纳税人提供信息虚报虚扣专项附加扣除、应扣未扣税款、不缴或少缴已扣税款、借用或冒用他人身份等行为的，依照《税收征管法》等相关法律、行政法规处理。

扣缴义务人发现纳税人提供的信息与实际情况不符的，可以要求纳税人修改。纳税人拒绝修改的，扣缴义务人应当报告税务机关，税务机关应当及时处理。扣缴义务人依法履行代扣代缴义务，纳税人不得拒绝。纳税人拒绝的，扣缴义务人应当及时报告税务机关。

对扣缴义务人按照规定扣缴的税款，按年付给 2%的手续费。不包括税务机关、司法机关等查补或者责令补扣的税款。扣缴义务人领取的扣缴手续费可用于提升办税能力、奖励办税人员。

2021 年起，对符合条件的纳税人，扣缴义务人在预扣预缴本纳税年度个人所得税时，累计减除费用自 1 月份起直接按照全年 6 万元计算扣除。即在纳税人累计收入不超过 6 万元的月份，不用预扣预缴个人所得税；在其累计收入超过 6 万元的当月及年内后续月份，再预扣预缴个人所得税。同时，依据税法规定，扣缴义务人仍应按税法规定办理全员全额扣缴申报。

纳税人为持有完税依据而向扣缴义务人索取代扣代收凭证的，扣缴义务人不得拒绝。扣缴义务人向纳税人提供非正式扣税凭证的，纳税人可以拒收。

扣缴义务人应扣未扣、应收未收税款的，对其处应扣未扣、应收未收税款 50%以上 3 倍以下的罚款；纳税人、扣缴义务人逃避、拒绝或者以其他方式阻挠税务机关检查的，由税务机关责令改正，可以处 1 万元以下的罚款；情节严重的，处 1 万元以上 5 万元以下的罚款。

二、个人所得税自行纳税申报

自行纳税申报是指由纳税人自行在《个人所得税法》规定的纳税期限内，向税务机关申报取得的应税所得项目和数额，如实填写个人所得税纳税申报表，并按相关规定计算应纳税额，并据此缴纳个人所得税的一种方法。

(一) 自行申报范围

依据《个人所得税法》规定，纳税人有下列情形之一的，应当按照规定到主管税务机关办理自行纳税申报：

(1) 取得综合所得需要办理汇算清缴。

(2) 取得应税所得没有扣缴义务人。

(3) 取得应税所得，扣缴义务人未扣缴税款。

(4) 取得境外所得。

(5) 因移居境外注销中国户籍。

(6) 非居民个人在中国境内从两处以上取得工资、薪金所得。

(7) 国务院规定的其他情形。

1. 取得综合所得需要办理汇算清缴的纳税申报

取得综合所得且符合下列情形之一的纳税人，应当依法办理汇算清缴：从两处以上取得综合所得，且综合所得年收入额减除专项扣除后的余额超过 6 万元；取得劳务报酬所得、稿酬所得、特许权使用费所得中一项或者多项所得，且综合所得年收入额减除专项扣除的余额超过 6 万元；纳税年度内预缴税额低于应纳税额；纳税人申请退税。

需要办理汇算清缴的纳税人，应当在取得所得的次年 3 月 1 日至 6 月 30 日期间向任职、受雇单位所在地主管税务机关办理纳税申报，并报送《个人所得税年度自行纳税申报表》。纳税人有两处以上任职、受雇单位的，选择向其中一处任职、受雇单位所在地主管税务机关办理纳税申报；纳税人没有任职、受雇单位的，向户籍所在地或经常居住地主管税务机关办理纳税申报。纳税人办理综合所得汇算清缴，应当准备与收入、专项扣除、专项附加扣除、依法确定的其他扣除、捐赠、享受税收优惠等相关的资料，并按规定留存备查或报送。

2. 取得经营所得的纳税申报

取得经营所得且符合下列情形之一的纳税人，应当依法办理纳税申报，即个体工商户业主、个人独资企业投资者、合伙企业个人合伙人、承包承租经营者个人以及其他从事生产、经营活动的个人取得经营所得包括以下情形：个体工商户从事生产、经营活动取得的所得；个人独资企业投资人、合伙企业个人合伙人来源于境内注册的个人独资企业、合伙企业生产、经营的所得；个人依法从事办学、医疗、咨询以及其他有偿服务活动取得的所得；个人对企业、事业单位承包经营、承租经营以及转包、转租取得的所得；个人从事其他生产经营活动取得的所得。

纳税人取得经营所得按年计算个人所得税，由纳税人在月度或季度终了后 15 日内向经营管理所在地主管税务机关办理预缴纳税申报，并报送《个人所得税经营所得纳税申报表（A 表）》。在取得所得的次年 3 月 31 日前向经营管理所在地主管税务机关办理汇算清缴，并报送《个人所得税经营所得纳税申报表（B 表）》。从两处以上取得经营所得的，选择向其中一处经营管理所在地主管税务机关办理年度汇总申报，并报送《个人所得税经营所得纳税申报表（C 表）》。

3. 取得应税所得，扣缴义务人未扣缴税款的纳税申报

纳税人取得应税所得，扣缴义务人未扣缴税款的，应当区别以下情形办理纳税申报：

（1）居民个人取得综合所得的，按照上述取得综合所得需要办理汇算清缴的纳税申报规定处理。

（2）非居民个人取得综合所得的，应当在取得所得的次年 6 月 30 日前向扣缴义务人所在地主管税务机关办理纳税申报，并报送《个人所得税自行纳税申报表（A 表）》。有两个以上扣缴义务人均未扣缴税款的，选择向其中一处扣缴义务人所在地主管税务机关办理纳税申报。非居民个人在次年 6 月 30 日前离境（临时离境除外）的，应当在离境前办理纳税申报。

（3）纳税人取得利息、股息、红利所得，财产租赁所得，财产转让所得和偶然所得的，应当在取得所得的次年 6 月 30 日前按相关规定向主管税务机关办理纳税申报，并报送《个人所得税自行纳税申报表（A 表）》。税务机关通知限期缴纳的，纳税人应当按照期限缴纳税款。

4. 取得境外所得的纳税申报

居民个人从中国境外取得所得的，应当在取得所得的次年 3 月 1 日至 6 月 30 日期间向中国境内任职、受雇单位所在地主管税务机关办理纳税申报；在中国境内没有任职、受雇单位的，向户籍所在地或中国境内经常居住地主管税务机关办理纳税申报；户籍所在地与中国境内经常居住地不一致的，选择其中一地主管税务机关办理纳税申报；在中国境内没有户籍的，向中国境内经常居住地主管税务机关办理纳税申报。

5. 因移居境外注销中国户籍的纳税申报

纳税人因移居境外注销中国户籍的，应当在申请注销中国户籍前向户籍所在地主管税务机关办理纳税申报，进行税款结算。

（1）纳税人在注销户籍年度取得综合所得的，应当在注销户籍前办理当年综合所得的汇算清缴，并报送《个人所得税年度自行纳税申报表》。尚未办理上一年度综合所得汇算清缴的，应当在办理注销户籍纳税申报时一并办理。

（2）纳税人在注销户籍年度取得经营所得的，应当在注销户籍前办理当年经营所得的汇算清缴，并报送《个人所得税经营所得纳税申报表（B 表）》。从两处以上取得经营所得的，还应当一并报送《个人所得税经营所得纳税申报表（C 表）》。尚未办理上一年度经营所得汇算清缴的，应当在办理注销户籍纳税申报时一并办理。

（3）纳税人在注销户籍当年取得利息、股息、红利所得，财产租赁所得，财产转让所得和偶然所得的，应当在注销户籍前申报当年上述所得的完税情况，并报送《个人所得税自行纳税申报表（A 表）》。

（4）纳税人有未缴或者少缴税款的，应当在注销户籍前结清欠缴或未缴的税款。纳税人存在分期缴税且未缴纳完毕的，应当在注销户籍前结清尚未缴纳的税款。

（5）纳税人办理注销户籍纳税申报时需要办理专项附加扣除、依法确定的其他扣除的，应当向税务机关报送《个人所得税专项附加扣除信息表》《商业健康保险税前扣除情况明细表》《个人税收递延型商业养老保险税前扣除情况明细表》等。

6. 非居民个人在中国境内从两处以上取得工资、薪金所得的纳税申报

非居民个人在中国境内从两处以上取得工资、薪金所得的，应当在取得所得的次月 15 日内向其中一处任职、受雇单位所在地主管税务机关办理纳税申报，并报送《个人所得税自行纳税申报表（A 表）》。

（二）纳税人申报方式

纳税人可以采用远程办税端、邮寄等方式申报或委托他人代办申报，也可以直接到主管税务机关申报。纳税人办理自行纳税申报时，应当一并报送税务机关要求报送的其他有关资料。首次申报或个人基础信息发生变化的，还应报送《个人所得税基础信息表（B 表）》。

纳税人在办理纳税申报时需要享受税收协定待遇的，按照享受税收协定待遇的有关办法处理。

三、个人所得税的纳税申报表填写

为进一步简并简化申报内容、规范数据口径、引导和鼓励网络申报，确保新税制全面顺利实施和个人所得税重点政策有效落地，根据税法规定，国家税务总局对个人所得税申报表进行了修订。

（一）个人所得税申报表的构成

个人所得税申报表主要有以下几类：

1.《个人所得税基础信息表（A表）》，见表6-8。该表适用于扣缴义务人办理全员全额扣缴申报时填报支付所得的自然人纳税人的基础信息。

《个人所得税基础信息表（B表）》。该表适用于自然人直接向税务机关办理涉税事项时填报其个人基础信息。

2.《个人所得税扣缴申报表》，见表6-9。该表适用于扣缴义务人向居民个人或非居民个人支付各类应税所得扣缴个人所得税申报。居民个人取得工资、薪金所得，保险营销员、证券经纪人取得佣金收入，按照累计预扣法计算税款，填报当月和累计情况相应项目。居民个人取得上述规定以外的所得或非居民个人取得应税所得时，填报当月（次）情况相应项目。

3.《个人所得税自行纳税申报表（A表）》，见表6-10。该表适用于纳税人向税务机关按月或按次办理自行纳税申报，包括居民个人取得综合所得以外的所得扣缴义务人未扣缴税款，非居民个人取得应税所得扣缴义务人未扣缴税款，非居民个人在中国境内从两处以上取得工资、薪金所得等。

4.《个人所得税年度自行纳税申报表（A表）》，见表6-11。该表适用于居民个人取得境内综合所得汇算清缴申报。

5.《个人所得税经营所得纳税申报表（A表）》，见表6-12。该表适用于个体工商户业主、个人独资企业投资者、合伙企业个人合伙人、承包承租经营者以及其他从事生产、经营活动的个人在中国境内取得经营所得，按查账征收办理预缴纳税申报，或者按核定征收办理纳税申报。

《个人所得税经营所得纳税申报表（B表）》，见表6-13。该表适用于查账征收的个体工商户业主、个人独资企业投资者、合伙企业个人合伙人、承包承租经营者个人以及其他从事生产、经营活动的个人在中国境内取得经营所得的汇算清缴申报。

《个人所得税经营所得纳税申报表（C表）》。该表适用于个体工商户业主、个人独资企业投资者、合伙企业个人合伙人、承包承租经营者个人以及其他从事生产、经营活动的个人在中国境内两处及以上取得经营所得，办理个人所得税的年度汇总纳税申报。

6.《合伙制创业投资企业单一投资基金核算方式备案表》。该表适用于选择按单一投资基金核算的创业投资企业（含创投基金，下同）按规定向主管税务机关进行核算类型备案。

7.《单一投资基金核算的合伙制创业投资企业个人所得税扣缴申报表》。该表适用于选择按单一投资基金核算的创业投资企业按规定办理年度股权转让所得扣缴申报。

表 6-8　个人所得税基础信息表（A 表）

（适用于扣缴义务人填报）

扣缴义务人名称：

扣缴义务人纳税人识别号（统一社会信用代码）：□□□□□□□□□□□□□□□□□□□□

序号	纳税人基本信息（带 * 必填）						任职受雇从业信息					联系方式					银行账户		投资信息		其他信息		华侨、港澳台、外籍个人信息（带 * 必填）					备注
	纳税人识别号	* 纳税人姓名	* 身份证件类型	* 身份证件号码	* 出生日期	* 国籍/地区	类型	职务	学历	任职受雇从业日期	离职日期	手机号码	户籍所在地	经常居住地	联系地址	电子邮箱	开户银行	银行账号	投资额（元）	投资比例	是否残疾/孤老/烈属	残疾/烈属证号	* 出生地	* 性别	* 首次入境时间	* 预计离境时间	* 涉税事由	
1	2	3	4	5	6	7	8	9	10	11	12	13	14	15	16	17	18	19	20	21	22	23	24	25	26	27	28	29

谨声明：本表是根据国家税收法律法规及相关规定填报的，是真实的、可靠的、完整的。

扣缴义务人（签章）：　　　　年　月　日

经办人签字： 经办人身份证件号码： 代理机构签章： 代理机构统一社会信用代码：	受理人： 受理税务机关（章）： 受理日期：　　年　　月　　日

表 6-9　个人所得税扣缴申报表

税款所属期：　　年　月　日至　　年　月　日
扣缴义务人名称：
扣缴义务人纳税人识别号（统一社会信用代码）：□□□□□□□□□□□□□□□□□□

金额单位：人民币元（列至角分）

序号	姓名	身份证件类型	身份证件号码	纳税人识别号	是否为非居民个人	所得项目	本月（次）情况														累计情况										减按计税比例	准予扣除的捐赠额	税款计算							备注
							收入额计算			减除费用	专项扣除				其他扣除						累计收入额	累计减除费用	累计专项扣除	累计专项附加扣除						累计其他扣除			应纳税所得额	税率/预扣率	速算扣除数	应纳税额	减免税额	已缴税额	应补/退税额	
							收入	费用	免税收入		基本养老保险费	基本医疗保险费	失业保险费	住房公积金	年金	商业健康保险	税延养老保险	财产原值	允许扣除的税费	其他				子女教育	继续教育	住房贷款利息	住房租金	赡养老人	3岁以下婴幼儿照护											
1	2	3	4	5	6	7	8	9	10	11	12	13	14	15	16	17	18	19	20	21	22	23	24	25	26	27	28	29	30	31	32	33	34	35	36	37	38	39	40	41
合计																																								

谨声明：本表是根据国家税收法律法规及相关规定填报的，是真实的、可靠的、完整的。

扣缴义务人（签章）：　　　　年　月　日

经办人签字： 经办人身份证件号码： 代理机构签章： 代理机构统一社会信用代码：	受理人： 受理税务机关（章）： 受理日期：　年　月　日

表 6-10　个人所得税自行纳税申报表（A 表）

税款所属期：　　年　月　日至　　年　月　日
纳税人姓名：
纳税人识别号：□□□□□□□□□□□□□□□□□□

金额单位：人民币元（列至角分）

自行申报情形	□居民个人取得应税所得，扣缴义务人未扣缴税款 □非居民个人取得应税所得，扣缴义务人未扣缴税款 □非居民个人在中国境内从两处以上取得工资、薪金所得　□其他________	是否为非居民个人	□是 □否	非居民个人本年度境内居住天数	□不超过 90 天 □超过 90 天不超过 183 天

序号	所得项目	收入额计算			减除费用	专项扣除				其他扣除			减按计税比例	准予扣除的捐赠额	税款计算							备注
		收入	费用	免税收入		基本养老保险费	基本医疗保险费	失业保险费	住房公积金	财产原值	允许扣除的税费	其他			应纳税所得额	税率	速算扣除数	应纳税额	减免税额	已缴税额	应补/退税额	
1	2	3	4	5	6	7	8	9	10	11	12	13	14	15	16	17	18	19	20	21	22	23

谨声明：本表是根据国家税收法律法规及相关规定填报的，是真实的、可靠的、完整的。

纳税人签字：　　　　年　月　日

经办人签字： 经办人身份证件号码： 代理机构签章： 代理机构统一社会信用代码：	受理人： 受理税务机关（章）： 受理日期：　年　月　日

表 6-11　个人所得税年度自行纳税申报表（A 表）

（仅取得境内综合所得年度汇算适用）

税款所属期：　　年　月　日至　　年　月　日

纳税人姓名：

纳税人识别号：□□□□□□□□□□□□□□□□□□□□　　　　金额单位：人民币元（列至角分）

<table>
<tr><td colspan="6">基本情况</td></tr>
<tr><td>手机号码</td><td></td><td>电子邮箱</td><td></td><td>邮政编码</td><td>□□□□□□</td></tr>
<tr><td>联系地址</td><td colspan="5">______省（区、市）______市______区（县）______街道（乡、镇）______</td></tr>
<tr><td colspan="6">纳税地点（单选）</td></tr>
<tr><td colspan="4">1. 有任职受雇单位的，需选本项并填写“任职受雇单位信息”：</td><td colspan="2">□任职受雇单位所在地</td></tr>
<tr><td rowspan="2">任职受雇单位信息</td><td>名称</td><td colspan="4"></td></tr>
<tr><td>纳税人识别号</td><td colspan="4">□□□□□□□□□□□□□□□□□□□□</td></tr>
<tr><td colspan="4">2. 没有任职受雇单位的，可以从本栏次选择一地：</td><td colspan="2">□户籍所在地　□经常居住地　□主要收入来源地</td></tr>
<tr><td colspan="2">户籍所在地/经常居住地/主要收入来源地</td><td colspan="4">______省（区、市）______市______区（县）______街道（乡、镇）______</td></tr>
<tr><td colspan="6">申报类型（单选）</td></tr>
<tr><td colspan="3">□首次申报</td><td colspan="3">□更正申报</td></tr>
<tr><td colspan="6">综合所得个人所得税计算</td></tr>
</table>

项目	行次	金额
一、收入合计（第 1 行＝第 2 行＋第 3 行＋第 4 行＋第 5 行）	1	
（一）工资、薪金所得	2	
（二）劳务报酬所得	3	
（三）稿酬所得	4	
（四）特许权使用费所得	5	
二、费用合计［第 6 行＝（第 3 行＋第 4 行＋第 5 行）×20%］	6	
三、免税收入合计（第 7 行＝第 8 行＋第 9 行）	7	
（一）稿酬所得免税部分［第 8 行＝第 4 行×（1－20%）×30%］	8	
（二）其他免税收入（附报《个人所得税减免税事项报告表》）	9	
四、减除费用	10	
五、专项扣除合计（第 11 行＝第 12 行＋第 13 行＋第 14 行＋第 15 行）	11	
（一）基本养老保险费	12	
（二）基本医疗保险费	13	
（三）失业保险费	14	
（四）住房公积金	15	
六、专项附加扣除合计（附报《个人所得税专项附加扣除信息表》）（第 16 行＝第 17 行＋第 18 行＋第 19 行＋第 20 行＋第 21 行＋第 22 行＋第 23 行）	16	
（一）子女教育	17	
（二）继续教育	18	
（三）大病医疗	19	
（四）住房贷款利息	20	
（五）住房租金	21	
（六）赡养老人	22	
（七）婴幼儿照护费	23	
七、其他扣除合计（第 24 行＝第 25 行＋第 26 行＋第 27 行＋第 28 行＋第 29 行＋第 30 行）	24	
（一）年金	25	
（二）商业健康保险（附报《商业健康保险税前扣除情况明细表》）	26	
（三）税延养老保险（附报《个人税收递延型商业养老保险税前扣除情况明细表》）	27	
（四）允许扣除的税费	28	

（续表）

项目	行次	金额
（五）个人养老金	29	
（六）其他	30	
八、准予扣除的捐赠额（附报《个人所得税公益慈善事业捐赠扣除明细表》）	31	
九、应纳税所得额（第 32 行＝第 1 行－第 6 行－第 7 行－第 10 行－第 11 行－第 16 行－第 24 行－第 31 行）	32	
十、税率（%）	33	
十一、速算扣除数	34	
十二、应纳税额（第 35 行＝第 32 行×第 33 行－第 34 行）	35	
全年一次性奖金个人所得税计算 （无住所居民个人预判为非居民个人取得的数月奖金，选择按全年一次性奖金计税的填写本部分）		
一、全年一次性奖金收入	36	
二、准予扣除的捐赠额（附报《个人所得税公益慈善事业捐赠扣除明细表》）	37	
三、税率（%）	38	
四、速算扣除数	39	
五、应纳税额［第 40 行＝（第 36 行－第 37 行）×第 38 行－第 39 行］	40	
税额调整		
一、综合所得收入调整额（需在“备注”栏说明调整具体原因、计算方式等）	41	
二、应纳税额调整额	42	
应补/退个人所得税计算		
项目	**行次**	**金额**
一、应纳税额合计（第 43 行＝第 35 行＋第 40 行＋第 42 行）	43	
二、减免税额（附报《个人所得税减免税事项报告表》）	44	
三、已缴税额	45	
四、应补/退税额（第 46 行＝第 43 行－第 44 行－第 45 行）	46	

无住所个人附报信息			
纳税年度内在中国境内居住天数		已在中国境内居住年数	

退税申请 （应补/退税额小于 0 的填写本部分）			
□申请退税（需填写“开户银行名称”“开户银行省份”“银行账号”）		□放弃退税	
开户银行名称		开户银行省份	
银行账号			

备注

谨声明：本表是根据国家税收法律法规及相关规定填报的，本人对填报内容（附带资料）的真实性、可靠性、完整性负责。

纳税人签字：　　　　年　　月　　日

经办人签字： 经办人身份证件类型： 经办人身份证件号码： 代理机构签章： 代理机构统一社会信用代码：	受理人： 受理税务机关（章）： 受理日期：　　　　年　　月　　日

表 6-12 个人所得税经营所得纳税申报表（A 表）

（适用于查账征收、核定征收预缴纳税申报）

税款所属期： 年 月 日至 年 月 日

纳税人姓名：

纳税人识别号：□□□□□□□□□□□□□□□□□□ 金额单位：人民币元（列至角分）

被投资单位信息	名称		纳税人识别号（统一社会信用代码）	
征收方式	□查账征收（据实预缴） □查账征收（按上年应纳税所得额预缴） □核定应税所得率征收 □核定应纳税所得额征收 □税务机关认可的其他方式________			

项目	行次	金额/比例
一、收入总额	1	
二、成本费用	2	
三、利润总额（3=1−2）	3	
四、弥补以前年度亏损	4	
五、应税所得率（%）	5	
六、合伙企业个人合伙人分配比例（%）	6	
七、允许扣除的个人费用及其他扣除（7=8+9+14）	7	
（一）投资者减除费用	8	
（二）专项扣除（9=10+11+12+13）	9	
1. 基本养老保险费	10	
2. 基本医疗保险费	11	
3. 失业保险费	12	
4. 住房公积金	13	
（三）依法确定的其他扣除（14=15+16+17）	14	
1.	15	
2.	16	
3.	17	
八、应纳税所得额	18	
九、税率（%）	19	
十、速算扣除数	20	
十一、应纳税额（21=18×19−20）	21	
十二、减免税额	22	
十三、已缴税额	23	
十四、应补/退税额（24=21−22−23）	24	

谨声明：本表是根据国家税收法律法规及相关规定填报的，是真实的、可靠的、完整的。 纳税人签字： 年 月 日	
经办人： 经办人身份证件号码： 代理机构签章： 代理机构统一社会信用代码：	受理人： 受理税务机关（章）： 受理日期： 年 月 日

表 6-13　个人所得税经营所得纳税申报表（B 表）

（适用于查账征收汇算清缴纳税申报）

税款所属期：　　年　月　日至　　年　月　日

纳税人姓名：

纳税人识别号：□□□□□□□□□□□□□□□□□□□□　　　金额单位：人民币元（列至角分）

被投资单位信息	名称		纳税人识别号（统一社会信用代码）	

项目	行次	金额/比例
一、收入总额	1	
其中：国债利息收入	2	
二、成本费用（3=4+5+6+7+8+9+10）	3	
（一）营业成本	4	
（二）营业费用	5	
（三）管理费用	6	
（四）财务费用	7	
（五）税金	8	
（六）损失	9	
（七）其他支出	10	
三、利润总额（11=1−2−3）	11	
四、纳税调整增加额（12=13+27）	12	
（一）超过规定标准的扣除项目金额（13=14+15+16+17+18+19+20+21+22+23+24+25+26）	13	
1. 职工福利费	14	
2. 职工教育经费	15	
3. 工会经费	16	
4. 利息支出	17	
5. 业务招待费	18	
6. 广告费和业务宣传费	19	
7. 教育和公益事业捐赠	20	
8. 住房公积金	21	
9. 社会保险费	22	
10. 折旧费用	23	
11. 无形资产摊销	24	
12. 资产损失	25	
13. 其他	26	
（二）不允许扣除的项目金额（27=28+29+30+31+32+33+34+35+36）	27	
1. 个人所得税税款	28	
2. 税收滞纳金	29	
3. 罚金、罚款和被没收财物的损失	30	
4. 不符合扣除规定的捐赠支出	31	
5. 赞助支出	32	
6. 用于个人和家庭的支出	33	
7. 与取得生产经营收入无关的其他支出	34	
8. 投资者工资薪金支出	35	

（续表）

项目	行次	金额/比例
9. 其他不允许扣除的支出	36	
五、纳税调整减少额	37	
六、纳税调整后所得（38=11+12－37）	38	
七、弥补以前年度亏损	39	
八、合伙企业个人合伙人分配比例（%）	40	
九、允许扣除的个人费用及其他扣除（41=42+43+48+56）	41	
（一）投资者减除费用	42	
（二）专项扣除（43=44+45+46+47）	43	
1. 基本养老保险费	44	
2. 基本医疗保险费	45	
3. 失业保险费	46	
4. 住房公积金	47	
（三）专项附加扣除（48=49+50+51+52+53+54+55）	48	
1. 子女教育	49	
2. 继续教育	50	
3. 大病医疗	51	
4. 住房贷款利息	52	
5. 住房租金	53	
6. 赡养老人	54	
7. 3岁以下婴幼儿照护费	55	
（四）依法确定的其他扣除（56=57+58+59+60）	56	
1. 商业健康保险	57	
2. 税延养老保险	58	
3.	59	
4.	60	
十、投资抵扣	61	
十一、准予扣除的个人捐赠支出	62	
十二、应纳税所得额（63=38－39－41－61－62）或［63=（38－39）×40－41－61－62］	63	
十三、税率（%）	64	
十四、速算扣除数	65	
十五、应纳税额（66=63×64－65）	66	
十六、减免税额	67	
十七、已缴税额	68	
十八、应补/退税额（69=66－67－68）	69	

谨声明：本表是根据国家税收法律法规及相关规定填报的，是真实的、可靠的、完整的。

纳税人签字：　　　　年　月　日

经办人： 经办人身份证件号码： 代理机构签章： 代理机构统一社会信用代码：	受理人： 受理税务机关（章）： 受理日期：　　年　月　日

(二) 个人所得税申报表的填写

【案例实训 6-2】

中国公民杨小英 2015 年入职天津某公司，2023 年其收入情况如下：

1. 2023 年每月应发工资均为 30 000 元，每月减除费用 5 000 元，三险一金等专项扣除为 4 500 元，享受子女教育和赡养老人专项附加扣除分别为 1 000 元、1 500 元，没有减免收入及减免税额等情况。

2. 2023 年 12 月为某公司设计广告取得劳务报酬 30 000 元；同月发表小说一部取得稿酬 50 000 元。杨小英向支付劳务报酬和稿酬的单位取得了已预缴税款的证明，其劳务报酬已预扣预缴个人所得税 5 200 元、稿酬已预扣预缴个人所得税 5 600 元。

3. 2023 年年中因病住院，承担大病医疗医保范围内自负费用 50 000 元；没有减免收入及减免税额等情况。

4. 12 月取得中奖收入 50 000 元，当场通过社会团体向教育机构捐赠 30 000 元。

5. 12 月 31 日取得国债利息收入 3 000 元；取得保险赔款 25 000 元。

6. 转让居住 4 年的个人住房，取得收入 600 000 元，该房屋的购入原值 300 000 元，发生合理费用 42 000 元。

7. 2024 年 2 月，任职单位向杨小英提供了已办理的子女教育及赡养老人专项附加扣除 30 000 元，已预扣预缴个人所得税 26 280 元等情况的证明。

除综合所得预扣预缴个人所得税以外，其余所得尚未计税。

请根据上述内容完成下列问题。

1. 请依照现行税法规定计算杨小英综合所得汇算清缴应缴纳的个人所得税税额；

2. 计算杨小英分类所得项目应缴纳的个人所得税；

3. 根据资料填写杨小英汇算清缴个人所得税的申报表，帮助她完成 2023 年度综合所得汇算清缴。

【答案】

1. 2023 年度杨小英的工资薪金所得、劳务报酬所得、稿酬所得已经分别预扣预缴了个人所得税税额为 26 280 元、5 200 元、5 600 元。

(1) 杨小英 2023 年度综合所得收入额＝全年工资薪金收入＋劳务报酬×80%＋稿酬×56%＝30 000×12＋30 000×80%＋50 000×56%＝412 000(元)

(2) 杨小英 2023 年度综合所得应扣除的费用总额＝5 000×12＋4 500×12＋2 500×12＋(50 000－15 000)＝179 000(元)

注意：大病医疗专项附加扣除允许扣除的范围是个人自负医疗费用超过 15 000 元不超过 80 000 元的部分，即 35 000 元。

(3) 杨小英 2023 年度综合所得应纳税所得额＝412 000－179 000＝233 000(元)

(4) 杨小英 2023 年度综合所得应纳个人所得税税额＝233 000×20%－16 920＝29 680(元)

（5）汇算清缴时杨小英综合所得应补退税额＝29 680－26 280－5 200－5 600＝－7 400(元)

即杨小英综合所得应退税7 400元。

2. 计算杨小英分类所得项目应缴纳的个人所得税。

（1）中奖收入50 000元即为所得额，公益性捐赠允许扣除限额为所得额的30%，即公益捐赠扣除限额为15 000元，应扣除15 000元。

中奖的应纳税额＝(50 000－50 000×30%)×20%＝7 000(元)

（2）国债利息收入免税，保险赔偿所得免税。

（3）转让居住4年的个人住房的财产转让所得应纳税额＝(300 000－150 000－21 000)×20%＝25 800(元)

3. 根据题目数据填写综合所得《个人所得税年度自行纳税申报表（A表）》。

表6-14　个人所得税年度自行纳税申报表（A表）

税款所属期：2023年1月1日至2023年12月31日
纳税人姓名：杨小英
纳税人识别号：□□□□□□□□□□□□□□□□□□　　金额单位：人民币元（列至角分）

注：申报表中的“基本情况、申报类型、全年一次资金个人所得税计算、税额调整、退税申请”栏目，本表省略。		
综合所得个人所得税计算		
项目	行次	金额
一、收入合计（1=2+3+4+5）	1	440 000
（一）工资、薪金所得	2	360 000
（二）劳务报酬所得	3	30 000
（三）稿酬所得	4	50 000
（四）特许权使用费所得	5	
二、费用合计[6=(3+4+5)×20%]	6	16 000
三、免税收入合计（7=8+9）	7	12 000
（一）稿税所得免税部分[8=4×(1−20%)×30%]	8	12 000
（二）其他免税收入（附报《个人所得税减免税事项报告表》）	9	
四、减除费用	10	60 000
五、专项扣除合计（11=12+13+14+15）	11	54 000
（一）基本养老保险费	12	略
（二）基本医疗保险费	13	略
（三）失业保险费	14	略
（四）住房公积金	15	略
六、专项附加扣除合计（附报《个人所得税专项附加扣除信息表》）（16=17+18+19+20+21+22+23）	16	65 000
（一）子女教育	17	12 000
（二）继续教育	18	
（三）大病医疗	19	35 000

（续表）

项目	行次	金额
（四）住房贷款利息	20	
（五）住房租金	21	
（六）赡养老人	22	18 000
（七）婴幼儿照护费	23	
七、其他扣除合计（24＝25＋26＋27＋28＋29＋30）	24	略
（一）年金	25	略
（二）商业健康保险（附报《商业健康保险税前扣除情况明细表》）	26	略
（三）税延养老保险（附报《个人税收递延型商业养老保险税前扣除情况明细表》）	27	略
（四）允许扣除的税费	28	略
（五）个人养老金	29	略
（六）其他	30	略
八、准予扣除的捐赠额（附报《个人所得税公益慈善事业捐赠扣除明细表》）	31	
九、应纳税所得额（32＝1－6－7－10－11－16－24－31）	32	233 000
十、税率（%）	33	20
十一、速算扣除数	34	16 920
十二、应纳税额（35＝32×33－34）	35	29 680
十三、减免税额（附报《个人所得税减免税事项报告表》）	36	
十四、已缴税额	37	37 080
十五、应补/退税额（38＝35－36－37）	38	－7 400

无住所个人附报信息			
纳税年度在中国境内居住天数		已在中国境内居住年数	

谨声明：本表是根据国家税收法律法规及相关规定填报的，是真实的、可靠的、完整的。

纳税人签字：杨小英　2024 年 3 月 26 日

经办人签字： 经办人身份证件号码： 代理机构签章： 代理机构统一社会信用代码：	受理人： 受理税务机关（章）： 受理日期：　　年　月　日

项目小结

个人所得税的纳税人按照住所、居住时间划分为居民个人和非居民个人，居民个人来源于中国境内和境外的所得，依照税法规定缴纳个人所得税；非居民个人来源于中国境内的所得，依照税法规定缴纳个人所得税。

2019 年起我国开始实行混合所得税制，对居民个人取得的综合所得采取按年计征、分月或分次预缴、年终汇算清缴的计税方法，对个人的其他分类所得采取按次计税的方式。

自2019年1月1日起，扣缴义务人向居民个人支付工资、薪金所得时，应当按照累计预扣法计算预扣税款，并按月办理扣缴申报。以累计应纳税所得额计算累计应预扣预缴税额，再减除累计减免税额和累计已预扣预缴税额，其余额为本期应预扣预缴税额。扣缴义务人向居民个人支付劳务报酬所得、稿酬所得、特许权使用费所得时，按次或按月预扣预缴个人所得税；预扣预缴税款时，劳务报酬所得、稿酬所得、特许权使用费所得的应纳税所得额为：每次收入不足4 000元的，减除费用800元；每次收入在4 000元以上的，减除20%的费用。

居民个人的综合所得在进行年度汇算清缴时，工资、薪金所得应全额计入纳税年度综合收入总额；劳务报酬所得、特许权使用费所得以收入减除20%的费用后的余额计入纳税年度综合收入总额，即劳务报酬所得、特许权使用费所得按收入的80%计入年度综合收入；稿酬所得按收入的56%计入年度综合收入。居民个人的综合所得，以每一纳税年度的收入总额减除费用60 000元，以及专项扣除、专项附加扣除和依法确定的其他扣除后的余额为年度应纳税所得额。居民个人取得的综合所得按年合并计征个人所得税，适用居民个人综合所得年度汇算清缴适用税率表。

课后训练

一、单项选择题

1. 根据个人所得税法的规定，下列各项中，属于工资、薪金所得项目的是（　　）。

A. 年终加薪　　B. 托儿补助费　　C. 独生子女补贴　　D. 差旅费津贴

2. 某画家2022年8月将其精选的书画作品交由某出版社出版，从出版社取得报酬10万元。该笔报酬在缴纳个人所得税时适用的税目是（　　）。

A. 工资、薪金所得　　B. 劳务报酬所得

C. 稿酬所得　　D. 特许权使用费所得

3. 国内某作家完成了一部小说，3月份第一次出版获得稿酬20 000元，8月份该小说再版获得稿酬10 000元。该作家两次所获稿酬应预扣预缴个人所得税（　　）元。

A. 3 360　　B. 4 800　　C. 3 460　　D. 4 660

4. 国内某作家的一篇小说在一家晚报上连载三个月，三个月的稿酬收入分别为3 000元、4 000元和5 000元。该作家三个月所获稿酬应预扣预缴个人所得税（　　）元。

A. 1 316　　B. 1 344　　C. 1 568　　D. 1 920

5. 王某2023年3月取得稿酬20 000元，讲课费4 000元。根据个人所得税法规定，王某应预扣预缴的个人所得税为（　　）元。

A. 2 688　　B. 2 880　　C. 3 840　　D. 4 800

6. 张某于 2023 年 3 月取得特许权使用费收入 3 000 元，4 月取得特许权使用费收入 4 500 元。张某应预扣预缴的个人所得税为（　　）元。

A. 1 160　　B. 1 200

C. 1 340　　D. 1 500

7. 李某在一次福利彩票抽奖中花 1 000 元抽中一辆价值 300 000 元的轿车，外加 500 000 元现金。个人所得税税率为 20%，李某应缴纳个人所得税（　　）元。

A. 100 000　　B. 0

C. 159 800　　D. 160 000

8. 下列出租车驾驶员取得的收入，属于“工资、薪金所得”的是（　　）。

A. 从事个体出租车运营的出租车驾驶员取得的收入

B. 出租车属个人所有，但挂靠出租汽车经营单位，驾驶员向挂靠单位缴纳管理费，出租车驾驶员从事客货运营取得的收入

C. 出租汽车经营单位将出租车所有权转移给驾驶员，出租车驾驶员从事客货运营取得的收入

D. 出租汽车经营单位对出租车驾驶员采取单车承包方式运营，出租车驾驶员从事客货运营取得的收入

9. 下列各项个人取得量化资产的个人所得税政策，表述不正确的是（　　）。

A. 职工个人以股份形式取得的拥有所有权的企业量化资产，征收个人所得税

B. 职工个人以股份形式取得的仅作为分红依据、不拥有所有权的企业量化资产，不征收个人所得税

C. 职工个人以股份形式取得的企业量化资产参与企业分配而获得的股息、红利，属于“利息、股息、红利所得”

D. 个人将股份转让时，按“财产转让所得”计征个人所得税

10. 张某是甲企业的中层管理人员，2022 年 1 月初与甲企业解除劳动合同，取得企业给付的一次性补偿收入 80 000 元。已知当地上年职工平均工资为 30 000 元。张某应缴纳个人所得税（　　）元。

A. 0　　B. 9 390　　C. 3 200　　D. 6 230

11. 2023 年 3 月高先生办理提前退休手续时距法定退休年龄还有 2 年，公司按照规定给予高先生一次性补贴收入 160 000 元。高先生领取补贴应缴纳个人所得税（　　）元。

A. 5 180　　B. 1 248　　C. 2 590　　D. 1 200

12. 根据个人所得税法相关规定，个体工商户生产经营与个人、家庭生活混用难以分清的费用，其正确的税务处理是（　　）。

A. 实际发生额不得在税前扣除　　B. 按实际发生额的 20%在税前扣除

C. 按实际发生额的 30%在税前扣除　　D. 按实际发生额的 40%在税前扣除

13. 中国居民张某于2022年3月1日至12月31日承包某酒店用于经营需要，经营期限10个月。取得不含税经营收入总额300 000元，准许税前扣除的与经营收入相关的支出总额100 000元。已知张某当年没有综合所得，不考虑专项扣除、专项附加扣除、其他扣除和减免税优惠。张某2022年经营所得应缴纳个人所得税（　　）元。

A. 19 500　　B. 29 500　　C. 39 500　　D. 49 500

14. 关于财产拍卖的个人所得税处理，下列说法正确的是（　　）。

A. 作者拍卖自己的文字作品复印件所得，按"财产转让所得"项目计税

B. 个人财产拍卖的应纳税所得额，按20%税率计算缴纳个人所得税

C. 经认定的海外回流文物的财产，原值无法确定的，按转让收入的3%征收率计税

D. 拍卖财产时纳税人按照规定实际支付的拍卖费不得扣除

15. 个人购买符合规定的商业健康保险产品的支出允许在当年（月）计算应纳税所得额时予以税前扣除，扣除限额为（　　）。

A. 200元/月　　B. 400元/月　　C. 1 000元/月　　D. 2 000元/月

16. 根据个人所得税的政策规定，下列表述不正确的是（　　）。

A. 现行税法关于"中国境内"，是指中国内地，目前还不包括中国香港、澳门和台湾地区

B. 纳税人一律由税务机关赋予其纳税人识别号

C. 扣缴义务人扣缴税款时，纳税人应当向扣缴义务人提供纳税人识别号

D. 个人所得税法所称"一个纳税年度"是指自公历1月1日起至12月31日止

17. 下列情形中，不属于纳税人应当依法办理纳税申报的是（　　）。

A. 取得综合所得需要办理汇算清缴

B. 取得应税所得没有扣缴义务人

C. 取得应税所得，扣缴义务人未扣缴税款

D. 非居民个人在中国境内一处取得工资、薪金所得

18. 以下关于个人所得税专项附加扣除的表述正确的是（　　）。

A. 纳税人境内在职研究生教育支出，可选择由其父母扣除（子女教育），也可由本人扣除（继续教育）

B. 参加境外非全日制继续教育，属于"继续教育"专项附加扣除的范围

C. 父母贷款但产权登记为子女的购房，选择父母或子女享受住房贷款利息定额扣除政策

D. 纳税人2022年同时取得CPA和TA证书，不能同时享受2个职业资格继续教育专项附加扣除

19. 住房贷款利息专项附加扣除的计算时间为贷款合同约定开始还款的当月至贷款全部归还或贷款合同终止的当月，扣除期限最长不得超过（　　）。

A. 60 个月　　B. 120 个月　　C. 180 个月　　D. 240 个月

20. 我国居民李某于 2022 年 12 月取得偶然所得 3 000 元，当即将偶然所得中的 1 000 元通过国家机关捐赠给贫困地区并取得捐赠证明，则支付其偶然所得的单位应扣缴李某的个人所得税为（　　）元。

A. 500　　B. 400　　C. 420　　D. 600

二、多项选择题

1. 根据个人所得税法律制度的规定，将个人所得税的纳税义务人区分为居民纳税人和非居民纳税人，依据的标准是（　　）。

A. 境内有无住所　　B. 境内工作时间

C. 取得收入的工作地　　D. 境内居住时间

2. 根据个人所得税法律制度的规定，下列各项中，属于个人所得税居民纳税人的有（　　）。

A. 在中国境内有住所的个人

B. 在中国境内无住所而一个纳税年度内在境内居住满 183 天的个人

C. 在中国境内无住所又不居住的个人

D. 在中国境内无住所且一个纳税年度内在中国境内居住不满 183 天的个人

3. 根据个人所得税法律制度的规定，下列各项中，免征个人所得税的有（　　）。

A. 离退休人员从社保部门领取的养老金

B. 国债利息

C. 个人取得的保险赔款

D. 个人提取由单位和个人共同缴付的住房公积金

4. 某军医于 2022 年 4 月 1 日转业至一地方医院，当月取得的下列收入中，不需缴纳个人所得税的有（　　）。

A. 转业费 20 000 元

B. 月工资 1 800 元

C. 股票转让所得 18 000 元

D. 购买体育彩票一次中奖 10 000 元

5. 某高校退休职工夏某 2022 年 11 月份取得的下列收入中，可以免缴个人所得税的有（　　）。

A. 工资 2 750 元　　B. 国债利息收入 1 100 元

C. 稿费 1 600 元　　D. 省政府颁发的环保奖 20 000 元

6. 根据个人所得税法规定，下列各项中，应按劳务报酬征收个人所得税的有（　　）。

A. 个人经政府部门批准，取得执照，从事办学、医疗、咨询等有偿服务活动取得的收入

B. 个人独立从事非雇佣的咨询服务取得的收入

C. 个人独立从事非雇佣的医疗服务取得的收入

D. 个人因其作品以报刊形式发表而取得的收入

7. 根据个人所得税法规定，下列各项中，按次计征个人所得税的税目有（　　）。

A. 特许权使用费所得　　B. 利息、股息、红利及偶然所得

C. 稿酬所得　　D. 财产租赁所得

8. 根据个人所得税法规定，下列各项中，以取得的收入为应纳税所得额直接计征个人所得税的有（　　）。

A. 稿酬所得　　B. 偶然所得

C. 股息所得　　D. 特许权使用费所得

9. 根据个人所得税法规定，下列各项中在计算应纳税所税额时按照定额与比例相结合的方法扣除费用的有（　　）。

A. 劳务报酬所得　　B. 特许权使用费所得

C. 企事业单位的承包、承租经营所得　　D. 财产转让所得

10. 下列各项中，应缴纳个人所得税的有（　　）。

A. 独生子女补贴

B. 个人因公务用车而取得的公务用车补贴收入

C. 差旅费津贴

D. 单位以误餐补助名义发给职工的补助

11. 下列各项中，应按“特许权使用费所得”征收个人所得税的有（　　）。

A. 作者将自己的文字作品手稿原件公开拍卖取得的所得

B. 个人提供专利权的使用权取得的所得

C. 个人取得特许权的经济赔偿收入

D. 编剧从电视剧的制作单位取得的剧本使用费

12. 下列各项中，应按“经营所得”征收个人所得税的有（　　）。

A. 合伙企业的个人投资者以企业资金为本人购买汽车

B. 有限责任公司的个人投资者以企业资金为本人支付与企业生产经营无关的消费支出

C. 个人因从事彩票代销业务而取得的所得

D. 个体工商户从事生产、经营活动取得的所得

13. 下列各项中，应按“财产转让所得”征收个人所得税的有（　　）。

A. 个人储蓄存款利息所得

B. 个人取得的财产转租收入

C. 境内非上市公司股票转让所得

D. 个人转让自用 2 年的家庭唯一生活用房

14. 下列纳税人中，属于个人所得税“居民个人”的有（　　）。

A. 甲在中国境内有住所但不居住

B. 乙在中国境内无住所且不居住

C. 丙在中国境内无住所且一个纳税年度内在中国境内居住累计不满 183 天

D. 丁在中国境内无住所而一个纳税年度内在中国境内居住累计满 183 天

15. 根据个人所得税法的规定，居民个人的下列所得中，在预缴个人所得税时统一适用 20%的预扣率的有（　　）。

A. 工资、薪金所得

B. 劳务报酬所得

C. 特许权使用费所得

D. 稿酬所得

16. 律师事务所从业人员的下列所得中，属于“工资、薪金所得”的有（　　）。

A. 律师个人出资兴办的独资和合伙性质的律师事务所的年度经营所得

B. 雇员律师从律师事务所取得的所得

C. 兼职律师从律师事务所取得工资、薪金性质的所得

D. 律师以个人名义再聘请其他人员为其工作而支付的报酬

17. 下列有关企业转增股本的个人所得税政策，表述正确的有（　　）。

A. 股份制企业用资本公积金转增股本，应作为个人所得征税

B. 股份制企业用资本公积金转增股本，不征收个人所得税

C. 股份制企业用盈余公积金派发红股，应作为个人所得征税

D. 股份制企业用盈余公积金派发红股，不征收个人所得税

E. 股份制企业转增股本和派发红股，均征收个人所得税

18. 下列关于个人独资企业和合伙企业所得税核定征收管理的说法中，正确的有（　　）。

A. 企业依照国家有关规定应当设置但未设置账簿的，主管税务机关应采取核定征收方式征收个人所得税

B. 核定征收方式包括定额征收、核定应税所得率征收以及其他合理的征收方式

C. 企业经营多种业务的，根据不同的业务分别适用各自的应税所得率

D. 实行核定征税的投资者不得享受个人所得税的优惠

E. 实行查账征税方式的个人独资企业和合伙企业改为核定征税方式后，在查账征税方式下认定的年度经营亏损未弥补完的部分，不得再继续弥补

19. 下列关于非居民个人一次取得归属于数月的奖金的个人所得税政策的说法中，正确的有（　　）。

A. 单独计算当月收入额，不与当月其他工资薪金合并计算应纳税额

B. 与当月其他工资薪金合并计算应纳税额

C. 按 6 个月分摊计税

D. 可以减除费用

E. 适用月度税率表

20. 下列房产处置行为中，不缴纳个人所得税的有（　　）。

A. 通过离婚析产的方式分割房屋产权

B. 个人转让家庭生活自用 5 年以上唯一住房

C. 房屋产权所有人将房屋产权无偿赠与对其承担直接抚养义务的抚养人

D. 房屋产权所有人将房屋产权无偿赠与好朋友

E. 房屋产权所有人死亡，法定继承人依法取得房屋产权

三、综合题

1. 李某于 2018 年年底承包了甲公司，未改变其企业性质。协议约定李某每年向甲公司缴纳 400 万元承包费后经营成果归李某所有（李某无其他的所得），甲公司适用企业所得税税率 25%。2023 年该公司有关所得税资料和员工王某的收支情况如下：

（1）甲公司会计利润 667.5 万元，其中含国债利息收入 10 万元、从未上市居民企业分回的投资收益 40 万元。

（2）甲公司计算会计利润时扣除了营业外支出 300 万元，系非广告性赞助支出。

（3）甲公司以前年度亏损 50 万元可以弥补。

（4）员工王某每月工资 18 000 元，每月符合规定的专项扣除 2 800 元，专项附加扣除 1 500 元，另外王某 2023 年 2 月从其他单位取得劳务报酬收入 35 000 元。

请根据上述内容完成下列问题。

（1）2023 年，甲公司纳税调整金额合计为（　　）万元。

A. 250　　B. 260　　C. 290　　D. 300

（2）2023 年，甲公司应缴纳企业所得税为（　　）万元。

A. 166.88　　B. 216.88　　C. 229.38　　D. 241.88

（3）2023 年，李某承包甲公司应缴纳个人所得税为（　　）元。

A. 64 630　　B. 93 360　　C. 111 670　　D. 132 670

（4）2023 年 2 月，甲公司应预扣预缴王某的个人所得税（　　）元。

A. 261　　B. 522　　C. 1 410　　D. 6 661

（5）王某的劳务报酬应预扣预缴个人所得税（　　）元。

A. 4 680　　B. 5 600　　C. 6 400　　D. 8 400

（6）王某 2023 年个人所得税汇算清缴时，应退个人所得税（　　）元。

A. 3 500　　B. 3 600　　C. 6 400　　D. 7 920

2. 我国公民张某是境内某上市公司的员工，2023 年取得以下收入：

（1）每月取得扣除三险一金后的工资 50 000 元。

（2）取得境内一次性稿酬 3 000 元。

(3) 2018 年 5 月被授予公司股票期权 10 000 股，授予价 1 元/股；2022 年 6 月全部行权，行权日的收盘价 36 元/股；2023 年 11 月取得该公司股息收入 1 500 元；12 月将该股票（非限售股）全部转让，取得转让收入 380 000 元，与转让有关的税费合计 1 000 元。

(4) 担任非任职公司独立董事，年终一次性取得董事费 50 000 元。

请根据上述内容完成下列问题。

(1) 张某 1 月工资薪金所得预扣预缴的个人所得税为（　　）元。

A. 1 080　　B. 1 119　　C. 1 906　　D. 1 980

(2) 张某稿酬所得预扣预缴的个人所得税为（　　）元。

A. 180　　B. 308　　C. 440　　D. 336

(3) 张某股票期权行权所得应缴纳个人所得税（　　）元。

A. 55 580　　B. 82 440　　C. 103 995　　D. 92 940

(4) 张某取得股息收入应缴纳个人所得税（　　）元。

A. 0　　B. 120　　C. 300　　D. 150

(5) 张某股票转让所得应缴纳个人所得税（　　）元。

A. 0　　B. 3 800　　C. 73 800　　D. 30 000

(6) 张某取得的董事费预扣预缴的个人所得税为（　　）元。

A. 4 000　　B. 4 800　　C. 10 000　　D. 5 500

3. 中国居民张先生与另一居民个人共同设立甲合伙企业，出资比例为 1∶1，约定按出资比例确定各自应纳税所得额。2023 年甲企业的会计报表显示该企业全年营业收入 90 万元，投资收益 20 万元，营业成本 30 万元，税金及附加 4 万元，销售费用 20 万元，管理费用 10 万元，营业外支出 3 万元，会计利润总额 43 万元。经某税务师事务所审核，发现以下事项：

(1) 投资收益是以合伙企业名义对境内居民企业投资所得的分红，对外投资的出资比例与合伙企业的出资比例相同。

(2) 主营业务成本账户列支向每位合伙人支付年度工资 12 万元。

(3) 销售费用账户列支广告费和业务宣传费 15 万元。

(4) 管理费用账户列支业务招待费 3.5 万元。

(5) 营业外支出账户列支税收滞纳金 1.2 万元。

(6) 张先生 2023 年度来自本地另一合伙企业乙的经营利润为 8 万元。

已知：2023 年除上述收入外，两位合伙人没有其他应税收入，均选择从甲企业中扣除基本费用，不考虑专项扣除和专项附加扣除。

请根据上述内容完成下列问题。

(1) 甲企业广告费和业务宣传费纳税调整额为（　　）元。

A. 0　　B. 12 000　　C. 15 000　　D. 18 000

（2）甲企业准予扣除的业务招待费为（　　）元。

A. 4 500　　B. 21 000　　C. 30 500　　D. 35 000

（3）甲企业的应纳税所得额为（　　）元。

A. 727 500　　B. 487 500　　C. 287 500　　D. 527 500

（4）2023 年张先生全部生产经营所得应纳个人所得税税额为（　　）元。

A. 42 250　　B. 74 625　　C. 22 250　　D. 46 250

四、计算分析题

1. 中国公民张某 2023 年 12 月取得以下收入：

（1）全年一次性奖金 27 600 元（张某当月工资薪金所得高于税法规定的费用扣除额，并且已由单位代扣代缴个人所得税）。

（2）为某公司设计产品营销方案，取得一次性设计收入 18 000 元。

（3）购买福利彩票支出 500 元，取得一次性中奖收入 15 000 元。

（4）股票转让所得 20 000 元。

（5）转让自用住房一套，取得转让收入 100 万元，支付转让税费 5 万元，该套住房购买价为 80 万元，购买时间为 2016 年 6 月份，并且该房产是唯一的家庭生活用房。

请根据上述内容完成下列问题。

（1）分别说明张某当月各项收入是否应缴纳个人所得税；

（2）计算张某当月应预扣预缴或缴纳的个人所得税。

2. 中国公民李某系一公司高级职员，2023 年 1～12 月收入情况如下：

（1）每月取得工资收入 5 000 元，另在 3 月底、6 月底、9 月底、12 月底分别取得季度奖金 3 000 元。

（2）取得翻译收入 20 000 元，从中拿出 6 000 元通过国家机关捐给贫困地区。

（3）小说在报刊上连载 50 次后出版，分别取得报社支付的稿酬 50 000 元、出版社支付的稿酬 80 000 元。

（4）在 A、B 两国讲学分别取得收入 18 000 元和 35 000 元，已分别按收入来源国税法缴纳了个人所得税 2 000 元和 6 000 元。

请根据上述内容完成下列问题。

（1）计算全年工资和奖金应缴纳的个人所得税；

（2）计算翻译收入应缴纳的个人所得税；

（3）计算稿酬收入应缴纳的个人所得税；

（4）计算在 A 国讲学收入在我国应缴纳的个人所得税；

（5）计算在 B 国讲学收入在我国应缴纳的个人所得税。

3. 中国公民王某为某话剧团演员，2023 年 3 月的收入如下：

（1）取得薪金收入 6 000 元，第一季度奖金 4 000 元。

（2）将自编剧本手稿原件公开拍卖取得 10 000 元。

(3) 当月参加文艺演出收入 12 000 元，通过当地教育局向农村义务教育捐款 8 000 元。

(4) 出版小说一部取得稿酬 5 000 元，当月该小说再版又取得稿酬 3 000 元。

请根据上述内容计算王某当月应缴纳的个人所得税。

项目七 关税法、船舶吨税法及纳税实务

职业能力与思政目标

1. 掌握关税的基本法律内容，包括其纳税人、征税范围、税率等；
2. 掌握关税完税价格和应纳税额的计算方法；
3. 正确确定进口关税和出口关税的完税价格，正确计算关税的应纳税额；
4. 掌握关税征收管理的相关规定和纳税申报流程，能根据业务资料填制海关进出口关税专用缴款书，会办理日常纳税申报工作；
5. 了解我国的关税政策，了解我国现阶段国情、对外贸易基本情况，培养学生的社会主义核心价值观和爱国主义精神；
6. 培养学生良好的职业道德、诚信品质、依法纳税意识、正确的消费理念等。

案例导入

美国政府在2009年9月11日不顾中国方面和美国业者的强烈反对，决定对从中国进口的所有小轿车和轻型卡车轮胎实施惩罚性关税，即在原有关税4%的基础上，在此后三年分别加征35%、30%和25%的附加关税，这一特保措施于9月26日正式生效。这是2001年美国支持中国加入WTO以来，第一次运用“特保条款”对中国产品征收惩罚性关税。而根据WTO规则，相关国家可以直接援引美国的制裁方案对中国轮胎实施制裁。中国商务部在2009年9月13日则表示，依照中国法律和世贸组织规则，对原产于美国的部分进口汽车产品和肉鸡产品启动反倾销和反补贴立案审查程序。

2012 年 3 月 20 日，美国商务部做出裁决，认定中国输美化学增白剂、镀锌钢丝、钢质车轮存在倾销和补贴行为。同一天，美国商务部还对晶体硅光伏电池组件做出初裁。这样一来，仅仅在 24 小时之内，美国就针对中国产品做出四次反倾销或反补贴裁决，中美贸易摩擦进一步加剧。

2018 年 3 月 22 日，美国总统特朗普（Trump）在白宫签署针对中国的总统备忘录，美国将对价值约 600 亿美元进口自中国的商品加征关税。特朗普称这些做法将会使美国更加富有，但事实是美国股市大挫，道琼斯工业指数下跌 724 点，跌幅近 3%，为 6 周以来最大跌幅，日经 225 指数显示跌幅超过 2%。

2019 年 9 月 1 日，美国对中国实施第四轮惩罚性关税，征税范围涵盖医疗用品。医疗用品的税率原定为 15%，中美签署第一阶段贸易协议后降至 7.5%。2019 年，美国口罩价格较往期飙升 20 倍，线下药店口罩售罄。随着美国新冠肺炎病例数量不断上升，电商平台上口罩及其他防护用品的价格一路飙升。美国对总值约 33 亿美元的关键医疗产品进口征收 7.5%的关税，而总值 11 亿美元的新冠肺炎治疗物资则被征收高达 25%的关税。

自 2018 年 3 月开始，中美贸易摩擦正式拉开序幕，美国多次单方面挑起贸易争端，对中国商品发起加征关税措施，中国也对美国实施反制策略，贸易交锋起起伏伏。

据法新社 2022 年 5 月 23 日报道，美国总统乔·拜登（Joe Biden）周一在东京表示，他正在考虑取消对中国的一些关税壁垒，并强调说这些壁垒不是他的政府设置的。报道称，当被媒体问及是否可能取消关税壁垒时，他表示：“我们没有设置这些关税壁垒。”拜登补充说，取消关税壁垒“正在研究当中”。中国外交部发言人此前曾表示，中美经贸合作的本质是互利共赢，贸易战、关税战没有赢家。美方单边加征关税不利于中国，不利于美国，也不利于世界。

大国之间贸易摩擦在所难免，关税已经成为贸易壁垒战的一种有效的武器。作为一名会计工作者，有必要了解关税的知识，掌握必要的技能，那就让我们一起进入关税的世界吧！

课程思政元素

1. 用现实案例进行普法教育、国情教育，树立正确的世界观、国家安全观，树立“祖国领土神圣不可侵犯”的爱国主义观念和祖国利益高于一切的爱国意识。
2. 了解我国对外贸易的基本情况和关税政策，树立依法纳税意识。
3. 识别各种税收违法行为，树立正确的消费观念，坚决杜绝走私等违法行为，树立不能知法犯法、不得购买走私物品等法治意识。

任务 7.1　关税的基本法律内容

关税属于流转税类，是价内税，关税是关系到国家对外贸易安全的主要税种。关税法是指国家制定的调整关税征收与缴纳权利义务关系的法律规范。我国关税的现行法律规范以全国人民代表大会于 2017 年 11 月修正颁布的《中华人民共和国海关法》（以下简称《海关法》）为法律依据，以国务院于 2003 年 11 月发布的《中华人民共和国进出口关税条例》（以下简称《进出口关税条例》），以及由国务院关税税则委员会审定并报国务院批准，作为条例组成部分的《中华人民共和国海关进出口税则》（以下简称《海关进出口税则》）和《中华人民共和国关于海关入境旅客行李物品和个人邮递物品征收进口税办法》为基本法规，由负责关税政策制定和征收管理的主管部门依据基本法规拟订的管理办法和实施细则为主要内容。

关税属于流转税类、价内税，关税是关系到国家对外贸易安全的主要税种。随着税收立法步伐不断加快，关税制度发展迎来里程碑，我国第一部关税法律出台：2023 年 12 月 29 日，全国人大常委会审议并发布了《中华人民共和国关税法（草案）》，并向全社会征求修改意见。2024 年 4 月 26 日，第十四届全国人民代表大会常务委员会第九次会议表决通过了《中华人民共和国关税法》（以下简称《关税法》），自 2024 年 12 月 1 日起施行。

《关税法》是我国制定的集实体规定和程序规定于一体的关税专门法律。《关税法》保持现行关税税制基本稳定、税负水平总体不变，将包括《中华人民共和国进出口关税条例》（以下简称《关税条例》）在内的一系列关税法规、规章及规范性文件的相关规定上升为法律，对关税现行制度和有关政策内容进行了优化和调整，完善了我国关税制度法律体系。关税法共 7 章，包括总则、税目和税率、应纳税额、税收优惠和特殊情形关税征收、征收管理、法律责任、附则。关税法的出台，是落实税收法定原则的具体体现，将为维护进出口秩序、规范关税的征收和缴纳、保护纳税人的合法权益等提供更坚实的制度保障，对推进高水平对外开放和打造市场化、法治化、国际化营商环境具有重要意义。

一、关税的概念及特点

（一）关税的概念

关税是海关依法对进出境的货物、物品征收的一种税。关境也称税境，是指一国海关法规可以全面实施的境域。国境指一个主权国家的领土范围。在通常情况下，一国的关境与其国境的范围是一致的，关境即国境。但由于自由港、自由区和关税同盟的存在，关境与国境有时不完全一致。

关税一般分为进口关税、出口关税和过境关税。我国目前对进出境货物征收的关税分为进口关税和出口关税两类。

（二）关税的特点

关税是进出口商品经过一国关境时，由政府设置的海关向进出口商征收的税收。关税具有强制性、无偿性、预定性，其作用在于维护国家主权和经济利益，保护和促进本国工农业生产的发展，调节国民经济和对外贸易，筹集国家财政收入。

（三）关税的分类

1. 进口税和出口税

关税按通过关境的货物和物品的流向不同，可分为进口税和出口税。

进口税是指海关对进口货物或物品征收的正常关税，通常是在货物或物品进入关境、国境，或从保税仓库提出投入国内市场时征收。当今世界各国的关税均以进口税为关税主体，征收进口税的目的在于保护本国市场和增加财政收入。关税壁垒通常指的就是高额的进口税。

出口税是指海关对出口货物或物品在运出国境时征收的关税。征收出口税将增加出口货物的成本，降低出口货物在国际市场上的竞争力，目前世界各国一般少征或不征出口税。但在一些发展中国家和经济落后的国家，为保护本国生产和市场供应，增加财政收入，特别是为防止本国自然资源的大量外流，对部分商品仍征收出口税。

知识链接

关税壁垒

关税壁垒亦称“关税战”，是以高额关税限制商品进口的一种措施。对外国商品征收高额进口关税以提高其成本，从而达到限制这些商品进口，削弱其竞争能力，保护本国产品在国内市场上竞争优势的目的。因其像高墙壁垒一样把国外商品挡在墙外，从而把国内市场保护起来，故名关税壁垒。在某些情况下，关税壁垒也是迫使对方国家降低关税的有力手段。20 世纪 30 年代资本主义世界经济危机时期，各国普遍高筑关税壁垒。第二次世界大战后，在“关税及贸易总协定”主持下，经过多次谈判，关税水平已大幅度下降，但关税壁垒仍不失为资本主义国家贸易战的重要武器之一。

2. 加重关税和优惠关税

关税按对进口货物输出国实行区别对待的原则，可以分为加重关税和优惠关税。

加重关税也叫歧视性关税，是指国家为了加强关税对国内经济的保护作用，在征收一般关税之外又加征的一种临时性的进口附加税，主要包括反倾销税、反补贴税和报复性关税。

优惠关税是指对从某些国家进口的货物使用低于普通税率的优惠税率所征收的关税，包括互惠税、特惠税、最惠国待遇、普惠制和世界贸易组织成员方间的关税减让。

3. 从价税、从量税、复合税和滑准税

关税按计税标准不同，可以分为从价税、从量税、复合税和滑准税。

从价税是指以进出口货物的完税价格为计税标准计征的关税。其计算方法为：

$$应纳税额=应税进出口货物完税价格\times 适用税率$$

从量税是指以进出口货物的数量、重量、容积等计量单位为计税标准计征的关税。其计算方法为：

$$应纳税额=应税进出口货物数量\times 关税单位税额$$

复合税是指对同一进出口货物同时采用从价和从量标准计征的关税。其计算方法为：

$$应纳税额=\begin{matrix}应税进出口\\货物完税价格\end{matrix}\times 适用税率+\begin{matrix}应税进出口\\货物数量\end{matrix}\times\begin{matrix}关税单位\\税额\end{matrix}$$

滑准税是指关税税率随进口商品价格的变动而反方向变动的一种税率形式，即商品价格越高，税率越低。

4. 财政关税和保护关税

关税按征收目的的不同，可以分为财政关税和保护关税。

财政关税是以增加国家财政收入为主要目的而课征的关税，其税率一般比保护关税低。

保护关税是以保护本国经济发展为主要目的而课征的关税。保护关税主要是进口税，税率较高。它是实现一个国家对外贸易政策的重要措施之一。

二、关税的纳税义务人

贸易性商品的纳税人是经营进出口货物的收货人与发货人。具体包括：①外贸进出口公司；②工贸或农贸结合的进出口公司；③其他经批准经营进出口商品的企业。

物品的纳税人包括：①入境旅客随身携带的行李、物品的持有人；②各种运输工具上服务人员入境时携带自用物品的持有人；③馈赠物品以及其他方式入境个人物品的所有人；④个人邮递物品的收件人。

接受纳税人委托办理货物报关等有关手续的代理人，可以代办纳税手续。

【做中学 7-1】　根据进出口商品价格的变动而税率相应增减的进出口关税属于(　　)。

A. 从价税　　B. 从量税　　C. 滑准税　　D. 复合税

【答案】 C

【解析】 根据进出口商品价格的变动而税率相应增减的进出口关税是滑准税。

【做中学 7-2】 根据关税法律制度的规定，下列各项中，属于关税纳税人的有（　　）。

A. 进口货物的收货人　　B. 出口货物的发货人

C. 携带物品进境的入境人员　　D. 邮递物品的收件人

【答案】 ABCD

【解析】 关税的纳税人包括进口货物的收货人、出口货物的发货人、进出境物品的所有人、携带物品进境的入境人员、邮递物品的收件人。

三、关税的征税对象

关税的课税对象是进出境的货物、物品。凡准许进出口的货物，除国家另有规定的以外，均应由海关征收进口关税或出口关税。对从境外采购进口的原产于中国境内的货物，也应按规定征收进口关税。

关税的税目、税率都由《海关进出口税则》规定，它包括三个主要部分：归类总规则、进出口税率表、出口税率表。其中归类总规则是进出口货物分类的具有法律效力的原则和方法。进出口税则中的商品分类目录为关税税目。按照税则归类总规则及其归类方法，每一种商品都能找到一个最适合的对应税目。

四、关税的税率

（一）税率的种类

关税的税率分为进口税率和出口税率两种。其中进口税率又分为普通税率、最惠国税率、协定税率、特惠税率、关税配额税率和暂定税率。进口货物适用何种关税税率是以进口货物的原产地为标准的。进口关税一般采用比例税率，实行从价计征的办法，但对啤酒、原油等少数货物则实行从量计征，对广播用录像机、放像机、摄像机等实行从价加从量的复合税率。

1. 普通税率

对原产于未与我国共同适用最惠国条款的世界贸易组织成员方，未与我国签订含有相互给予最惠国待遇、关税优惠条款贸易协定和特殊关税优惠条款贸易协定的国家或者地区的进口货物，以及原产地不明的货物，按照普通税率征税。

2. 最惠国税率

对原产于与我国共同适用最惠国条款的世界贸易组织成员方的进口货物，原产于与我国签订含有相互给予最惠国待遇的双边贸易协定的国家或者地区的进口货物，以及原产于我国的进口货物，按照最惠国税率征税。

3. 协定税率

对原产于与我国签订含有关税优惠条款的区域性贸易协定的国家或地区的进口货物，按协定税率征税。

4. 特惠税率

对原产于与我国签订含有特殊关税优惠条款的贸易协定的国家或地区的进口货物，按特惠税率征税。

5. 关税配额税率

关税配额税率是指关税配额限度内的税率。关税配额是进口国限制进口货物数量的措施，把征收关税和进口配额相结合以达到限制进口的目的。对于在配额内进口的货物可以适用较低的关税配额税率，对于配额之外的则适用较高税率。

6. 暂定税率

在最惠国税率基础上，对国内一些需要降低进口关税的货物，以及出于国际双边关系的考虑需要个别安排的进口货物，可以实行暂定税率。

（二）税率的适用

海南离岛免税政策

进出口货物应当依照《海关进出口税则》规定的归类原则归入合适的税号，按照适用的税率征税。

1. 进出口货物应当适用海关接受该货物申报进口或者出口之日实施的税率。

2. 进口货物到达前，经海关核准先行申报的，应当适用装载该货物的运输工具申报进境之日实施的税率征税。

3. 进口转关运输货物，应当适用指运地海关接受该货物申报进口之日实施的税率；货物运抵指运地前，经海关核准先行申报的，应当适用装载该货物的运输工具抵达指运地之日实施的税率。

4. 出口转关运输货物，应当适用启运地海关接受该货物申报出口之日实施的税率。

5. 经海关批准，实行集中申报的进出口货物，应当适用每次货物进出口时海关接受该货物申报之日实施的税率。

6. 因超过规定期限未申报而由海关依法变卖的进口货物，其税款计征应当适用装载该货物的运输工具申报进境之日适用的税率。

7. 因纳税义务人违反规定需要追征税款的进出口货物，应当适用违反规定的行为发生之日实施的税率；行为发生之日不能确定的，适用海关发现该行为之日实施的税率。

8. 已申报进境并放行的保税货物、减免税货物、租赁货物或者已申报进出境并放行的暂时进出境货物，有下列情形之一需要缴纳税款的，应当适用海关接受纳税义务人再次填写报关单申报办理纳税及有关手续之日实施的税率：

（1）保税货物经批准不复运出境的。

（2）保税仓储货物转入国内市场销售的。

（3）减免税货物经批准转让或者移作他用的。

（4）可暂不缴纳税款的暂时进出境货物，不复运出境或者进境的。

（5）租赁进口货物，分期缴纳税款的。

9. 补征和退还进出口货物关税，应当按照前述规定确定适用的税率。

【做中学 7-3】 根据《进出口关税条例》的规定，进口货物应按照（　　）。

A. 海关填发《海关专用缴款书》之日实施的税率征税

B. 装载货物的运输工具申报进境之日实施的税率征税，但经海关核准先行申报的除外

C. 进口货物申报进口之日实施的税率征税

D. 货物放行之日实施的税率征税

【答案】 C

【解析】 进出口货物应当按照收发货人或者他们的代理人申报进口或者出口之日实施的税率征税。

【做中学 7-4】 关于税率适用原则，下列表述正确的有（　　）。

A. 进口货物应当适用纳税义务人申报该货物进口之日实施的税率

B. 进口货物到达前，经海关核准先行申报的，应当适用装载此货物的运输工具申报进境之日实施的税率

C. 进口转关运输货物，应当适用指运地海关接受该货物申报进口之日实施的税率

D. 暂时进口货物转为正式进口需予以补税时，应按其转为正式进口之日实施的税率征税

【答案】 ABCD

【解析】 进口货物应当按照收货人或者他们的代理人申报进口之日实施的税率征税。进口货物到达前，经海关核准先行申报的，应当按照装载此货物的运输工具申报进境之日实施的税率征税。进口转关运输货物，应当适用指运地海关接受该货物申报进口之日实施的税率。暂时进口货物转为正式进口需予以补税时，应按其转为正式进口之日实施的税率征税。

任务 7.2　关税的税额计算

一、关税的计税依据

关税实行从价计征、从量计征，以及复合计征的方式征收。

我国对进出口货物征收关税主要采取从价计征的办法，以商品价格为标准征收关税。

因此，关税主要以进出口货物的完税价格为计税依据。

关税完税价格是指海关计征关税时所使用的计税价格，是海关以进出口货物的实际成交价格为基础审定的价格。实际成交价格是指一般贸易项下进口或出口货物的买方为购买该项货物向卖方实际支付或应当支付的价格。实际成交价格不能确定时，完税价格由海关依法估定。纳税人向海关申报的价格不一定等于完税价格，只有经海关审核并接受的申报价格才能作为完税价格。

（一）进口货物的完税价格

1. 一般进口货物的完税价格

进口的货物以海关审定的成交价格为基础的到岸价格为完税价格。所谓成交价格是进口货物的买方为购买该项货物向卖方实际支付或应当支付的价格。到岸价格包括货价及货物运抵中华人民共和国关境内输入地点起卸前的运费、包装费、保险费和其他劳务费。境内输入地为入境海关地，包括内陆河和江口岸，一般为第一口岸。成交价格是指买方为购买该货物并按有关规定调整后的实付或应付价格，即买方为购买进口货物直接或间接支付的总额。具体要注意以下几点：

（1）下列费用或价值未包含在进口货物的成交价格中，应一并计入完税价格：

① 特许权使用费，包括为了在境内生产、制造、使用或出版、发行的目的而向境外支付的与该进口货物有关的专利、商标、著作权，以及专有技术、计算机软件和资料等费用；但与进口货物无关或者不构成进口货物向境内销售条件的不计入完税价格。

② 除购货佣金以外的佣金和经纪费，比如卖方佣金。购货佣金是指买方为购买进口货物向自己的采购代理人支付的劳务费用，经纪费是指买方为购买进口货物向代表买卖双方利益的经纪人支付的劳务费用。成交过程中，进口人在成交价格外另支付给卖方的佣金应计入成交价格，而向境外采购代理人支付的买方佣金则不能列入，如已包括在成交价格中应予以扣除；卖方付给进口人的正常回扣，应从成交价格中扣除。卖方违反合同规定延期交货的罚款，在货价中冲减时罚款不能从成交价格中扣除。

③ 货物运抵我国关境内输入地点起卸前由买方支付的包装费、运费、保险费和其他劳务费用。

④ 由买方负担的与进口货物视为一体的容器费。

⑤ 由买方负担的与货物生产和境内销售有关的，以免费或者以低于成本方式提供的，并可以按适当比例分摊的货物或服务的价值。

⑥ 卖方直接或间接从买方对该货物的进口后转售、处置或使用所得中获得的收益。

（2）下列税收、费用如在货物的成交价格中单独列明的，应从完税价格中扣除：

① 厂房、机械、设备等货物进口后进行建设、安装、装配、维修和技术服务的费用，但保修费用除外；

② 货物运抵境内输入地点起卸后的运输费用、保险费用和其他相关费用；

③ 进口关税及其他国内税收；

④ 为在境内复制进口货物而支付的费用；

⑤ 境内外技术培训及境外考察费用。

(3) 进口货物完税价格中的运费和保险费按下列规定计算：

① 进口货物的运费应当按实际支付的费用计算，如果进口货物的运费无法确定，海关应当按照该货物的实际运输成本或者该货物进口同期运输行业公布的运费率（额）计算运费；

② 运输工具作为进口货物利用自身动力进境的，海关在审查确定完税价格时不再另行计入运费；

③ 进口货物的保险费，应当按照实际支付的费用计算，如果进口货物的保险费无法确定或未实际发生，海关应按照"货价加运费"二者总额的 3‰计算保险费；

④ 邮运进口的货物应当以邮费作为运输及其相关费用、保险费；

⑤ 以境外边境口岸价格条件成交的铁路或公路运输进口货物，海关应当按照境外边境口岸价格的 1%计算运输、保险及其相关费用。

为避免低报、瞒报价格偷逃关税，进口货物的到岸价格不能确定时，本着公正、合理原则，海关应当按照规定估定完税价格。

2. 特殊贸易下进口货物的完税价格

对于在某些特殊、灵活的贸易方式（如寄售等）下进口的货物，在进口时没有"成交价格"可作依据的，《进出口关税条例》制定了确定其完税价格的方法，主要有：

(1) 运往境外加工的货物的完税价格。出境时已向海关报明，并在海关规定期限内复运进境的，以境外支付的加工费、料件费、复运进境的运输及相关费用、保险费为基础审查确定完税价格。

(2) 运往境外修理的机械器具、运输工具或者其他货物的完税价格。出境时已向海关报明并在海关规定期限内复运入境的，以经海关审定的修理费和料件费作为完税价格。

(3) 租借和租赁进口货物的完税价格。租借、租赁方式入境的货物，以海关审查确定的货物租金作为完税价格。

(4) 对于国内单位留购的进口货样、展览品和广告陈列品，以留购价格作为完税价格。但对于留购货样、展览品和广告陈列品的买方，除按留购价格付款外，又直接或间接给卖方一定利益的，海关可以另行确定上述货物的完税价格。

(5) 逾期未出境的暂进口货物的完税价格。对于经海关批准暂时进口的施工器械、工程车辆、供安装使用的仪器和工具、电视或电影摄制机械，以及盛装货物的容器等，如入境超过半年仍留在国内使用的，应自第 7 个月起按月征收进口关税，其完税价格按原货进口时的到岸价格确定，每月的税额计算公式为：

$$每月关税 = 货物原到岸价格 \times 关税税率 \times 1 \div 48$$

(6) 转让出售进口减免税货物的完税价格。按照特定减免税办法批准予以减免税进口的货物，在转让或出售而需补税时，可按这些货物原进口时的到岸价格来确定其完税价格。其计算公式为：

完税价格＝原入境到岸价格×[1－实际使用月份÷(管理年限×12)]

管理年限是指海关对减免税进口的货物监督管理的年限。

【做中学 7-5】 下列未包含在进口货物价格中的项目应计入关税完税价格的有（　　）。

A. 由买方负担的购货佣金

B. 由买方负担的包装材料和包装劳务费

C. 由买方支付的进口货物在境内的复制权费

D. 由买方负担的与该货物视为一体的容器费用

【答案】 BD

【解析】 购货佣金、买方支付的进口后境内发生的费用不计入完税价格，而买方负担的包装费、与货物视为一体的容器费属于完税价格的组成部分。

【做中学 7-6】 某企业 2023 年 5 月将一台账面余值 55 万元的进口设备运往境外修理，当月在海关规定期限内复运入境，经海关审定的境外修理费 4 万元、料件费 6 万元。假定设备的进口关税税率为 30%，则该企业应缴纳的关税为（　　）。

A. 1.8 万元　　B. 3 万元　　C. 16.5 万元　　D. 19.5 万元

【答案】 B

【解析】 运往境外修理货物复运入境的完税价格是海关审定的修理费、料件费，故本题完税价格为 10 万元，应纳关税为 3 万元。

（二）出口货物的完税价格

出口货物应当以海关审定的货物售予境外的离岸价格扣除出口关税后作为完税价格。计算公式为：

出口货物完税价格＝离岸价格÷(1＋出口税率)

离岸价格应以该项货物运离关境前的最后一个口岸的离岸价格为实际离岸价格。若该项货物从内地起运，则从内地口岸至最后出境口岸所支付的国内段运输费用应予扣除。离岸价格不包括装船以后发生的费用，出口货物在成交价格以外支付给国外的佣金应予扣除，未单独列明的则不予扣除。出口货物在成交价格以外，买方还另行支付的货物包装费，应计入成交价格。当离岸价格不能确定时，完税价格由海关估定。

（三）进出口货物完税价格的审定

对于进出口货物的收发货人或其代理人向海关申报进出口货物的成交价格明显偏低，而又不能提供合法证据和正当理由的；申报价格明显低于海关掌握的相同或类似货物的国际市场上公开成交货物的价格，而又不能提供合法证据和正当理由的；申报价格经海关调查认定买卖双方之间有特殊经济关系或对货物的使用、转让互相订有特殊条件或特殊安排，影响成交价格的，以及其他特殊成交情况，海关认为需要估价的，则按以下方法依次估定完税价格。

1. 相同货物成交价格法

相同货物成交价格法，即以从同一出口国家或者地区购进的相同货物的成交价格作为被估货物完税价格的依据。

2. 类似货物成交价格法

类似货物成交价格法，即以从同一出口国家或者地区购进的类似货物的成交价格作为被估货物的完税价格的依据。

3. 国际市场价格法

国际市场价格法，即以进口货物的相同或类似货物在国际市场上公开的成交价格为被估货物的完税价格。

4. 国内市场价格倒扣法

国内市场价格倒扣法，即以进口货物的相同或类似货物在国内市场上的批发价格，扣除合理的税款、费用、利润后的价格为被估货物的完税价格。

5. 合理方法估定的价格

如果按照上述几种方法顺序估价仍不能确定其完税价格，则可由海关按照合理方法估定。

二、关税应纳税额的计算

（一）进口货物应纳关税

1. 从价税计算方法

从价税是最普遍的关税计征方法，它以进出口货物的完税价格作为计税依据。进口货物应纳关税税额的计算公式为：

应纳进口关税税额＝应税进口货物数量×单位完税价格×关税适用税率

具体分以下几种情况：

（1）以我国口岸到岸价格（CIF）成交的，或者和我国毗邻的国家以两国共同边境地点交货价格成交的进口货物，其成交价格即为完税价格。计算公式为：

应纳进口关税税额＝CIF×关税税率

【做中学 7-7】 某进出口公司 2022 年 11 月从美国进口一批化工原料，到岸价格为 800 000 美元，另外在货物成交过程中，公司向卖方支付佣金 40 000 美元。已知当时的外汇牌价为 1 美元=6.7 人民币，该原料的进口关税税率为 18%。计算进口该批货物应纳的关税。

【答案】 完税价格＝到岸价格＋支付给卖方的佣金＝(800 000＋40 000)×6.5＝5 460 000(元)

应纳进口关税税额＝5 460 000×18%＝982 800(元)

(2) 以国外口岸离岸价格（FOB）或国外口岸到岸价格成交的，应另加从发货口岸或国外交货口岸运到我国口岸装卸前的运杂费和保险费作为完税价格。计算公式为：

应纳进口关税税额＝(FOB＋运杂费＋保险费)×关税税率

在国外口岸成交，完税价格中包括的运杂费、保险费原则上应按实际支付的金额计算，若无法得到实际支付金额，也可以按外贸系统海运进口运杂费率或按协商规定的固定运杂费率计算运杂费，保险费按中国人民保险公司的保险费率计算。计算公式为：

应纳进口关税税额＝(FOB＋运杂费)×(1＋保险费率)×关税税率

【做中学 7-8】 华美公司委托富安进出口贸易公司代理进口材料一批。该批材料实际支付离岸价为 480 000 美元，海外运输费、包装费、保险费共计 20 000 美元，支付日市场汇率为 1 美元＝6.7 人民币，进口报关当日中国人民银行公布的市场汇价为 1 美元＝6.65 人民币，进口关税税率为 20%。计算该公司进口该批货物应纳的关税。

【答案】 应纳进口关税税额＝(480 000＋20 000)×6.65×20%＝665 000(元)

(3) 以国外口岸离岸价格加运费（CFR）成交的，应另加保险费作为完税价格。计算公式为：

应纳进口关税税额＝(CFR＋保险费)×关税税率

＝CFR×(1＋保险费率)×关税税率

【做中学 7-9】 某企业从香港进口原产地为韩国的设备三台，该设备的总成交价格为 180 000 港币，保险费率为 3‰，设备进口关税税率为 10%，当日外汇牌价为 100 港元兑换人民币 83 元。计算该企业应纳的关税。

【答案】 完税价格＝180 000×0.83×(1＋3‰)＝149 848.2(元)

应纳进口关税税额＝149 848.2×10%＝14 984.82(元)

(4) 特殊进口货物关税计算。特殊进口货物种类繁多，需在确定完税价格的基础上再计算应纳税额，应纳关税的计算公式为：

应纳进口关税税额＝特殊进口货物完税价格×关税税率

【做中学 7-10】 某企业 2022 年将以前年度进口的设备运往境外修理，设备进口时成交价格为 58 万元，发生境外运费和保险费共计 6 万元；在海关规定的期限内复运入境，入境时同类设备价格为 65 万元；发生境外修理费 8 万元、料件费 9 万元，境外运输费和保险费共计 3 万元，进口关税税率 20%。计算该设备复运入境时应纳的进口关税。

【答案】 应纳进口关税税额＝(8＋9)×20%＝3.4(万元)

2. 从量税计算方法

从量税是以进口商品的数量为计税依据的一种关税计征方法。其应纳关税税额的计算公式为：

应纳税额＝应税进口货物数量×关税单位税额

3. 复合税计算方法

复合税是对某种进口货物同时使用从价和从量计征的一种关税计征方法。其应纳关税税额的计算公式为：

应纳税额＝应税进口货物数量×单位完税价格×关税税率＋应税进口货物数量×关税单位税额

4. 滑准税计算方法

滑准税是指关税的税率随着进口商品价格的变动而反方向变动的一种税率形式，即价格越高，税率越低，税率为比例税率。因此，实行滑准税率的进口商品应纳关税税额的计算方法与从价税的计算方法相同。

（二）出口货物应纳关税

1. 从价关税应纳税额的计算

应税出口关税税额＝应税出口货物数量×单位完税价格×关税税率

具体分以下几种情况：

（1）以我国口岸离岸价格（FOB）成交的出口关税计算公式：

应纳出口关税税额＝FOB÷(1＋关税税率)×关税税率

（2）以国外口岸到岸价格（CIF）成交的出口关税计算公式：

应纳出口关税税额＝(CIF－保险费－运费)÷(1＋关税税率)×关税税率

（3）以国外口岸价格加运费价格（CFR）成交的出口关税计算公式：

应纳出口关税税额＝(CFR－运费)÷(1＋关税税率)×关税税率

【做中学 7-11】 某进出口公司自营出口商品一批，我国口岸 FOB 价格折合人民币 720 000 元，出口关税税率为 20%，根据海关开出的专用缴款书，以银行转账支票付讫税款。计算进出口公司应纳的出口关税。

【答案】 应纳出口关税税额＝720 000÷(1＋20%)×20%＝120 000(元)

2. 从量关税应纳税额的计算

应纳出口关税税额＝应税出口货物数量×关税单位税额

3. 复合关税应纳税额的计算

$$\text{应纳出口关税税额} = \text{应税出口货物数量} \times \text{单位完税价格} \times \text{关税税率} + \text{应税出口货物数量} \times \text{关税单位税额}$$

【做中学 7-12】　某公司 2022 年从境外进口小轿车 30 辆，每辆小轿车货价 15 万元，运抵我国海关前发生的运输费用、保险费用无法确定。经海关查实，其他运输公司相同业务的运输费用占货价的比例为 2%，保险费率 3‰。关税税率 60%，消费税税率 9%。分别计算进口环节缴纳的各项税金。计算结果可四舍五入保留两位小数。

【答案】　1. 进口小轿车的货价＝15×30＝450(万元)

2. 进口小轿车的运输费＝450×2%＝9(万元)

3. 进口小轿车的保险费＝(450＋9)×3‰＝1.38(万元)

4. 进口小轿车应缴纳的关税

关税完税价格＝450＋9＋1.38＝460.38(万元)

应缴纳关税＝460.38×60%＝276.23(万元)

5. 进口环节小轿车应缴纳的消费税

消费税组成计税价格＝(460.38＋276.23)÷(1－9%)＝809.46(万元)

应缴纳消费税＝809.46×9%＝72.85(万元)

6. 进口环节小轿车应缴纳增值税＝809.46×13%＝105.23(万元)

任务 7.3　关税的征收管理

发生进出口业务时需要办理进出口货物的报关手续，持进出口关税专用缴款书在规定的期限内到指定的地点缴纳关税。关税缴纳后因某种原因出现关税多缴或少缴情况时，还需要办理税款的退还或补缴等工作。

一、关税税收优惠

关税的减税、免税分为法定性减免税、政策性减免税和临时性减免税。《海关法》和《进出口关税条例》中规定的减免税称为法定性减免税。

1. 经海关审查无误后可以免税的情况

(1) 一票货物关税税额、进口环节增值税或者消费税税额在人民币 50 元以下的。

(2) 无商业价值的广告品及货样。

(3) 国际组织、外国政府无偿赠送的物资。

(4) 进出境运输工具装载的途中必需的燃料、物料和饮食用品。

（5）因故退还的中国出口货物可以免征进口关税，但已征收的出口关税不予退还。

（6）因故退还的境外进口货物可以免征出口关税，但已征收的进口关税不予退还。

2. 海关可以酌情减免税的情况

（1）在境外运输途中或者在起卸时，遭受到损坏或者损失的。

（2）起卸后海关放行前，因不可抗力遭受损坏或者损失的。

（3）海关查验时已经破漏、损坏或者腐烂，经证明不是保管不慎造成的。

为境外厂商加工、装配成品和为制造外销产品而进口的原材料、辅料、零件、部件、配套件和包装物料，海关按照实际加工出口的成品数量免征进口关税；或者对进口料件先征进口关税，再按照实际加工出口的成品数量予以退税。

中国缔结或参加的国际条约规定减征、免征关税的货物、物品，海关应当按照规定减免关税。

二、关税申报缴纳

进口货物的纳税人应当自运输工具申报入境之日起 14 日内向货物的入境地海关申报纳税，如实填写海关进口货物报关单，并提交进口货物的发票、装箱单、进口货物提单或运单，关税免税或免予查验的证明文件等。

出口货物的发货人除海关特准外，应当在运抵海关监管区后装货的 24 小时以前填报出口货物报关单，交验出口许可证和其他证件申报出口后由海关放行，否则货物不得离境出口。

关税是在货物实际进出境时，即在纳税人按进出口货物报关规定向海关申报后、海关放行前一次性缴纳。进出口货物的收发货人或其代理人应当在海关签发税款缴款凭证次日起 15 日内（星期日和法定节假日除外），向指定银行缴纳税款。

关税纳税人因不可抗力或者在国家税收政策调整的情形下不能按期缴纳税款的，经海关总署批准可延期缴纳，但最长不得超过 6 个月。

三、关税强制执行

根据《海关法》的规定，纳税人或其代理人应当在海关规定的缴款期限内缴纳税款，逾期未缴的即构成关税滞纳。为保证海关决定的有效执行和国家财政收入的及时入库，《海关法》赋予海关对滞纳关税的纳税人强制执行的权力。强制措施主要有两类：征收滞纳金和强制征收。

（一）征收滞纳金

进出口货物的收发货人或其代理人应当在海关签发税款缴款凭证次日起 15 日内（周末和法定节假日除外）向指定银行缴纳税款。逾期不缴的，除依法追缴外，由海关自到期次日起至缴清税款之日止，按日加收欠缴税额万分之五的滞纳金，周末或法定节假日不予扣除。计算公式为：

$$关税滞纳金金额=滞纳关税税额\times 0.5‰ \times 滞纳天数$$

【做中学 7-13】 某公司进口一批货物，海关于 2022 年 3 月 1 日填发税款缴款书，但公司迟至 3 月 27 日才缴纳 500 万元的关税。海关应征收关税滞纳金（ ）万元。

A. 2.75　　B. 3　　C. 6.5　　D. 6.75

【答案】 B

【解析】 本题滞纳天数为 12 天（16 日至 27 日）

滞纳金=500×0.5‰×12=3(万元)

（二）强制征收

如纳税义务人自海关填发缴款书之日起 3 个月仍未缴纳税款，经海关关长批准，海关可以采取强制扣缴、变价抵缴等强制措施。

1. 强制扣缴

强制扣缴是指海关依法自行或向人民法院申请采取从纳税人的开户银行或其他金融机构的存款中将相当于纳税人应纳税款的款项强制划拨入国家金库的措施，即书面通知其开户银行或者其他金融机构从其存款中扣缴税款。

2. 变价抵缴

变价抵缴是指当纳税人的银行账户中没有存款或存款不足以强制扣缴时，海关可以将未放行的应税货物依法变卖，以销售货物所得价款抵缴应纳税款。如果该货物已经放行，海关可以将该纳税人的其他价值相当于应纳税款的货物或其他财产依法变卖，以变卖所得价款抵缴应纳税款。

强制扣缴和变价抵缴的税款含纳税人未缴纳的税款滞纳金。

四、关税退还

关税的退还是关税纳税人缴纳税款后，因某种原因海关将实际征收多于应当征收的税款退还给原纳税人的一种行政行为。海关多征税款发现后应当立即退还。

纳税人可以从缴纳税款之日起 1 年内提交书面申明理由，连同纳税收据向海关申请退税，逾期不予受理。海关应当自受理退税申请之日起 30 日内做出书面答复，并通知退税申请人。

《海关法》规定，有下列情形之一的，纳税人可以自缴纳税款之日起 1 年内提交书面申明理由，连同原纳税收据向海关申请退还税款并加算银行同期活期存款利息，逾期不予受理：

1. 因海关误征，多纳税款的。
2. 海关核准免验进口的货物，在完税后发现有短缺情况，经海关审查认可的。

3. 已征出口关税的货物，因故未装运出口申报退关，经海关查明属实的。

对已征出口关税的出口货物和已征进口关税的进口货物，因货物品种或规格原因（非其他原因）原状复运入境或出境的，经海关查验属实的，也应退还已征关税，海关应当在受理退税申请之日起 30 日内做出书面答复，并通知退税申请人。

五、关税补征和追征

关税的补征和追征是指海关在纳税人按海关规定缴纳关税后，发现实际征收税额少于应当征收的税额时责令纳税人补缴所差税款的一种行政行为。

关税的补征是非因纳税人违反海关规定造成少征关税，进出境货物或物品放行后发现少征或漏征税款，海关自缴纳税款或者货物、物品放行之日起 1 年内向纳税人补征。

关税的追征是由于纳税人违反海关规定造成少征关税，自纳税人应缴纳税款之日起 3 年内由海关追征，并从缴纳税款之日起按日加收少征或者漏征税款万分之五的滞纳金。

六、关税纳税争议

为保护纳税人合法权益，我国《海关法》和《进出口关税条例》都规定了纳税人对海关确定的进出口货物的征税、减税、补税或者退税等有异议时有提出申诉的权利。在纳税义务人同海关发生纳税争议时可以向海关申请复议，但同时应当在规定期限内按海关核定的税额缴纳关税，逾期则构成滞纳，海关有权按规定采取强制执行措施。

纳税争议的内容一般为进出境货物和物品的纳税人对海关在原产地认定、税则归类、税率或汇率适用、完税价格确定、关税减征、免征、追征、补征和退还等征税行为是否合法或适当，是否侵害了纳税义务人的合法权益，而对海关征收关税的行为表示异议。

需要申诉的纳税义务人自海关填发税款缴款书之日起 30 日内，可以向原征税海关的上一级海关书面申请复议，逾期申请复议的，海关不予受理。海关应当自收到复议申请之日起 60 日内做出复议决定，并以复议决定书的形式正式答复纳税人。纳税人对海关复议决定仍然不服的，可以自收到复议决定书之日起 15 日内向人民法院提起诉讼。

【做中学 7-14】 某进出口公司进口一批机器设备，经海关审定的成交价格为 200 万美元。另外，货物运抵我国境内输入地点起卸前的运输费 10 万美元，保险费 20 万美元，由买方负担的购货佣金 5 万美元，包装劳务费 3 万美元。已知：市场汇率为 1 美元=7 人民币，该机器设备关税税率为 30%，该机器设备增值税税率为 13%。完成下列问题。计算结果可四舍五入保留两位小数。

1. 在进口该批机器设备过程中发生的哪些费用应计入货物的完税价格？

2. 计算进口该批机器设备应缴纳的关税税额。

3. 计算进口该批机器设备应缴纳的增值税税额。

4. 说明进出口公司进口该批机器设备申报缴纳关税的期限。

【答案】 1. 在进口该批机器设备过程中经审定的成交价格 200 万美元、运输费 10 万美元、保险费 20 万美元以及包装劳务费 3 万美元应计入货物的完税价格。由买方负担的购货佣金 5 万美元不能计入。

2. 关税税额＝(200＋10＋20＋3)×7×30%＝489.30(万元)

3. 增值税税额＝[(200＋10＋20＋3)×7＋489.30]×13%＝275.64(万元)

4. 纳税人应当自运输工具申报入境之日起 14 日内向货物进境地海关申报；纳税人自海关填发税款缴纳书之日起 15 日内向指定银行缴纳税款。

任务 7.4　船舶吨税法

船舶吨税是对自中华人民共和国境外港口进入境内港口的船舶（以下称应税船舶）开征的一种税（以下简称吨税）。船舶吨税是根据船舶运载量课征的一个税种，源于明朝以后税关的“船料”。鸦片战争后，海关对出入中国口岸的商船按船舶吨位计征税款，故称船舶吨税。除海关外，内地常关也对过往船只征船料，直到 1931 年常关撤销时船料废止。现行船舶吨税的基本规范是 2017 年 12 月 27 日第十二届全国人民代表大会常务委员会第三十一次会议通过的《中华人民共和国船舶吨税法》（以下简称《船舶吨税法》），于 2018 年 7 月 1 日起施行，经 2018 年 10 月 26 日第十三届全国人民代表大会常务委员会第六次会议修改，自公布之日起施行。

一、征税范围和税率

（一）征税范围

自中华人民共和国境外港口进入境内港口的船舶，应当缴纳船舶吨税。吨税的税目、税率依照《吨税税目税率表》执行。

（二）税率

吨税设置优惠税率和普通税率。中华人民共和国国籍的应税船舶，船籍国（地区）与中华人民共和国签订含有相互给予船舶税费最惠国待遇条款的条约或者协定的应税船舶，适用优惠税率。其他应税船舶适用普通税率。《吨税税目税率表》见表 7-1。

表 7-1　吨税税目税率表

税目（按船舶净吨位划分）	税率（元/净吨）						备注
	普通税率（按执照期限划分）			优惠税率（按执照期限划分）			
	1 年	90 日	30 日	1 年	90 日	30 日	
不超过 2 000 净吨	12.6	4.2	2.1	9.0	3.0	1.5	1. 拖船按照发动机功率每千瓦折合净吨位 0.67 吨； 2. 无法提供净吨位证明文件的游艇，按发动机功率每千瓦折合净吨位 0.05 吨； 3. 拖船和非机动驳船分别按相同净吨位船舶税率的 50%计征税款
超过 2 000 净吨，但不超过 10 000 净吨	24.0	8.0	4.0	17.4	5.8	2.9	
超过 10 000 净吨，但不超过 50 000 净吨	27.6	9.2	4.6	19.8	6.6	3.3	
超过 50 000 净吨	31.8	10.6	5.3	22.8	7.6	3.8	

注：拖船是指专门用于拖（推）动运输船舶的专业作业船舶。

二、应纳税额的计算

吨税按照船舶净吨位和吨税执照期限征收。净吨位是指由船籍国（地区）政府授权签发的船舶吨位证明书上标明的净吨位；吨税执照期限是指按照公历年、日计算的期间。应税船舶负责人在每次申报纳税时，可以按照《吨税税目税率表》选择申领一种期限的吨税执照。吨税的应纳税额按照船舶净吨位乘以适用税率计算，计算公式为：

应纳税额＝船舶净吨位×定额税率

吨税由海关负责征收，海关征收吨税应当制发缴款凭证。应税船舶负责人缴纳吨税或者提供担保后，海关按照其申领的执照期限填发吨税执照。

应税船舶在进入港口办理入境手续时，应当向海关申报纳税领取吨税执照，或者交验吨税执照（或者申请核验吨税执照电子信息）。应税船舶在离开港口办理出境手续时，应当交验吨税执照（或者申请核验吨税执照电子信息）。

应税船舶负责人申领吨税执照时，应当向海关提供下列文件：①船舶国籍证书或者海事部门签发的船舶国籍证书收存证明；②船舶吨位证明。

应税船舶因不可抗力在未设立海关地点停泊的，船舶负责人应当立即向附近海关报告，并在不可抗力原因消除后依法向海关申报纳税。

【做中学 7-15】 B 国某运输公司一艘货轮驶入我国某港口，该货轮净吨位为 30 000 吨，货轮负责人已向我国海关领取了吨税执照，在港口停留期限为 30 天，B 国已与我国签订有相互给予船舶税费最惠国待遇条款。计算该货轮负责人应向我国海关缴纳的吨税。

【答案】 根据吨税的相关规定，该货轮应享受优惠税率，每净吨位为 3.3 元。

应缴纳的吨税＝30 000×3.3＝99 000(元)

三、税收优惠

（一）直接优惠

下列船舶免征吨税：

1. 应纳税额在人民币 50 元以下的船舶。

2. 自境外以购买、受赠、继承等方式取得船舶所有权的初次进口到港的空载船舶。

3. 吨税执照期满后 24 小时内不上下客货的船舶。

4. 非机动船舶（不包括非机动驳船）。

5. 捕捞、养殖渔船。

6. 避难、防疫隔离、修理、改造、终止运营或者拆解，并不上下客货的船舶。

7. 军队、武装警察部队专用或者征用的船舶。

8. 警用船舶。

9. 依照法律规定应当予以免税的外国驻华使领馆、国际组织驻华代表机构及其有关人员的船舶。

10. 国务院规定的其他船舶。

（二）延期优惠

在吨税执照期限内，应税船舶发生下列情形之一的，海关按照实际发生的天数批注延长吨税执照期限：

1. 避难、防疫隔离、修理，并不上下客货。

2. 军队、武装警察部队征用。

符合直接优惠第 5 项至第 9 项以及延期优惠政策的船舶，应当提供海事部门、渔业船舶管理部门或者出入境检验检疫部门等部门、机构出具的具有法律效力的证明文件或者使用关系证明文件，申明免税或者延长吨税执照期限的依据和理由。

四、征收管理

1. 吨税纳税义务发生时间为应税船舶进入港口的当日。应税船舶在吨税执照期满后尚未离开港口的，应当申领新的吨税执照，自上一次执照期满的次日起续缴吨税。

2. 应税船舶负责人应当自海关填发吨税缴款凭证之日起十五日内缴清税款。未按期缴清税款的，自滞纳税款之日起至缴清税款之日止，按日加收滞纳税款万分之五的税款滞纳金。

3. 应税船舶到达港口前，经海关核准先行申报并办结出入境手续的，应税船舶负责人应当向海关提供与其依法履行吨税缴纳义务相适应的担保；应税船舶到达港口后，依照本法规定向海关申报纳税。

下列财产、权利可以用于担保：

（1）人民币、可自由兑换货币；

（2）汇票、本票、支票、债券、存单；

（3）银行、非银行金融机构的保函；

（4）海关依法认可的其他财产、权利。

4. 应税船舶在吨税执照期限内，因修理、改造导致净吨位变化的，吨税执照继续有效。应税船舶办理出入境手续时，应当提供船舶经过修理、改造的证明文件。

5. 应税船舶在吨税执照期限内，因税目税率调整或者船籍改变而导致适用税率变化的，吨税执照继续有效。因船籍改变而导致适用税率变化的，应税船舶在办理出入境手续时，应当提供船籍改变的证明文件。

6. 吨税执照在期满前毁损或者遗失的，应当向原发照海关书面申请核发吨税执照副本，不再补税。

7. 海关发现少征或者漏征税款的，应当自应税船舶应当缴纳税款之日起一年内补征税款。但因应税船舶违反规定造成少征或者漏征税款的，海关可以自应当缴纳税款之日起三年内追征税款，并自应当缴纳税款之日起按日加征少征或者漏征税款万分之五的税款滞纳金。

海关发现多征税款的，应当在二十四小时内通知应税船舶办理退还手续，并加算银行同期活期存款利息。

应税船舶发现多缴税款的，可以自缴纳税款之日起三年内以书面形式要求海关退还多缴的税款并加算银行同期活期存款利息；海关应当自受理退税申请之日起三十日内查实并通知应税船舶办理退还手续。应税船舶应当自收到退税通知之日起三个月内办理有关退还手续。

8. 应税船舶有下列行为之一的，由海关责令限期改正，处 2 000 元以上 30 000 元以下的罚款；不缴或者少缴应纳税款的，处不缴或者少缴税款 50%以上 5 倍以下的罚款，但罚款不得低于 2 000 元：

（1）未按照规定申报纳税、领取吨税执照；

（2）未按照规定交验吨税执照（或者申请核验吨税执照电子信息）以及提供其他证明文件。

9. 吨税税款、税款滞纳金、罚款以人民币计算。

《船舶吨税法》未做规定的吨税的征收，依照有关税收征收管理的法律、行政法规的规定执行。

项目小结

关税作为国际通用的税种，是维护国家经济权益的有力工具，在各国的税制中具有特殊的地位。关税分进口关税与出口关税两类，计算和申报比较复杂，这是关税的特殊性。正确计算关税完税价格是其计税的基础和前提。对进口货物，海关在征收关税的同时，还要代征增值税、消费税，因而应重点掌握关税、增值税、消费税的计算程序和方法。

课后练习

一、单项选择题

1. 根据进出口商品价格的变动而税率相应增减的进出口关税属于（　　）。

A. 从价税　　B. 从量税
C. 滑准税　　D. 复合税

2. 在进口货物正常成交价格中可以扣除的费用是（　　）。

A. 包装费　　B. 运输费
C. 买方佣金　　D. 保险费

3. 出口货物的完税价格不应该包括（　　）。

A. 向境外销售的成交价格
B. 货物运至我国境内输出地点装载前的运输及其相关费用
C. 货物运至我国境内输出地点装载前的保险费用
D. 离境口岸至境外口岸之间的运输、保管费

4. 关税纳税义务人因不可抗力或者在国家税收政策调整的情形下不能按期缴纳税款的，经海关总署批准可以延期缴纳税款，但最多不得超过（　　）。

A. 3个月　　B. 6个月　　C. 9个月　　D. 12个月

5. 关税滞纳金自（　　）起至纳税义务人缴纳关税之日止，按日征收万分之五的滞纳金，周末或法定节假日不予扣除。

A. 商品报关之日　　B. 商品进出关境之日
C. 关税缴纳期限届满次日　　D. 自海关签发税款缴款书之日

二、多项选择题

1. 我国《海关法》规定，减免进出口关税的权限属中央政府，关税的减免有（　　）。

A. 法定减免　　B. 特定减免
C. 临时减免　　D. 困难减免

2. 下列各项中，属于关税法定纳税义务人的有（　　）。

A. 进口货物的收货人　　B. 进口货物的代理人

C. 出口货物的发货人　　D. 出口货物的代理人

3. 进口货物以海关审定的成交价格为基础的到岸价格作为完税价格。到岸价格包括货价，加上货物运抵中国关境内输入地点起卸前的（　　）等费用。

A. 包装费　　B. 其他劳务费

C. 保险费　　D. 运输费

4. 下列未包含在进口货物价格中的项目，应计入进口货物完税价格的有（　　）。

A. 由买方负担除购货佣金以外的佣金及经纪费

B. 由卖方负担的佣金

C. 由买方负担的与该货物视为一体的容器费用

D. 由买方负担的包装劳务费

5. 在关税的征收管理规定中，补征和追征的期限为（　　）。

A. 追征期为1年内　　B. 补征期为1年内

C. 追征期为3年内　　D. 补征期为3年内

三、计算分析题

1. 华丽公司从美国进口一批应缴消费税的消费品，货价为500万元；该公司另外向境外支付特许权使用费25万元。此外，该批货物运抵我国关境需支付运费和保险费25万元。该货物适用关税税率为8%、增值税税率为13%、消费税税率为20%。

请根据上述内容分别计算该公司应缴纳的关税、消费税和增值税。

2. 甲化妆品公司为增值税一般纳税人，从事高档化妆品生产、进口、销售业务，高档化妆品消费税税率为15%，关税税率为25%。2023年11月发生以下经济业务：

(1) 从国外进口一批高档化妆品，海关核定的关税完税价格为112万元，公司按规定向海关缴纳了关税、消费税和进口环节增值税，并取得了相关完税凭证。

(2) 向公司员工发放一批新研发的高档化妆品作为职工福利，该批高档化妆品不含增值税的销售价格为75万元。

(3) 委托乙公司加工一批高档化妆品，提供的材料成本为86万元，支付乙公司加工费5万元，当月收回该批委托加工的高档化妆品，乙公司没有同类消费品销售价格。

请根据上述内容完成下列问题。

(1) 计算该公司当月进口环节应缴纳的消费税；

(2) 计算该公司当月作为职工福利发放的高档化妆品应缴纳的消费税；

(3) 计算乙公司受托加工高档化妆品应代收代缴的消费税。

项目八 财产和行为类税法及纳税实务

职业能力与思政目标

1. 掌握资源税的开征目的和基本原理，了解资源税的纳税人、征税对象、税率，掌握资源税应纳税额的计算及征收管理；
2. 理解环境保护税的开征目的和基本概念，掌握环境保护税的纳税人、征税对象、税率，掌握其应纳税额的计算及征收管理；
3. 明确城镇土地使用税的基本概念、纳税人、征税范围的确定，掌握其应纳税额的计算和征收管理；
4. 明确耕地占用税的基本法律内容，掌握其应纳税额的计算和征收管理；
5. 理解土地增值税的开征背景和基本概念，掌握土地增值税的纳税人、征税范围，学会运用实例计算土地增值税的应纳税额，并学会相应的征收管理及纳税申报；
6. 明确房产税的基本概念，掌握房产税的纳税人、征税范围、税率，学会计算房产税应纳税额，掌握其征收管理及纳税申报；
7. 明确契税的基本概念，掌握契税的纳税人、征税范围、税率，学会计算契税应纳税额，掌握其征收管理及纳税申报；
8. 明确印花税的基本概念，掌握印花税的纳税人、征税范围、税率，学会计算印花税应纳税额，掌握其征收管理及纳税申报；
9. 理解车辆购置税的基本概念，掌握车辆购置税的税法要素，学会其应纳税额的计算和申报征管；
10. 理解车船税的基本概念，掌握车船税的税法要素，学会其应纳税额的计算和征管；
11. 理解烟叶税的基本概念，掌握烟叶税的税法要素及税额计算；
12. 了解我国国情，树立可持续发展、人类命运共同体、环保、低碳、绿色发展、人民至上等理念，培养家国情怀、制度自信、社会主义核心价值观、爱国主义精神、忧患意识和大局观念；

13. 培养良好职业道德，培养客观公正、诚信、坚持准则、廉洁自律、不做假账等道德理念；
14. 培养依法纳税意识、合法筹划、合法避税的法律底线意识；
15. 培养学生职业素质、精确计税诚信纳税观念、网上报税能力、税务筹划能力、税务管理能力、风险管控能力；
16. 培养良好消费理念、良好心理素质；
17. 培养良好的自主学习能力、分析解决问题能力、团队协作能力、创新能力；
18. 培养参加财税技能大赛的综合素质和税务综合应用能力。

案例导入

坚持绿色发展，促进人与自然和谐共生

大自然是人类赖以生存发展的基本条件。尊重自然、顺应自然、保护自然，是全面建设社会主义现代化国家的内在要求。必须牢固树立和践行绿水青山就是金山银山的理念，站在人与自然和谐共生的高度谋划发展。我们要推进美丽中国建设，坚持山水林田湖草沙一体化保护和系统治理，统筹产业结构调整、污染治理、生态保护、应对气候变化，协同推进降碳、减污、扩绿、增长，推进生态优先、节约集约、绿色低碳发展。

党的二十大报告中提出“推动绿色发展”“全面推进乡村振兴”“牢牢守住十八亿亩耕地红线”等发展理念。

我们要坚持可持续发展，坚持节约优先、保护优先、自然恢复为主的方针，像保护眼睛一样保护自然和生态环境，坚定不移走生产发展、生活富裕、生态良好的文明发展道路，实现中华民族永续发展。资源税正是为节约资源，促进资源合理开采利用及可持续发展而开征的。

中国式现代化的本质要求是：坚持中国共产党领导，坚持中国特色社会主义，实现高质量发展，发展全过程人民民主，丰富人民精神世界，实现全体人民共同富裕，促进人与自然和谐共生，推动构建人类命运共同体，创造人类文明新形态。

全面推进乡村振兴。加快建设农业强国，扎实推动乡村产业、人才、文化、生态、组织振兴。全方位夯实粮食安全根基，全面落实粮食安全党政同责，牢牢守住十八亿亩耕地红线，逐步把永久基本农田全部建成高标准农田，深入实施种业振兴行动，强化农业科技和装备支撑，健全种粮农民收益保障机制和主产区利益补偿机制，确保中国人的饭碗牢牢端在自己手中。用耕地占用税调节耕地占用，“坚守十八亿亩耕地红线”调控作用明显。而城镇土地使用税则是为调节城镇土地资源的使用而征收的。

绿水青山就是金山银山。加快发展方式绿色转型；深入推进环境污染防治，全方位、全地域、全过程加强生态环境保护和生态文明建设，污染防治攻坚向纵深推进，坚持精准治污、科学治污、依法治污，持续深入打好蓝天、碧水、净土保卫战，促进社会经济向绿色、循环、低碳发展，让天更蓝、山更绿、水更清，是新时期我国生态环境保护的重要课题。环境保护税是我国第一个绿色税种，践行了“绿水青山就是金山银山”的环保理念，融入了环保、环境污染防治、绿色、低碳、可持续发展等理念。积极稳妥推进碳达峰、碳中和。资源税节约利用资源也践行了绿色发展理念。

“房住不炒”理念与房产税、土地增值税、契税的开征理念相同，它们是为调控房地产而开征的，有利于促进房地产业平稳健康发展。车船税、车辆购置税则与绿色消费、环保理念相同，促进汽车制造业转型升级，鼓励使用新能源汽车，同时对规范汽车的使用作用重大。印花税既着重于培养自主纳税意识，又能见微知著、集腋成裘，是一个天才的税种。烟叶税有利于提高烟农收入，稳定地方财政收入，小税种发生大效应，促进国家烟草行业绿色低碳发展。

课程思政元素

简并申报表，一表报多税

1. 进行普法教育、国情教育，筑牢法治意识、法律底线意识，坚决守住法律底线。
2. 培养家国情怀、制度自信、社会主义核心价值观、爱国主义精神、忧患意识、大局观念。
3. 树立税收法治、依法纳税意识、自主纳税意识，防范化解税收风险。
4. 良好的职业道德、客观、诚信、廉洁自律。
5. 科技创新、人民至上、公平正义。
6. 房住不炒，打击炒房投机行为，促进房地产市场健康发展。
7. 加强资源合理配置，调节资源级差收入，促进宏观经济的协调稳定发展。
8. 依法纳税，确权登记，维护土地、房屋产权人合法权益。
9. 树立环保绿色发展理念，鼓励绿色低碳、节能减排、引导绿色生产、促进生态文明建设和经济高质量发展，提倡理性消费，鼓励购买新能源汽车，让绿色税制理念深入人心，护航绿色发展、助推“双碳”目标。
10. 调节贫富差距、树立正确的价值观和消费理念。
11. 诚实守信，信守合同承诺，轻税重罚，树立“三自”纳税意识。
12. 碳达峰、碳中和、生态平衡，树立人类命运共同体理念。
13. 增加地方财政收入，发挥税收调控作用。
14. 坚守十八亿亩耕地红线，藏粮于地、藏粮于技。

任务 8.1 资源税法

资源税法是指国家制定的用以调整资源税征收与缴纳相关权利及义务关系的法律规范。资源税是对在中华人民共和国领域和中华人民共和国管辖的其他海域开发应税资源的单位和个人课征的一种税，属于对自然资源开发课税的范畴。1984 年我国开征资源税时，采取的主要依据是受益原则、公平原则和效率原则三个原则。从受益原则考虑，资源属国家所有，开采者因开采国有资源而得益，有责任向所有者支付其地租；从公平原则来看，条件公平是有效竞争的前提，资源级差收入的存在会影响资源开采者利润的真实性，故级差收入以归政府支配为宜；从效率原则分析，稀缺资源应由社会净效率高的企业来开采，对于资源开采过程中出现的掠夺和浪费行为，国家有权采取经济手段促其转变。

1986 年 10 月 1 日，《中华人民共和国矿产资源法》正式施行，后经全国人大常委会多次修正、完善。该法第五条始终明确国家对矿产资源实行有偿开采。开采矿产资源，必须按照国家有关规定缴纳资源税和资源补偿费。1993 年全国财税体制改革，对 1984 年第一代资源税法律制度做了重大修改，形成了第二代资源税制度。1993 年 12 月国务院发布的《中华人民共和国资源税暂行条例》及财政部发布的《中华人民共和国资源税暂行条例实施细则》，将盐税并到资源税中，并将资源税征收范围扩大为原油、天然气、煤炭、其他非金属矿原矿、黑色金属矿原矿、有色金属矿原矿和盐 7 种。1994 年 1 月 1 日起，规定不再按超额利润征税，而是按矿产品销售量征税，按照“普遍征收、级差调节”的原则就资源赋税情况、开采条件、资源等级、地理位置等客观条件的差异规定了幅度税额，为每一个课税矿区规定了适用税率。这一规定考虑了资源条件优劣的差别，对级差收益进行了有效调节。

2010 年 6 月 1 日，在新疆对原油、天然气进行了资源税从价计征改革试点工作。2011 年，国务院令第 605 号对《中华人民共和国资源税暂行条例》进行了修改，财政部令第 66 号对《中华人民共和国资源税暂行条例实施细则》进行了修订，并自 2011 年 11 月 1 日起施行。2014 年 12 月，对煤炭的资源税由从量计征改为从价计征，取得一定效果。根据党中央、国务院决策部署，2016 年全面推进资源税改革。2016 年 5 月，财政部、国家税务总局公布《关于全面推进资源税改革的通知》（现已废止）、《关于资源税改革具体政策问题的通知》（现已废止）等，对绝大部分应税产品实行从价计征方式，对经营分散、多为现金交易且难以管控的粘土、砂石，按照便利征管原则，仍实行从量定额计征。同时在河北省开征水资源税试点工作，采取水资源费改税方式，将地表水和地下水纳入征税范围，实行从量定额计征。2017 年 12 月 1 日起，水资源税改革试点进一步扩大到北京、天津、山西、内蒙古、山东、河南、四川、陕西、宁夏 9 个省、自治区、直辖市。

为了贯彻习近平生态文明思想、落实税收法定原则，2019 年 8 月 26 日，第十三届全国人民代表大会常务委员会第十二次会议通过了《中华人民共和国资源税法》（以下简称《资源税法》），并自 2020 年 9 月 1 日起施行。为贯彻落实《资源税法》，《财政部、税务总局关于资源税有关问题执行口径的公告》（财政部、税务总局公告 2020 年第 34 号）、《国家税务总局关于资源税征收管理若干问题的公告》（国家税务总局公告 2020 年第 14 号）、《财政部、税务总局关于继续执行的资源税优惠政策的公告》（财政部、税务总局公告 2020 年第 32 号）对有关问题的执行口径和征管具体规定等进行了明确，规范资源税的征收管理。

征收资源税的主要作用如下：①促进对自然资源的合理开发利用。通过对开发、利用应税资源的行为课征资源税，体现了国有自然资源有偿占用的原则，从而可以促使纳税人节约、合理地开发和利用自然资源，有利于我国经济可持续发展。②为国家筹集财政资金。随着其课征范围的逐渐扩展，资源税的收入规模及其在税收收入总额中所占的比重都相应增加，其财政意义也日渐明显，在为国家筹集财政资金方面发挥着不可忽视的作用。

资源税的征收，可以调节级差收入，合理开采利用自然资源，绿色低碳节约，促进人与自然和谐共生。

一、资源税的纳税义务人

资源税的纳税义务人是指在中华人民共和国领域和中华人民共和国管辖的其他海域开发应税资源的单位和个人。应税资源的具体范围由《资源税法》所附《资源税税目税率表》确定。

资源税规定仅对在中国境内开发应税资源的单位和个人征收，因此，进口的矿产品和盐不征收资源税，相应地，对出口应税产品也不免征和退还已纳资源税。

纳税人自用应税产品，如果属于应当缴纳资源税的情形，应按规定缴纳资源税。纳税人自用应税产品应当缴纳资源税的情形包括：纳税人将应税产品用于非货币性资产交换、捐赠、偿债、赞助、集资、投资、广告、样品、职工福利、利润分配或者连续生产非应税产品等。纳税人开采或者生产应税产品自用于连续生产应税产品的，不缴纳资源税，如铁原矿用于继续生产铁精粉的，在移送铁原矿时不缴纳资源税；但对于生产非应税产品的，如将铁精粉继续用于冶炼的，应当在移送环节缴纳资源税。

开采海洋或陆上油气资源的中外合作油气田在 2011 年 11 月 1 日前已签订的合同继续缴纳矿区使用费，不缴纳资源税；合同期满后，依法缴纳资源税。

二、资源税的税目、税率

（一）税目

资源税税目包括五大类，在 5 个税目下面又设有若干个子目。《资源税法》所列的税目有 164 个，涵盖了所有已经发现的矿种和盐。

1. 能源矿产

（1）原油。

（2）天然气、页岩气、天然气水合物。

（3）煤。

（4）煤成（层）气。

（5）铀、钍。

（6）油页岩、油砂、天然沥青、石煤。

（7）地热。

2. 金属矿产

积极稳安推进碳达峰碳中和

（1）黑色金属，包括铁、锰、铬、钒、钛。

（2）有色金属，包括铜、铅、锌、锡、镍、锑、镁、钴、铋、汞；铝土矿；钨；钼；金、银；铂、钯、钌、锇、铱、铑；轻稀土；中重稀土；铍、锂、锆、锶、铷、铯、铌、钽、锗、镓、铟、铊、铪、铼、镉、硒、碲。

3. 非金属矿产

（1）矿物类，包括高岭土；石灰岩；磷；石墨；萤石、硫铁矿、自然硫；天然石英砂、脉石英、粉石英、水晶、工业用金刚石、冰洲石、蓝晶石、硅线石（矽线石）、长石、滑石、刚玉、菱镁矿、颜料矿物、天然碱、芒硝、钠硝石、明矾石、砷、硼、碘、溴、膨润土、硅藻土、陶瓷土、耐火粘土、铁矾土、凹凸棒石粘土、海泡石粘土、伊利石粘土、累托石粘土；叶蜡石、硅灰石、透辉石、珍珠岩、云母、沸石、重晶石、毒重石、方解石、蛭石、透闪石、工业用电气石、白垩、石棉、蓝石棉、红柱石、石榴子石、石膏；其他粘土（铸型用粘土、砖瓦用粘土、陶粒用粘土、水泥配料用粘土、水泥配料用红土、水泥配料用黄土、水泥配料用泥岩、保温材料用粘土）。

（2）岩石类，包括大理岩、花岗岩、白云岩、石英岩、砂岩、辉绿岩、安山岩、闪长岩、板岩、玄武岩、片麻岩、角闪岩、页岩、浮石、凝灰岩、黑曜岩、霞石正长岩、蛇纹岩、麦饭石、泥灰岩、含钾岩石、含钾砂页岩、天然油石、橄榄岩、松脂岩、粗面岩、辉长岩、辉石岩、正长岩、火山灰、火山渣、泥炭；砂石。

（3）宝玉石类，包括宝石、玉石、宝石级金刚石、玛瑙、黄玉、碧玺。

4. 水气矿产

（1）二氧化碳气、硫化氢气、氦气、氡气。

（2）矿泉水。

5. 盐

（1）钠盐、钾盐、镁盐、锂盐。

（2）天然卤水。

（3）海盐。

上述各税目征税时有的对原矿征税，有的对选矿征税，具体适用的征税对象按照

《资源税税目税率表》的规定执行，主要包括以下三类：

（1）按原矿征税。

（2）按选矿征税。

（3）按原矿或者选矿征税。

纳税人以自采原矿（经过采矿过程采出后未进行选矿或者加工的矿石）直接销售，或者自用于应当缴纳资源税情形的，按照原矿计征资源税。

纳税人以自采原矿洗选加工为选矿产品（通过破碎、切割、洗选、筛分、磨矿、分级、提纯、脱水、干燥等过程形成的产品，包括富集的精矿和研磨成粉、粒级成型、切割成型的原矿加工品）销售，或者将选矿产品自用于应当缴纳资源税情形的，按照选矿产品计征资源税，在原矿移送环节不缴纳资源税。对于无法区分原生岩石矿种的粒级成型砂石颗粒，按照砂石税目征收资源税。

（二）税率

《资源税法》按原矿、选矿分别设定税率。对原油、天然气、中重稀土、钨、钼等战略资源实行固定税率，由税法直接确定。其他应税资源实行幅度税率，其具体适用税率由省、自治区、直辖市人民政府统筹考虑该应税资源的品位、开采条件以及对生态环境的影响等情况，在规定的税率幅度内提出，报同级人民代表大会常务委员会决定，并报全国人民代表大会常务委员会和国务院备案。《资源税税目税率表》见表 8-1。

表 8-1　资源税税目税率表

（2020 年 9 月 1 日起执行）

序号	税目			征税对象	税率
1	能源矿产	原油		原矿	6%
2		天然气、页岩气、天然气水合物		原矿	6%
3		煤		原矿或者选矿	2%～10%
4		煤成（层）气		原矿	1%～2%
5		铀、钍		原矿	4%
6		油页岩、油砂、天然沥青、石煤		原矿或者选矿	1%～4%
7		地热		原矿	1%～20%或每立方米 1～30 元
8	金属矿产	黑色金属	铁、锰、铬、钒、钛	原矿或者选矿	1%～9%
9		有色金属	铜、铅、锌、锡、镍、锑、镁、钴、铋、汞	原矿或者选矿	2%～10%
10			铝土矿	原矿或者选矿	2%～9%
11			钨	选矿	6.5%
12			钼	选矿	8%
13			金、银	原矿或者选矿	2%～6%

（续表）

序号	税目			征税对象	税率
14	金属矿产	有色金属	铂、钯、钌、锇、铱、铑	原矿或者选矿	5%～10%
15			轻稀土	选矿	7%～12%
16			中重稀土	选矿	20%
17			铍、锂、锆、锶、铷、铯、铌、钽、锗、镓、铟、铊、铪、铼、镉、硒、碲	原矿或者选矿	2%～10%
18	非金属矿产	矿物类	高岭土	原矿或者选矿	1%～6%
19			石灰岩	原矿或者选矿	1%～6%或者每吨（或者每立方米）1～10元
20			磷	原矿或者选矿	3%～8%
21			石墨	原矿或者选矿	3%～12%
22			萤石、硫铁矿、自然硫	原矿或者选矿	1%～8%
23			天然石英砂、脉石英、粉石英、水晶、工业用金刚石、冰洲石、蓝晶石、硅线石（矽线石）、长石、滑石、刚玉、菱镁矿、颜料矿物、天然碱、芒硝、钠硝石、明矾石、砷、硼、碘、溴、膨润土、硅藻土、陶瓷土、耐火粘土、铁矾土、凹凸棒石粘土、海泡石粘土、伊利石粘土、累托石粘土	原矿或者选矿	1%～12%
24			叶蜡石、硅灰石、透辉石、珍珠岩、云母、沸石、重晶石、毒重石、方解石、蛭石、透闪石、工业用电气石、白垩、石棉、蓝石棉、红柱石、石榴子石、石膏	原矿或者选矿	2%～12%
25			其他粘土（铸型用粘土、砖瓦用粘土、陶粒用粘土、水泥配料用粘土、水泥配料用红土、水泥配料用黄土、水泥配料用泥岩、保温材料用粘土）	原矿或者选矿	1%～5%或者每吨（或者每立方米）0.1～5元
26		岩石类	大理岩、花岗岩、白云岩、石英岩、砂岩、辉绿岩、安山岩、闪长岩、板岩、玄武岩、片麻岩、角闪岩、页岩、浮石、凝灰岩、黑曜岩、霞石正长岩、蛇纹岩、麦饭石、泥灰岩、含钾岩石、含钾砂页岩、天然油石、橄榄岩、松脂岩、粗面岩、辉长岩、辉石岩、正长岩、火山灰、火山渣、泥炭	原矿或者选矿	1%～10%
27			砂石	原矿或者选矿	1%～5%或者每吨（或者每立方米）0.1～5元
28		宝玉石类	宝石、玉石、宝石级金刚石、玛瑙、黄玉、碧玺	原矿或者选矿	4%～20%
29	水气矿产	二氧化碳气、硫化氢气、氦气、氡气		原矿	2%～5%
30		矿泉水		原矿	1%～20%或者每立方米1～30元
31	盐	钠盐、钾盐、镁盐、锂盐		选矿	3%～15%
32		天然卤水		原矿	3%～15%或者每吨（或者每立方米）1～10元
33		海盐			2%～5%

纳税人开采或者生产不同税目应税产品的，应当分别核算不同税目应税产品的销售额或者销售数量；未分别核算或者不能准确提供不同税目应税产品的销售额或者销售数量的，从高适用税率。

纳税人开采或者生产同一税目下适用不同税率应税产品的，应当分别核算不同税率应税产品的销售额或者销售数量；未分别核算或者不能准确提供不同税率应税产品的销售额或者销售数量的，从高适用税率。

三、资源税的计税依据

资源税的计税依据为应税产品的销售额或销售量，各税目的征税对象包括原矿、选矿等。资源税适用从价计征为主、从量计征为辅的征税方式。根据《资源税税目税率表》的规定，地热、石灰岩、其他粘土、砂石、矿泉水和天然卤水可采用从价计征或从量计征方式，其他应税产品统一适用从价定率征收的方式。

（一）从价定率征收的计税依据

1. 销售额的基本规定

资源税应税产品的销售额按照纳税人销售应税产品向购买方收取的全部价款确定，不包括增值税税款。计入销售额中的相关运杂费用，凡取得增值税发票或者其他合法有效凭据的，准予从销售额中扣除。相关运杂费用是指应税产品从坑口或者洗选（加工）地到车站、码头或者购买方指定地点的运输费用、建设基金以及随运销产生的装卸、仓储、港杂费用。

2. 特殊情形下销售额的确定

(1) 纳税人申报的应税产品销售额明显偏低且无正当理由的，或者有自用应税产品行为而无销售额的，主管税务机关可以按下列方法和顺序确定其应税产品销售额：

① 按纳税人最近时期同类产品的平均销售价格确定。

② 按其他纳税人最近时期同类产品的平均销售价格确定。

③ 按后续加工非应税产品销售价格减去后续加工环节的成本利润后确定。

④ 按应税产品组成计税价格确定，其计算公式为：

$$组成计税价格=成本\times(1+成本利润率)\div(1-资源税税率)$$

公式中的成本利润率由省、自治区、直辖市税务机关确定。

⑤ 按其他合理方法确定。

(2) 外购应税产品购进金额、购进数量的扣减。纳税人外购应税产品与自采应税产品混合销售或者混合加工为应税产品销售的，在计算应税产品销售额或者销售数量时，准予扣减外购应税产品的购进金额或者购进数量；当期不足扣减的，可结转下期扣减。纳税人应当准确核算外购应税产品的购进金额或购进数量，未准确核算的一并计算缴纳资源税。

纳税人核算并扣减当期外购应税产品购进金额、购进数量，应当依据外购应税产品的增值税发票、海关进口增值税专用缴款书或者其他合法有效凭据。

纳税人以外购原矿与自采原矿混合为原矿销售，或者以外购选矿产品与自产选矿产品混合为选矿产品销售的，在计算应税产品销售额或者销售数量时直接扣减外购原矿或者外购选矿产品的购进金额或者购进数量。

纳税人以外购原矿与自采原矿混合洗选加工为选矿产品销售的，在计算应税产品销售额或者销售数量时，按照下列方法进行扣减：

$$\text{准予扣减的外购应税产品购进金额(数量)}=\text{外购原矿购进金额(数量)}\times\frac{\text{本地区原矿适用税率}}{\text{本地区选矿产品适用税率}}$$

不能按照上述方法计算扣减的，按照主管税务机关确定的其他合理方法进行扣减。例如，某煤炭企业将外购 100 万元原煤与自采 200 万元原煤混合洗选加工为选煤销售，选煤销售额为 450 万元。当地原煤税率为 3%，选煤税率为 2%，在计算应税产品销售额时，准予扣减的外购应税产品购进金额＝外购原煤购进金额×(本地区原煤适用税率÷本地区选煤适用税率)＝100×(3%÷2%)＝150(万元)。

(二) 从量定额征收的计税依据

实行从量定额征收的，以应税产品的销售数量为计税依据。应税产品的销售数量包括纳税人开采或者生产应税产品的实际销售数量和自用于应当缴纳资源税情形的应税产品数量。

四、资源税应纳税额的计算

资源税的应纳税额，按照从价定率或者从量定额的办法，分别以应税产品的销售额乘以纳税人具体适用的比例税率或者以应税产品的销售数量乘以纳税人具体适用的定额税率计算。

(一) 从价定率方式应纳税额的计算

实行从价定率方式征收资源税的，根据应税产品的销售额和规定的适用税率计算应纳税额，具体计算公式为：

$$\text{应纳税额}=\text{销售额}\times\text{适用税率}$$

【做中学 8-1】 某油田 2023 年 3 月销售原油 20 000 吨，开具增值税专用发票，取得销售额 10 000 万元、增值税税额 1 300 万元，按《资源税法》所附《资源税税目税率表》的规定，其适用税率为 6%。计算该油田当月应缴纳的资源税。

【答案】 销售原油应纳税额＝10 000×6%＝600(万元)

【做中学 8-2】 某石化公司为增值税一般纳税人，2023 年 1 月发生以下业务：①从国外某石油公司进口原油 50 000 吨，支付不含税价款折合人民币 9 000 万元，其中包含包装费及保险费折合人民币 10 万元；②开采原油 10 000 吨，并将开采的原油对外销售 6 000 吨，取得不含税销售额 2 340 万元，另外支付运输费用 7.02 万元；③用开采的原油 2 000 吨加工生产汽油 1 300 吨。计算该石化公司当月应纳资源税。

【答案】 1. 由于资源税仅对在中国境内开采或生产应税产品的单位和个人征收，因此业务①中该石化公司进口原油无须缴纳资源税。

2. 业务②应缴纳的资源税＝2 340×6%＝140.4(万元)

3. 每吨原油的不含税销售价格＝2 340÷6 000＝0.39(万元)

业务③应缴纳的资源税＝0.39×2 000×6%＝46.8(万元)

4. 该石化公司当月应纳资源税＝140.4＋46.8＝187.2(万元)

(二) 从量定额方式应纳税额的计算

实行从量定额征收资源税的，根据应税产品的课税数量和规定的单位税额计算应纳税额，具体计算公式为：

应纳税额＝课税数量×单位税额

【做中学 8-3】 某砂石开采企业 3 月销售砂石 3 000 立方米，资源税税率为 2 元/立方米。计算该企业当月应纳资源税税额。

【答案】 销售砂石应纳税额＝3 000×2＝6 000(元)

五、减税、免税项目

(一) 免征资源税

有下列情形之一的，免征资源税：

1. 开采原油以及油田范围内运输原油过程中用于加热的原油、天然气。

2. 煤炭开采企业因安全生产需要抽采的煤成（层）气。

(二) 减征资源税

有下列情形之一的，减征资源税：

1. 从低丰度油气田开采的原油、天然气减征 20%资源税。陆上低丰度油田是指每平方公里原油可开采储量丰度低于 25 万立方米的油田；陆上低丰度气田是指每平方公里天然气可开采储量丰度低于 2.5 亿立方米的气田。海上低丰度油田是指每平方公里原油可开采储量丰度低于 60 万立方米的油田；海上低丰度气田是指每平方公里天然气可开采储量丰度低于 6 亿立方米的气田。

2. 高含硫天然气、三次采油和从深水油气田开采的原油、天然气减征 30%资源税。

高含硫天然气是指硫化氢含量在每立方米 30 克以上的天然气。三次采油是指二次采油后继续以聚合物驱、复合驱、泡沫驱、气水交替驱、二氧化碳驱、微生物驱等方式进行采油。深水油气田是指水深超过 300 米的油气田。

3. 稠油、高凝油减征 40%资源税。稠油是指地层原油粘度大于或等于每秒 50 毫帕，或原油密度大于或等于每立方厘米 0.92 克的原油。高凝油是指凝固点高于 40 摄氏度的原油。

4. 从衰竭期矿山开采的矿产品减征 30%资源税。衰竭期矿山是指设计开采年限超过 15 年，且剩余可采储量下降到原设计可采储量的 20%以下或剩余开采年限不超过 5 年的矿山，衰竭期矿山以开采企业下属的单个矿山为单位确定。根据国民经济和社会发展的需要，国务院对有利于促进资源节约集约利用、保护环境等情形可以规定免征或者减征资源税，报全国人民代表大会常务委员会备案。

（三）可由省、自治区、直辖市人民政府决定的减税或者免税

有下列情形之一的，省、自治区、直辖市人民政府可以决定减税或者免税：

1. 纳税人开采或者生产应税产品过程中，因意外事故或者自然灾害等原因遭受重大损失的。

2. 纳税人开采共伴生矿、低品位矿、尾矿。

上述两项的免征或者减征的具体办法，由省、自治区、直辖市人民政府提出，报同级人民代表大会常务委员会决定，并报全国人民代表大会常务委员会和国务院备案。

自 2022 年 1 月 1 日至 2024 年 12 月 31 日，由省、自治区、直辖市人民政府根据本地区实际情况以及宏观调控需要确定，对增值税小规模纳税人、小型微利企业和个体工商户可以在 50%的税额幅度内减征资源税。

纳税人开采或者生产同一应税产品，其中既有享受减免税政策的，又有不享受减免税政策的，按照免税、减税项目的产量占比等方法分别核算确定免税、减税项目的销售额或者销售数量。纳税人开采或者生产同一应税产品同时符合两项或者两项以上减征资源税优惠政策的，除另有规定外，只能选择其中一项执行。纳税人享受资源税优惠政策实行“自行判别、申报享受、有关资料留存备查”的办理方式，另有规定的除外。纳税人对资源税优惠事项留存材料的真实性和合法性承担法律责任。

六、资源税的税收征管

（一）纳税义务发生时间

纳税人销售应税产品的纳税义务发生时间为收讫销售款或者取得索取销售款凭据的当天；自用应税产品的纳税义务发生时间为移送应税产品的当日。

（二）纳税期限

资源税按月或者按季申报缴纳，不能按固定期限计算缴纳的可以按次申报缴纳。纳税人按月或者按季申报缴纳的，应当自月度或者季度终了之日起 15 日内向税务机关办理纳税申报并缴纳税款。

（三）纳税地点及征收机关

纳税人应当在矿产品的开采地或者海盐的生产地缴纳资源税。资源税由税务机关按照《资源税法》和《税收征管法》的规定征收管理。海上开采的原油和天然气资源税由海洋石油税务管理机构征收管理。税务机关与自然资源等相关部门应当建立工作配合机制，加强资源税征收管理。

七、水资源税改革试点实施办法

为全面贯彻落实党的十九大精神，推进资源全面节约和循环利用，推动形成绿色发展方式和生活方式，根据财政部、国家税务总局、水利部发布的《扩大水资源税改革试点实施办法》（以下简称《试点实施办法》），自 2017 年 12 月 1 日起，将北京、天津、山西、内蒙古、山东、河南、四川、陕西、宁夏 9 个省、自治区、直辖市纳入水资源税改革试点，由征收水资源费改为征收水资源税。

（一）水资源税的纳税义务人

除规定情形以外，水资源税的纳税人为直接取用地表水、地下水的单位和个人，包括直接从江、河、湖泊（含水库）和地下取用水资源的单位和个人。

下列情形不缴纳水资源税：

1. 农村集体经济组织及其成员从本集体经济组织的水塘、水库中取用水的。
2. 家庭生活和零星散养、圈养畜禽饮用等少量取用水的。
3. 水利工程管理单位为配置或者调度水资源取水的。
4. 为保障矿井等地下工程施工安全和生产安全必须进行临时应急取用（排）水的。
5. 为消除对公共安全或者公共利益的危害临时应急取水的。
6. 为农业抗旱和维护生态与环境必须临时应急取水的。

（二）税率

除中央直属和跨省（区、市）水力发电取用水外，由试点省（区、市）人民政府统筹考虑本地区水资源状况、经济社会发展水平和水资源节约保护要求，在《试点实施办法》所附《试点省份水资源税最低平均税额表》（表 8-2）规定的最低平均税额基础上，分类确定具体适用税额。

表 8-2　试点省份水资源税最低平均税额表

单位：元/立方米

省（区、市）	地表水最低平均税额	地下水最低平均税额
北京	1.6	4
天津	0.8	4
山西	0.5	2
内蒙古	0.5	2
山东	0.4	1.5
河南	0.4	1.5
四川	0.1	0.2
陕西	0.3	0.7
宁夏	0.3	0.7

为发挥水资源税调控作用，须按不同取用水性质实行差别税额，地下水税额高于地表水，超采区地下水税额要高于非超采区，严重超采地区的地下水税额要大幅高于非超采地区。对超计划或超定额用水加征 1～3 倍税额，对特种行业从高征税，对超过规定限额的农业生产取用水、农村生活集中式饮水工程取用水从低征税。具体适用税额由各省级人民政府统筹考虑本地区水资源状况、经济社会发展水平和水资源节约保护的要求确定。

（三）应纳税额的计算

水资源税实行从量计征。对一般取用水按照实际取用水量征税，对采矿和工程建设疏干排水按照排水量征税；对水力发电和火力发电贯流式（不含循环式）冷却取用水按照实际发电量征税。计算公式为：

一般取用水应纳税额＝实际取用水量×适用税额

疏干排水应纳税额＝实际取用水量×适用税额

疏干排水的实际取用水量按照排水量确定。疏干排水是指在采矿和工程建设过程中破坏地下水层、发生地下涌水的活动。

水力发电和火力发电贯流式（不含循环式）冷却取用水应纳税额＝实际发电量×适用税额

火力发电贯流式冷却取用水是指火力发电企业从江河、湖泊（含水库）等水源取水，并对机组冷却后将水直接排入水源的取用水方式。火力发电循环式冷却取用水是指火力发电企业从江河、湖泊（含水库）、地下等水源取水并引入自建冷却水塔，对机组冷却后返回冷却水塔循环利用的取用水方式。

（四）税收减免

下列情形予以免征或者减征水资源税：

1. 规定限额内的农业生产取用水，免征水资源税。

2. 取用污水处理再生水，免征水资源税。

3. 除接入城镇公共供水管网以外，军队、武警部队通过其他方式取用水的，免征水资源税。

4. 抽水蓄能发电取用水，免征水资源税。

5. 采油排水经分离净化后在封闭管道回注，免征水资源税。

6. 财政部、国家税务总局规定的其他免征或者减征水资源税的情形。

（五）征收管理

为加强税收征管、提高征管效率，《试点实施办法》确定了“税务征管、水利核量、自主申报、信息共享”的征管模式，即税务机关依法征收管理；水行政主管部门负责核定取水用量；纳税人依法办理纳税申报；税务机关与水行政主管部门建立涉税信息共享平台和工作配合机制，定期交换征税和取用水信息资料。

水资源税的纳税义务发生时间为纳税人取用水资源的当日。除农业生产取用水外，水资源税按季或者按月征收，由主管税务机关根据实际情况确定。对超过规定限额的农业生产取用水，水资源税可按年征收。不能按固定期限计算纳税的，可以按次申报纳税。纳税人应当自纳税期满或者纳税义务发生之日起15日内申报纳税。

水资源税由生产经营所在地的主管税务机关征收管理，跨省（区、市）调度的水资源由调入区域所在地的税务机关征收水资源税。在试点省份内取用水，其纳税地点需要调整的，由省级财政、税务部门决定。

《资源税法》第十四条授权国务院试点征收水资源税，规定国务院根据国民经济和社会发展需要，依照《资源税法》规定的原则，对取用地表水或者地下水的单位和个人试点征收水资源税。征收水资源税的，停止征收水资源费。水资源税试点实施办法由国务院规定，报全国人民代表大会常务委员会备案。国务院自《资源税法》施行之日起5年内，就征收水资源税试点情况向全国人民代表大会常务委员会报告，并及时提出修改法律的建议。

八、资源税的纳税申报

自2021年6月1日起，我国全面推行财产和行为税合并申报，即对城镇土地使用税、房产税、车船税、印花税、耕地占用税、资源税、土地增值税、契税、环境保护税、烟叶税10个税种“简并申报表、一表报多税”。详见表8-3～表8-5。

表 8-3　财产和行为税纳税申报表

纳税人识别号（统一社会信用代码）：□□□□□□□□□□□□□□□□□□

纳税人名称：　　　　　　　　　　　　　　　　　　　　　　　　金额单位：人民币元（列至角分）

序号	税种	税目	税款所属期起	税款所属期止	计税依据	税率	应纳税额	减免税额	已缴税额	应退（补）税额
1										
2										
3										
4										
5										
6										
7										
8										
9										
10										
11	合计	—	—	—	—	—				

<table>
<tr><td colspan="2">声明：此表是根据国家税收法律法规及相关规定填写的，本人（单位）对填报内容（及附带资料）的真实性、可靠性、完整性负责。
纳税人（签章）：　　　　年　月　日</td></tr>
<tr><td>经办人：
经办人身份证号：
代理机构签章：
代理机构统一社会信用代码：</td><td>受理人：
受理税务机关（章）：
受理日期：　　年　月　日</td></tr>
</table>

表 8-4　财产和行为税减免税明细申报附表

纳税人识别号（统一社会信用代码）：□□□□□□□□□□□□□□□□□□

纳税人名称：　　　　　　　　　　　　　　　　　　　　　　　　金额单位：人民币元（列至角分）

<table>
<tr><td colspan="2" rowspan="3">本期是否适用小微企业“六税两费”减免政策</td><td colspan="2" rowspan="3">是□ 否□</td><td rowspan="2">减免政策适用主体</td><td colspan="2">增值税小规模纳税人：□是　□否</td></tr>
<tr><td colspan="2">增值税一般纳税人：□个体工商户
□小型微利企业</td></tr>
<tr><td>适用减免政策起止时间</td><td colspan="2">年　月至　　年　月</td></tr>
<tr><td colspan="5">合计减免税额</td><td colspan="2"></td></tr>
<tr><td colspan="7">城镇土地使用税</td></tr>
<tr><td>序号</td><td>土地编号</td><td colspan="2">税款所属期起</td><td>税款所属期止</td><td>减免性质代码和项目名称</td><td>减免税额</td></tr>
<tr><td>1</td><td></td><td colspan="2"></td><td></td><td></td><td></td></tr>
<tr><td>2</td><td></td><td colspan="2"></td><td></td><td></td><td></td></tr>
<tr><td>小计</td><td>—</td><td colspan="2"></td><td></td><td>—</td><td></td></tr>
</table>

（续表）

房产税					
序号	房产编号	税款所属期起	税款所属期止	减免性质代码和项目名称	减免税额
1					
2					
小计	—			—	
车船税					
序号	车辆识别代码/船舶识别码	税款所属期起	税款所属期止	减免性质代码和项目名称	减免税额
1					
2					
小计	—			—	
印花税					
序号	税目	税款所属期起	税款所属期止	减免性质代码和项目名称	减免税额
1					
2					
小计	—			—	

资源税						
序号	税目	子目	税款所属期起	税款所属期止	减免性质代码和项目名称	减免税额
1						
2						
小计	—	—			—	

耕地占用税					
序号	税源编号	税款所属期起	税款所属期止	减免性质代码和项目名称	减免税额
1					
2					
小计	—			—	
契税					
序号	税源编号	税款所属期起	税款所属期止	减免性质代码和项目名称	减免税额
1					
2					
小计	—			—	
土地增值税					
序号	项目编号	税款所属期起	税款所属期止	减免性质代码和项目名称	减免税额
1					
2					
小计	—			—	

（续表）

环境保护税							
序号	税源编号	污染物类别	污染物名称	税款所属期起	税款所属期止	减免性质代码和项目名称	减免税额
1							
2							
小计	—	—	—			—	

声明：此表是根据国家税收法律法规及相关规定填写的，本人（单位）对填报内容（及附带资料）的真实性、可靠性、完整性负责。

纳税人（签章）：　　　　年　月　日

经办人： 经办人身份证号： 代理机构签章： 代理机构统一社会信用代码：	受理人： 受理税务机关（章）： 受理日期：　　年　月　日

表 8-5　资源税税源明细表

税款所属期限：自　　年　月　日至　　年　月　日

纳税人识别号（统一社会信用代码）：□□□□□□□□□□□□□□□□□□□□

纳税人名称：　　　　　　　　　　　　金额单位：人民币元（列至角分）

申报计算明细										
序号	税目	子目	计量单位	销售数量	准予扣减的外购应税产品购进数量	计税销售数量	销售额	准予扣除的运杂费	准予扣减的外购应税产品购进金额	计税销售额
	1	2	3	4	5	6=4−5	7	8	9	10=7−8−9
1										
2										
合计										

减免税计算明细									
序号	税目	子目	减免性质代码和项目名称	计量单位	减免税销售数量	减免税销售额	适用税率	减征比例	本期减免税额
	1	2	3	4	5	6	7	8	9①=5×7×8 9②=6×7×8
1									
2									
合计									

任务 8.2　环境保护税法

环境保护税是我国第一个体现“绿色税制”的税种。环境保护税法是指国家制定的调整环境保护税征收与缴纳相关权利及义务关系的法律规范。现行环境保护税法的基本规范包括 2016 年 12 月 25 日第十二届全国人民代表大会常务委员会第二十五次会议通过的《中华人民共和国环境保护税法》(以下简称《环境保护税法》)、2017 年 12 月 25 日国务院公布的《中华人民共和国环境保护税法实施条例》等。《环境保护税法》自 2018 年 1 月 1 日起正式实施。

一、环境保护税的概念及特点

绿水青山就是金山银山

(一) 环境保护税的概念

环境保护税是对在中华人民共和国领域和中华人民共和国管辖的其他海域直接向环境排放应税污染物的企业事业单位和其他生产经营者征收的一种税，其立法目的是保护和改善环境，减少污染物排放，推进生态文明建设。环境保护税是我国首个明确以环境保护为目标的独立型环境税税种，有利于解决排污费制度存在的执法刚性不足等问题，有利于提高纳税人环保意识，强化企业治污减排责任。直接向环境排放应税污染物的企业事业单位和其他生产经营者，除依照《环境保护税法》规定缴纳环境保护税外，应当对所造成的损害依法承担责任。

环境保护税是为了惩罚污染环境者而征收的税种

(二) 环境保护税的特点

征收环境保护税是为了落实生态文明建设而推出的重要的绿色税制改革举措，其具有以下基本特点。

碳达峰、碳中和

1. 属于调节型税种

《环境保护税法》第一条规定了环境保护税的立法目的是保护和改善环境，减少污染物排放，推进生态文明建设。环境保护税的首要功能是减少污染排放，而非增加财政收入。

2. 其渊源是排污收费制度

党的十八届三中全会明确要求推动环境保护费改税，环境保护税基本平移了原排污费的制度框架，于 2018 年 1 月 1 日起正式实施，同时停征排污费。

3. 属于综合型环境税

环境保护税的征税范围包括大气污染物、水污染物、固体废物和噪声四大类，与对单一污染物征收的税种不同，属于综合型环境税。

4. 属于直接排放税

环境保护税的纳税义务人是在中华人民共和国领域和中华人民共和国管辖的其他海域直接向环境排放应税污染物的企业事业单位和其他生产经营者。

5. 规定了幅度定额税率

对大气污染物、水污染物规定了幅度定额税率，具体适用税额的确定和调整由省、自治区、直辖市人民政府在规定的税额幅度内提出。对应税污染物规定税率区间可使经济水平、环境目标要求不同的地区，在税负设置方面具有一定的灵活性。

6. 采用税务、生态环境部门紧密配合的征收方式

环境保护税采用“企业申报、税务征收、环保协同、信息共享”的征管方式，税务机关负责征收管理，生态环境主管部门负责对污染物监测管理，征收高度依赖税务、生态环境部门的配合与协作。

7. 收入纳入一般预算收入、全部划归地方

为促进各地保护和改善环境、增加环境保护投入，国务院决定环境保护税收入全部作为地方收入。

二、环境保护税的纳税义务人

在中华人民共和国领域和中华人民共和国管辖的其他海域，直接向环境排放应税污染物的企业事业单位和其他生产经营者为环境保护税的纳税人。应税污染物是指《环境保护税法》所附《环境保护税税目税额表》《应税污染物和当量值表》规定的大气污染物、水污染物、固体废物和噪声。依法设立的城乡污水集中处理、生活垃圾集中处理场所超过国家和地方规定的排放标准向环境排放应税污染物的，应当缴纳环境保护税。

城乡污水集中处理场所是指为社会公众提供生活污水处理服务的场所，不包括为工业园区、开发区等工业聚集区域内的企业事业单位和其他生产经营者提供污水处理服务的场所，以及企业事业单位和其他生产经营者自建自用的污水处理场所。

企业事业单位和其他生产经营者贮存或者处置固体废物不符合国家和地方环境保护标准的，应当缴纳环境保护税。

有下列情形之一的，不属于直接向环境排放污染物，不缴纳相应污染物的环境保护税：

1. 企业事业单位和其他生产经营者向依法设立的污水集中处理、生活垃圾集中处理场所排放应税污染物的。

2. 企业事业单位和其他生产经营者在符合国家和地方环境保护标准的设施、场所贮存或者处置固体废物的。

3. 达到省级人民政府确定的规模标准并且有污染物排放口的畜禽养殖场，应当依法缴纳环境保护税；依法对畜禽养殖废弃物进行综合利用和无害化处理的，不属于直接向环境排放污染物，不缴纳环境保护税。

三、环境保护税的税目、税率

（一）税目

环境保护税的税目包括大气污染物、水污染物、固体废物和噪声四大类。

1. 大气污染物

大气污染物包括二氧化硫、氮氧化物、一氧化碳、氯气、氯化氢、氟化物、氰化氢、硫酸雾、铬酸雾、汞及其化合物、一般性粉尘、石棉尘、玻璃棉尘、碳黑尘、铅及其化合物、镉及其化合物、铍及其化合物、镍及其化合物、锡及其化合物、烟尘、苯、甲苯、二甲苯、苯并（a）芘、甲醛、乙醛、丙烯醛、甲醇、酚类、沥青烟、苯胺类、氯苯类、硝基苯、丙烯腈、氯乙烯、光气、硫化氢、氨、三甲胺、甲硫醇、甲硫醚、二甲二硫、苯乙烯、二硫化碳，共计 44 项。环境保护税的征税范围不包括温室气体二氧化碳。

2. 水污染物

水污染物分为两类：第一类水污染物包括总汞、总镉、总铬、六价铬、总砷、总铅、总镍、苯并（a）芘、总铍、总银；第二类水污染物包括悬浮物（SS）、生化需氧量（BOD_5）、化学需氧量（CODcr）、总有机碳（TOC）、石油类、动植物油、挥发酚、总氰化物、硫化物、氨氮、氟化物、甲醛、苯胺类、硝基苯类、阴离子表面活性剂（LAS）、总铜、总锌、总锰、彩色显影剂（CD-2）、总磷、单质磷（以 P 计）、有机磷农药（以 P 计）、乐果、甲基对硫磷、马拉硫磷、对硫磷、五氯酚及五氯酚钠（以五氯酚计）、三氯甲烷、可吸附有机卤化物（AOX）（以 Cl 计）、四氯化碳、三氯乙烯、四氯乙烯、苯、甲苯、乙苯、邻-二甲苯、对-二甲苯、间-二甲苯、氯苯、邻二氯苯、对二氯苯、对硝基氯苯、2,4-二硝基氯苯、苯酚、间-甲酚、2,4-二氯酚、2,4,6-三氯酚、邻苯二甲酸二丁酯、邻苯二甲酸二辛酯、丙烯腈、总硒。应税水污染物共计 61 项。

3. 固体废物

固体废物包括煤矸石、尾矿、危险废物、冶炼渣、粉煤灰、炉渣、其他固体废物（含半固态、液态废物）。

4. 噪声

应税噪声污染目前只包括工业噪声。

（二）税率

环境保护税采用定额税率，其中对应税大气污染物和水污染物规定了幅度定额税率，具体适用税额的确定和调整，由省、自治区、直辖市人民政府统筹考虑本地区环境承载能力、污染物排放现状和经济社会生态发展目标要求，在《环境保护税法》所附《环境保护税税目税额表》规定的税额幅度内提出，报同级人民代表大会常务委员会决定，并报全国人民代表大会常务委员会和国务院备案。《环境保护税税目税额表》见表 8-6。

打好蓝天、碧水、净土三大保卫战

表 8-6　环境保护税税目税额表

<table>
<tr><th colspan="2">税目</th><th>计税单位</th><th>税额</th><th>备注</th></tr>
<tr><td colspan="2">大气污染物</td><td>每污染当量</td><td>1.2 元至 12 元</td><td></td></tr>
<tr><td colspan="2">水污染物</td><td>每污染当量</td><td>1.4 元至 14 元</td><td></td></tr>
<tr><td rowspan="4">固体废物</td><td>煤矸石</td><td>每吨</td><td>5 元</td><td></td></tr>
<tr><td>尾矿</td><td>每吨</td><td>15 元</td><td></td></tr>
<tr><td>危险废物</td><td>每吨</td><td>1 000 元</td><td></td></tr>
<tr><td>冶炼渣、粉煤灰、炉渣、其他固体废物（含半固态、液态废物）</td><td>每吨</td><td>25 元</td><td></td></tr>
<tr><td rowspan="6">噪声</td><td rowspan="6">工业噪声</td><td>超标 1～3 分贝</td><td>每月 350 元</td><td rowspan="6">1. 一个单位边界上有多处噪声超标，根据最高一处超标声级计算应纳税额；当沿边界长度超过 100 米有两处以上噪声超标，按照两个单位计算应纳税额；
2. 一个单位有不同地点作业场所的，应当分别计算应纳税额，合并计征；
3. 昼、夜均超标的环境噪声，昼、夜分别计算应纳税额，累计计征；
4. 声源一个月内超标不足 15 天的，减半计算应纳税额；
5. 夜间频繁突发和夜间偶然突发厂界超标噪声，按等效声级和峰值噪声两种指标中超标分贝值高的一项计算应纳税额</td></tr>
<tr><td>超标 4～6 分贝</td><td>每月 700 元</td></tr>
<tr><td>超标 7～9 分贝</td><td>每月 1 400 元</td></tr>
<tr><td>超标 10～12 分贝</td><td>每月 2 800 元</td></tr>
<tr><td>超标 13～15 分贝</td><td>每月 5 600 元</td></tr>
<tr><td>超标 16 分贝以上</td><td>每月 11 200 元</td></tr>
</table>

四、环境保护税的计税依据

（一）计税依据确定的基本方法

应税污染物的计税依据按照下列方法确定：

（1）应税大气污染物按照污染物排放量折合的污染当量数确定。

（2）应税水污染物按照污染物排放量折合的污染当量数确定。

（3）应税固体废物按照固体废物的排放量确定。

（4）应税噪声按照超过国家规定标准的分贝数确定。

1. 应税大气污染物、水污染物按照污染物排放量折合的污染当量数确定计税依据

污染当量数以该污染物的排放量除以该污染物的污染当量值计算。计算公式为：

$$\text{应税大气污染物、水污染物的污染当量数}=\text{该污染物的排放量}\div\text{该污染物的污染当量值}$$

污染当量是指根据污染物或者污染排放活动对环境的有害程度以及处理的技术经济性衡量不同污染物对环境污染的综合性指标或者计量单位。同一介质相同污染当量的不

同污染物，其污染程度基本相当。每种应税大气污染物、水污染物的具体污染当量值依照《环境保护税法》所附《应税污染物和当量值表》执行，见表 8-7～表 8-11。

表 8-7　大气污染物污染当量值

污染物	污染当量值（千克）	污染物	污染当量值（千克）
1. 二氧化硫	0.95	23. 二甲苯	0.27
2. 氮氧化物	0.95	24. 苯并（a）芘	0.000 002
3. 一氧化碳	16.7	25. 甲醛	0.09
4. 氯气	0.34	26. 乙醛	0.45
5. 氯化氢	10.75	27. 丙烯醛	0.06
6. 氟化物	0.87	28. 甲醇	0.67
7. 氰化氢	0.005	29. 酚类	0.35
8. 硫酸雾	0.6	30. 沥青烟	0.19
9. 铬酸雾	0.000 7	31. 苯胺类	0.21
10. 汞及其化合物	0.000 1	32. 氯苯类	0.72
11. 一般性粉尘	4	33. 硝基苯	0.17
12. 石棉尘	0.53	34. 丙烯腈	0.22
13. 玻璃棉尘	2.13	35. 氯乙烯	0.55
14. 碳黑尘	0.59	36. 光气	0.04
15. 铅及其化合物	0.02	37. 硫化氢	0.29
16. 镉及其化合物	0.03	38. 氨	9.09
17. 铍及其化合物	0.000 4	39. 三甲胺	0.32
18. 镍及其化合物	0.13	40. 甲硫醇	0.04
19. 锡及其化合物	0.27	41. 甲硫醚	0.28
20. 烟尘	2.18	42. 二甲二硫	0.28
21. 苯	0.05	43. 苯乙烯	25
22. 甲苯	0.18	44. 二硫化碳	20

表 8-8　第一类水污染物污染当量值

污染物	污染当量值（千克）	污染物	污染当量值（千克）
1. 总汞	0.000 5	6. 总铅	0.025
2. 总镉	0.005	7. 总镍	0.025
3. 总铬	0.04	8. 苯并（a）芘	0.000 000 3
4. 六价铬	0.02	9. 总铍	0.01
5. 总砷	0.02	10. 总银	0.02

表 8-9 第二类水污染物污染当量值

污染物	污染当量值（千克）	污染物	污染当量值（千克）
11. 悬浮物（SS）	4	37. 五氯酚及五氯酚钠（以五氯酚计）	0.25
12. 生化需氧量（BOD_5）	0.5	38. 三氯甲烷	0.04
13. 化学需氧量（COD_{cr}）	1	39. 可吸附有机卤化物（AOX）（以 Cl 计）	0.25
14. 总有机碳（TOC）	0.49	40. 四氯化碳	0.04
15. 石油类	0.1	41. 三氯乙烯	0.04
16. 动植物油	0.16	42. 四氯乙烯	0.04
17. 挥发酚	0.08	43. 苯	0.02
18. 总氰化物	0.05	44. 甲苯	0.02
19. 硫化物	0.125	45. 乙苯	0.02
20. 氨氮	0.8	46. 邻-二甲苯	0.02
21. 氟化物	0.5	47. 对-二甲苯	0.02
22. 甲醛	0.125	48. 间-二甲苯	0.02
23. 苯胺类	0.2	49. 氯苯	0.02
24. 硝基苯类	0.2	50. 邻二氯苯	0.02
25. 阴离子表面活性剂（LAS）	0.2	51. 对二氯苯	0.02
26. 总铜	0.1	52. 对硝基氯苯	0.02
27. 总锌	0.2	53. 2，4-二硝基氯苯	0.02
28. 总锰	0.2	54. 苯酚	0.02
29. 彩色显影剂（CD-2）	0.2	55. 间-甲酚	0.02
30. 总磷	0.25	56. 2，4-二氯酚	0.02
31. 单质磷（以 P 计）	0.05	57. 2，4，6-三氯酚	0.02
32. 有机磷农药（以 P 计）	0.05	58. 邻苯二甲酸二丁酯	0.02
33. 乐果	0.05	59. 邻苯二甲酸二辛酯	0.02
34. 甲基对硫磷	0.05	60. 丙烯腈	0.125
35. 马拉硫磷	0.05	61. 总硒	0.02
36. 对硫磷	0.05		

表 8-10 pH 值、色度、大肠菌群数、余氯量水污染物污染当量值

污染物		污染当量值	备注
1. pH 值	(1) 0～1，13～14 (2) 1～2，12～13 (3) 2～3，11～12 (4) 3～4，10～11 (5) 4～5，9～10 (6) 5～6	0.06 吨污水 0.125 吨污水 0.25 吨污水 0.5 吨污水 1 吨污水 5 吨污水	pH 值 5～6 指大于等于 5，小于 6；pH 值 9～10 指大于 9，小于等于 10；其余类推
2. 色度		5 吨税·倍	

（续表）

污染物	污染当量值	备注
3. 大肠菌群数（超标）	3.3 吨污水	大肠菌群数和余氯量只征收一项
4. 余氯量（用氯消毒的医院废水）	3.3 吨污水	

表 8-11　畜禽养殖业、小型企业和第三产业水污染物污染当量值

类型		污染当量值
畜禽养殖场	1. 牛	0.1 头
	2. 猪	1 头
	3. 鸡、鸭等家禽	30 羽
4. 小型企业		1.8 吨污水
5. 饮食娱乐服务业		0.5 吨污水
6. 医院	消毒	0.14 床
		2.8 吨污水
	不消毒	0.07 床
		1.4 吨污水

注意：(1) 本表仅适用于计算无法进行实际监测或物料衡算的禽畜养殖业、小型企业和第三产业等小型排污者的污染当量数；
(2) 仅对存栏规模大于 50 头牛，500 头猪，5 000 羽鸡、鸭等的禽畜养殖场征收；
(3) 医院病床数大于 20 张的按本表计算污染当量。

每一排放口或者没有排放口的应税大气污染物，按照污染当量数从大到小排序，对前三项污染物征收环境保护税。每一排放口的应税水污染物，按照《环境保护税法》所附《应税污染物和当量值表》，区分第一类水污染物和其他类水污染物，按照污染当量数从大到小排序，对第一类水污染物按照前五项征收环境保护税，对其他类水污染物按照前三项征收环境保护税。

省、自治区、直辖市人民政府根据本地区污染物减排的特殊需要，可以增加同一排放口征收环境保护税的应税污染物项目数，报同级人民代表大会常务委员会决定，并报全国人民代表大会常务委员会和国务院备案。

纳税人有下列情形之一的，以其当期应税大气污染物、水污染物的产生量作为污染物的排放量：

(1) 未依法安装使用污染物自动监测设备或者未将污染物自动监测设备与环境保护主管部门的监控设备联网。

(2) 损毁或者擅自移动、改变污染物自动监测设备。

(3) 篡改、伪造污染物监测数据。

(4) 通过暗管、渗井、渗坑、灌注或者稀释排放以及不正常运行防治污染设施等方式违法排放应税污染物。

(5) 进行虚假纳税申报。

【做中学 8-4】　某企业 2022 年向水体直接排放第一类水污染物总汞 10 千克，根据第

一类水污染物污染当量值表，总汞的污染当量值为 0.000 5 千克，计算其污染当量数。

【答案】 其污染当量数＝10÷0.000 5＝20 000

2. 应税固体废物按照固体废物的排放量确定计税依据

应税固体废物的计税依据按照固体废物的排放量确定。固体废物的排放量为当期应税固体废物的产生量减去当期应税固体废物的贮存量、处置量、综合利用量的余额。其中固体废物的贮存量、处置量是指在符合国家和地方环境保护标准的设施、场所贮存或者处置的固体废物数量；固体废物的综合利用量是指按照国务院发展改革、工业和信息化主管部门关于资源综合利用要求以及国家和地方环境保护标准进行综合利用的固体废物数量。计算公式为：

$$\text{固体废物排放量}=\text{当期应税固体废物的产生量}-\text{当期应税固体废物的贮存量}-\text{当期应税固体废物的处置量}-\text{当期应税固体废物的综合利用量}$$

纳税人有下列情形之一的，以其当期应税固体废物的产生量作为固体废物的排放量：①非法倾倒应税固体废物；②进行虚假纳税申报。

3. 应税噪声按照超过国家规定标准的分贝数确定计税依据

工业噪声按照超过国家规定标准的分贝数确定每月税额，超过国家规定标准的分贝数是指实际产生的工业噪声与国家规定的工业噪声排放标准限值之间的差值。

（二）应税大气污染物、水污染物、固体废物的排放量和噪声分贝数的确定

应税大气污染物、水污染物、固体废物的排放量和噪声的分贝数，按照下列方法和顺序计算：

1. 纳税人安装使用符合国家规定和监测规范的污染物自动监测设备的，按照污染物自动监测数据计算。

2. 纳税人未安装使用污染物自动监测设备的，按照监测机构出具的符合国家有关规定和监测规范的监测数据计算。

3. 因排放污染物种类多等原因不具备监测条件的，按照国务院生态环境主管部门规定的排污系数、物料衡算方法计算。

4. 不能按照上述规定的方法计算的，按照省、自治区、直辖市人民政府生态环境主管部门规定的抽样测算的方法核定计算。

五、环境保护税应纳税额的计算

（一）应税大气污染物应纳税额的计算

应税大气污染物应纳税额为污染当量数乘以具体适用税额。计算公式为：

$$\text{应税大气污染物的应纳税额}=\text{污染当量数}\times\text{具体适用税额}$$

【做中学8-5】 某企业2023年3月向大气直接排放二氧化硫、氟化物各100千克，一氧化碳200千克，氯化氢80千克，当地大气污染物适用税额为每污染当量1.2元，该企业只有一个排放口。计算其应纳税额。计算结果可四舍五入保留两位小数。

【答案】 第一步：计算各污染物的污染当量数

污染当量数＝该污染物排放量÷该污染物污染当量值

二氧化硫污染当量数＝100÷0.95＝105.26

氟化物污染当量数＝100÷0.87＝114.94

一氧化碳污染当量数＝200÷16.7＝11.98

氯化氢污染当量数＝80÷10.75＝7.44

第二步：按污染当量数排序114.94＞105.26＞11.98＞7.44

该企业只有一个排放口，排序选取计税前三项污染物为：氟化物、二氧化硫、一氧化碳。

第三步：应纳税额＝(114.94＋105.26＋11.98)×1.2＝278.62(元)

(二) 应税水污染物应纳税额的计算

应税水污染物的应纳税额为污染当量数乘以具体适用税额。

1. 适用监测数据法的水污染物应纳税额的计算

适用监测数据法的水污染物（包括第一类水污染物和第二类水污染物）的应纳税额为污染当量数乘以具体适用税额。计算公式为：

应税水污染物的应纳税额＝污染当量数×具体适用税额

应税水污染物按照污染当量数从大到小排序：第一类水污染物按前五项征收；第二类水污染物按前三项征收。

【做中学8-6】 甲化工厂是环境保护税纳税人，该厂仅有1个污水排放口且直接向河流排放污水，已安装使用符合国家规定和监测规范的污染物自动监测设备。检测数据显示，该排放口2023年2月共排放污水6万吨（折合6万立方米），应税污染物为六价铬，浓度为0.5毫克/升。

计算该化工厂2月份应缴纳的环境保护税（该厂所在省的水污染物税率为2.8元/污染当量，六价铬的污染当量值为0.02千克）。

【答案】

1. 计算污染当量数：

六价铬污染当量数＝排放总量×浓度值÷当量值＝60 000 000×0.5÷1 000 000÷0.02＝1 500

2. 应纳税额＝1 500×2.8＝4 200(元)

2. 适用抽样测算法的水污染物应纳税额的计算

适用抽样测算法的水污染物的应纳税额计算公式为：

应纳税额＝污染当量数×具体适用税额

（1）规模化禽畜养殖业排放的水污染物：

$$污染当量数=禽畜养殖数量÷污染当量值$$

（2）小型企业和第三产业排放的水污染物：

$$污染当量数=污水排放量(吨)÷污染当量值(吨)$$

（3）医院排放的水污染物：

$$污染当量数=病床数或者污水排放量÷相应的污染当量值$$

【做中学 8-7】 某县医院床位 56 张，每月按时消毒，无法计量月污水排放量，污染当量值为 0.14 床，当地水污染物适用税额为每污染当量 2.8 元。计算其应纳税额。

【答案】 水污染物当量数=56÷0.14=400

应纳税额=400×2.8=1 120(元)

（三）应税固体废物应纳税额的计算

应税固体废物的应纳税额计算公式为：

$$应纳税额=固体废物排放量×适用税额$$

$$=\left(\begin{matrix}当期固体\\废物的\\产生量\end{matrix}-\begin{matrix}当期固体\\废物的\\贮存量\end{matrix}-\begin{matrix}当期固体\\废物的\\处置量\end{matrix}-\begin{matrix}当期固体\\废物的\\综合利用量\end{matrix}\right)×\begin{matrix}适用\\税额\end{matrix}$$

【做中学 8-8】 某企业 2022 年 3 月产生尾矿 1 000 吨，其中含综合利用的尾矿 300 吨，在符合国家和地方环境保护标准的设施贮存 300 吨，当地定额环保税 15 元/吨。计算该企业当月尾矿应缴纳的环境保护税。

【答案】 应纳税额=(1 000−300−300)×15=6 000(元)

（四）应税噪声应纳税额的计算

应税噪声的应纳税额等于超过国家规定标准的分贝数对应的具体适用税额。

【做中学 8-9】 某工业企业只有一个生产场所，只在昼间生产，边界处声环境功能区类型为 1 类，生产时产生噪声为 60 分贝，《工业企业厂界环境噪声排放标准》规定 1 类功能区昼间的噪声排放限值为 55 分贝，当月超标天数为 18 天。计算该企业当月噪声污染应缴纳的环境保护税。

【答案】 超标分贝数=60−55=5(分贝)

根据《环境保护税税目税额表》可得出该企业当月噪声污染应缴纳环境保护税 700 元。

六、税收减免

（一）暂免征税项目

下列情形暂予免征环境保护税：

1. 农业生产（不包括规模化养殖）排放应税污染物的。

2. 机动车、铁路机车、非道路移动机械、船舶和航空器等流动污染源排放应税污染物的。

3. 依法设立的城乡污水集中处理、生活垃圾集中处理场所排放相应应税污染物，不超过国家和地方规定的排放标准的。

4. 纳税人综合利用的固体废物，符合国家和地方环境保护标准的。

5. 国务院批准免税的其他情形。该项具体由国务院报全国人民代表大会常务委员会备案。

（二）减征税额项目

1. 纳税人排放应税大气污染物或者水污染物的浓度值低于国家和地方规定的污染物排放标准 30%的，减按 75%征收环境保护税。

2. 纳税人排放应税大气污染物或者水污染物的浓度值低于国家和地方规定的污染物排放标准 50%的，减按 50%征收环境保护税。

七、环境保护税的税收征管及纳税申报

（一）征管方式

《环境保护税法》采用“企业申报、税务征收、环保协同、信息共享”的征管模式，即纳税人依法如实办理纳税申报，并对申报的真实性和完整性承担责任。环境保护税由税务机关依照《税收征管法》和有关规定征收管理。生态环境主管部门依照《税收征管法》和有关环境保护法律法规的规定负责对污染物的监测管理。环保部门与税务机关须建立涉税信息共享平台和工作配合机制，定期交换有关纳税信息资料。

这一征管模式突出了纳税人自主如实申报纳税的义务，明确了税务机关依法履行环保税纳税申报受理、涉税信息比对、组织税款入库等征税的主体责任，并规定环保部门负责应税污染物的监测管理，制定和完善污染物监测规范，对排污征税提供信息核查，配合做好税务征管工作。税务机关应当将纳税人的纳税申报、税款入库、减免税额、欠缴税款以及风险疑点等环境保护税涉税信息，定期交送生态环境主管部门。

（二）复核

税务机关应当将纳税人的纳税申报数据资料与生态环境主管部门交送的相关数据资料进行比对，发现纳税人的纳税申报数据资料异常或者纳税人未按照规定期限办理纳税申报的，可以提请生态环境主管部门进行复核，生态环境主管部门应当自收到税务机关的数据资料之日起十五日内向税务机关出具复核意见。税务机关应当按照生态环境主管部门复核的数据资料调整纳税人的应纳税额。

（三）纳税期限及纳税地点

纳税义务发生时间为纳税人排放应税污染物的当日。纳税人应当向应税污染物排放地的税务机关申报缴纳环境保护税。环境保护税按月计算，按季申报缴纳。不能按固定期限计算缴纳的可以按次申报缴纳。纳税人按季申报缴纳的，应当自季度终了之日起十五日内向税务机关办理纳税申报并缴纳税款。纳税人按次申报缴纳的，应当自纳税义务发生之日起十五日内向税务机关办理纳税申报并缴纳税款。

纳税人申报缴纳时应当向税务机关报送所排放应税污染物的种类、数量，大气污染物、水污染物的浓度值，以及税务机关根据实际需要要求纳税人报送的其他纳税资料。

（四）填写纳税申报表

环境保护税属于十税种合并报税的税种，应填写财产和行为税纳税申报表（表 8-3）、财产和行为税减免税明细申报附表（表 8-4）以及环境保护税税源明细表（表 8-12），此处具体填写省略。

表 8-12　环境保护税税源明细表

纳税人识别号（统一社会信用代码）：□□□□□□□□□□□□□□□□□□□□
纳税人名称：　　　　　　　　　　　　　　　　　　金额单位：人民币元（列至角分）

1. 按次申报□			2. 从事海洋工程□		
3. 城乡污水集中处理场所□			4. 生活垃圾集中处理场所□		
*5. 污染物类别		大气污染物 □　水污染物 □　固体废物 □　噪声 □			
6. 排污许可证编号					
*7. 生产经营所在区划					
*8. 生态环境主管部门					
税源基础采集信息					
					新增 □　变更□　删除 □
*税源编号		(1)			
排放口编号		(2)			
*排放口名称或噪声源名称		(3)			
*生产经营所在街乡		(4)			
排放口地理坐标	*经度	(5)			
	*纬度	(6)			
*有效期起止		(7)			
*污染物类别		(8)			
水污染物种类		(9)			
*污染物名称		(10)			
危险废物污染物子类		(11)			

（续表）

＊污染物排放量计算方法		(12)			
大气、水污染物标准排放限值	＊执行标准	(13)			
	＊标准浓度值（毫克/升或毫克/标立方米）	(14)			
产（排）污系数	＊计税基数单位	(15)			
	＊污染物单位	(16)			
	＊产污系数	(17)			
	＊排污系数	(18)			
固体废物信息	贮存情况	(19)			
	处置情况	(20)			
	综合利用情况	(21)			
噪声信息	＊是否昼夜产生	(22)			
	＊标准值——昼间（6 时至 22 时）	(23)			
	＊标准值——夜间（22 时至次日 6 时）	(24)			
申报计算及减免信息					
＊税源编号		(1)			
＊税款所属月份		(2)			
＊排放口名称或噪声源名称		(3)			
＊污染物类别		(4)			
＊水污染物种类		(5)			
＊污染物名称		(6)			
危险废物污染物子类		(7)			
＊污染物排放量计算方法		(8)			
大气、水污染物监测计算	＊废气（废水）排放量（万标立方米、吨）	(9)			
	＊实测浓度值（毫克/标立方米、毫克/升）	(10)			
	＊月均浓度（毫克/标立方米、毫克/升）	(11)			
	＊最高浓度（毫克/标立方米、毫克/升）	(12)			
产（排）污系数计算	＊计算基数	(13)			
	＊产污系数	(14)			
	＊排污系数	(15)			
固体废物计算	＊本月固体废物的产生量（吨）	(16)			
	＊本月固体废物的贮存量（吨）	(17)			

（续表）

固体废物计算	＊本月固体废物的处置量（吨）	(18)			
	＊本月固体废物的综合利用量（吨）	(19)			
噪声计算	＊噪声时段	(20)			
	＊监测分贝数	(21)			
	＊超标不足 15 天	(22)			
	＊两处以上噪声超标	(23)			
抽样测算计算	特征指标	(24)			
	特征单位	(25)			
	特征指标数量	(26)			
	特征系数	(27)			
污染物排放量（千克或吨）		大气、水污染物监测计算：(28)＝(9)×(10)÷100(1 000) 大气、水污染物产(排)污系数计算： (28)＝(13)×(14)×M (28)＝(13)×(15)×M pH 值、大肠菌群数、余氯量等水污染物计算：(28)＝(9) 色度污染物计算：(28)＝(9)×色度超标倍数 固体废物排放量（含综合利用量）：(28)＝(16)－(17)－(18)			
＊污染当量值（特征值）（千克或吨）		(29)			
＊污染当量数		大气、水污染物污染当量数计算：(30)＝(28)÷(29)			
减免性质代码和项目名称		(31)			
＊单位税额		(32)			
＊本期应纳税额		大气、水污染物应纳税额计算： (33)＝(30)×(32) 固体废物应纳税额计算：(33)＝(28)×(32) 噪声应纳税额计算： (33)＝0.5或1[(22)为是的用0.5；为否的用1]×2或1[(23)为是的用2，为否的用1]×(32) 按照税法所附表二中畜禽养殖业等水污染物当量值表计算：(33)＝(26)÷(29)×(32) 采用特征系数计算： (33)＝(26)×(27)÷(29)×(32) 采用特征值计算： (33)＝(26)×(29)×(32)			

（续表）

本期减免税额	大气、水污染物减免税额计算：(34)＝(30)×(32)×N 固体废物减免税额计算：(34)＝(19)×(32)			
本期已缴税额	(35)			
*本期应补（退）税额	(36)＝(33)－(34)－(35)			

任务 8.3　城镇土地使用税法

一、城镇土地使用税的基本原理

城镇土地使用税是以国有土地为征税对象，对城市、县城、建制镇和工矿区范围内拥有土地使用权的单位和个人征收的一种资源税。征收城镇土地使用税有利于合理利用城镇土地、调节土地级差收入、提高土地使用效益、加强土地管理，也有利于筹集地方财政资金。

国务院 1988 年 9 月 27 日颁布《中华人民共和国城镇土地使用税暂行条例》，并于 1988 年 11 月 1 日起实施。根据 2006 年 12 月 31 日《国务院关于修改〈中华人民共和国城镇土地使用税暂行条例〉的决定》第一次修订，根据 2011 年 1 月 8 日《国务院关于废止和修改部分行政法规的决定》第二次修订，根据 2013 年 12 月 7 日《国务院关于修改部分行政法规的决定》第三次修订，根据 2019 年 3 月 2 日《国务院关于修改部分行政法规的决定》第四次修订。

城镇土地使用税的特点有：对占用土地的行为征税；征税对象是土地；征税范围限定在“四区”以内；实行差别幅度税额。

二、城镇土地使用税的纳税义务人

城镇土地使用税的纳税人是在城市、县城、建制镇和工矿区范围内使用土地的单位和个人。上述所称单位包括国有企业、集体企业、私营企业、股份制企业、外商投资企业、外国企业以及其他企事业单位、社会团体、国家机关、军队以及其他单位。个人包括个体工商户以及其他个人。

1. 拥有土地使用权的单位或者个人为纳税人。
2. 拥有土地使用权的纳税人不在土地所在地的，由代管人或者实际使用人纳税。
3. 土地使用权未确定或者权属纠纷未解决的，由实际使用人纳税。

4. 土地使用权共有的，共有各方均为纳税人。

土地使用权共有的以共有各方实际使用土地的面积占总面积的比例，分别计算缴纳城镇土地使用税。

【做中学 8-10】 根据城镇土地使用税法律制度的规定，在城市、县城、建制镇和工矿区范围内，属于城镇土地使用税纳税人的有（　　）。

A. 有土地使用权的国有企业

B. 有土地使用权的私营企业

C. 使用土地的外商投资企业

D. 使用土地的外国企业在中国境内设立的机构

【答案】 ABCD

【做中学 8-11】 根据城镇土地使用税法律制度的规定，下列关于城镇土地使用税纳税人的表述中，正确的有（　　）。

A. 城镇土地使用税由拥有土地使用权的单位和个人缴纳

B. 土地使用权共有的，共有各方均为纳税人，由共有各方分别纳税

C. 土地使用权未确定或权属纠纷未解决的，由实际使用人纳税

D. 拥有土地使用权的纳税人不在土地所在地的，由代管人或实际使用人纳税

【答案】 ABCD

三、城镇土地使用税的征税范围

城镇土地使用税的征税范围是税法规定范围内的土地。凡在城市、县城、建制镇和工矿区范围内的土地，不论是属于国家所有的土地，还是集体所有的土地，都属于城镇土地使用税的征税范围。不包括农村集体所有的土地。建立在城市、县城、建制镇和工矿区以外的工矿企业则不需缴纳城镇土地使用税。

自 2009 年 1 月 1 日起，公园、名胜古迹内的索道公司经营用地，应按规定缴纳城镇土地使用税。

四、城镇土地使用税的税率

城镇土地使用税采用有幅度的定额税率，按大、中、小城市和县城、建制镇、工矿区分别规定每平方米城镇土地使用税年应纳税额。

大、中、小城市以公安部门登记在册的非农业正式户口人数为依据，按照国务院颁布的《中华人民共和国城乡规划法》中规定的标准划分。人口在 50 万以上的为大城市；人口在 20 万～50 万的为中等城市；人口在 20 万以下的为小城市。城镇土地使用税税率见表 8-13。

表8-13 城镇土地使用税税率

级别	每平方米年应纳税额（元）	级别	每平方米年应纳税额（元）
大城市	1.5～30	小城市	0.9～18
中等城市	1.2～24	县城、建制镇、工矿区	0.6～12

省、自治区、直辖市人民政府可以在上述规定的税额幅度内，根据市政建设情况、经济繁荣程度等条件确定所辖地区的适用税额幅度。经济落后地区城镇土地使用税的适用税额标准可适当降低，但降低幅度不得超过上述规定最低税额的30%。

五、城镇土地使用税的计税依据及税额计算

（一）计税依据

城镇土地使用税以纳税人实际占用的土地面积为计税依据，土地面积以平方米为计量标准，具体按下列办法确定：

1. 由省、自治区、直辖市人民政府确定的单位组织测定土地面积的，以测定的面积为准。

2. 尚未组织测定，但纳税人持有政府部门核发的土地使用证书的，以证书确认的土地面积为准。

3. 尚未核发土地使用证书的，应由纳税人据实申报土地面积并据以纳税，待核发土地使用证书以后再作调整。

4. 对在城镇土地使用税征税范围内单独建造的地下建筑用地，按规定征收城镇土地适用税。其中，已取得地下土地使用权证的，按土地使用权证确认的土地面积计算应征税款；未取得地下土地使用权证或地下土地使用权证上未标明土地面积的，按地下建筑垂直投影面积计算应征税款。

对上述地下建筑用地暂按应征税款的50%征收城镇土地使用税。

（二）应纳税额的计算

城镇土地使用税以纳税人实际占用的土地面积为计税依据，按照该土地所在地适用税额计算征收。计算公式为：

全年应纳税额＝实际占用应税土地面积（平方米）×适用税额

【做中学8-12】 甲火电厂2022年初占用土地10 000平方米，其中幼儿园占地600平方米，其余为生产经营用地；9月购置一栋办公楼且合同约定当月交付使用，占地700平方米。该企业所在地城镇土地使用税年税额为5元/平方米。计算该企业2022年应缴纳的城镇土地使用税。

【答案】 甲火电厂年应纳的城镇土地使用税税额＝(10 000－600)×5＋700×3÷12×

5＝47 875(元)。

六、城镇土地使用税的税收优惠

（一）免征税项目

下列土地免征城镇土地使用税：

1. 国家机关、人民团体、军队自用的土地。

2. 由国家财政部门拨付事业经费的单位自用的土地。

3. 宗教寺庙、公园、名胜古迹自用的土地。

4. 市政街道、广场、绿化地带等公共用地。

5. 直接用于农、林、牧、渔业的生产用地。

6. 经批准开山填海整治的土地和改造的废弃土地，从使用的月份起免缴土地使用税5～10年。

7. 由财政部另行规定免税的能源、交通、水利设施用地和其他用地。

8. 对非营利性医疗机构、疾病控制机构和妇幼保健机构等卫生机构和非营利性科研机构自用的土地，免征城镇土地使用税。

9. 对国家拨付事业经费和企业办的各类学校、托儿所、幼儿园自用的土地，免征土地使用税。

10. 免税单位无偿使用纳税单位的土地（如公安、海关等单位使用铁路、民航等单位的土地）。纳税单位无偿使用免税单位的土地，纳税单位应照章缴纳城镇土地使用税。纳税单位与免税单位共同使用、共有使用权土地上的多层建筑，对纳税单位可按其占用的建筑面积占建筑总面积的比例计征城镇土地使用税。

11. 对改造安置住房建设用地免征城镇土地使用税。

（二）暂免征税项目

为了体现国家的产业政策，支持重点产业的发展，对石油、电力、煤炭等能源用地，民用港口、铁路等交通用地和水利设施用地，盐业、采石场、邮电等一些特殊用地划分了征免税界限和给予政策性减免税照顾。具体规定如下：

1. 对石油、天然气生产建设中用于地质勘探、钻井、井下作业、油气田地面工程等施工临时用地，石油、天然气生产企业厂区以外的铁路专用线、公路及输油（气、水）管道用地，油气长输管线用地，暂免征收城镇土地使用税。

2. 对企业的铁路专用线、公路等用地，在厂区以外、与社会公用地段未加隔离的，暂免征收城镇土地使用税。

3. 对企业厂区以外的公共绿化用地和向社会开放的公园用地，暂免征收城镇土地使用税；对企业厂区（包括生产、办公及生活区）以内的绿化用地，应照章征收城镇土地使用税。

4. 对盐场的盐滩、盐矿的矿井用地，暂免征收城镇土地使用税。

七、城镇土地使用税的税收征管及纳税申报

(一) 纳税期限

城镇土地使用税实行按年计算、分期缴纳的征收方法，具体纳税期限由省、自治区、直辖市人民政府确定。目前各地一般规定为每个季度缴纳一次或者半年缴纳一次，每次征期15天或者1个月。

(二) 纳税义务发生时间

1. 购置新建商品房，自房屋交付使用之次月起计征房产税和城镇土地使用税。

2. 购置存量房，自办理房屋权属转移、变更登记手续，房地产权属登记机关签发房屋权属证书之次月起计征房产税和城镇土地使用税。

3. 纳税人出租、出借房产，自交付出租、出借房产之次月起计征房产税和城镇土地使用税。

4. 以出让或转让方式有偿取得土地使用权的，应由受让方从合同约定交付土地时间的次月起缴纳城镇土地使用税；合同未约定交付土地时间的，由受让方从合同签订的次月起缴纳城镇土地使用税。

5. 纳税人新征用的耕地，自批准征用之日起满1年时开始缴纳城镇土地使用税。

6. 纳税人新征用的非耕地，自批准征用次月起缴纳城镇土地使用税。

(三) 纳税地点

城镇土地使用税向土地所在地主管税务机关缴纳。纳税人使用的土地不属于同一省（自治区、直辖市）管辖范围的，应由纳税人分别向土地所在地的税务机关缴纳城镇土地使用税。在同一省（自治区、直辖市）管辖范围内，纳税人跨地区使用的土地，如何确定纳税地点，由各省、自治区、直辖市税务局确定。

(四) 纳税申报

城镇土地使用税的纳税人应按规定及时办理纳税申报，并如实填报财产和行为税纳税申报表（表8-3）、财产和行为税减免税明细申报附表（表8-4）以及城镇土地使用税　房产税税源明细表（表8-14）。

表 8-14　城镇土地使用税　房产税税源明细表

纳税人识别号（统一社会信用代码）：□□□□□□□□□□□□□□□□□□□□
纳税人名称：

金额单位：人民币元（列至角分）；面积单位：平方米

一、城镇土地使用税税源明细					
*纳税人类型	土地使用权人□　集体土地使用人□ 无偿使用人□　代管人□　实际使用人□ （必选）	土地使用权人纳税人识别号 （统一社会信用代码）		土地使用权人名称	
*土地编号		土地名称		不动产权证号	
不动产单元代码		宗地号		*土地性质	国有□　集体□（必选）
*土地取得方式	划拨□ 出让□ 转让□ 租赁□ 其他□ （必选）	*土地用途	工业□ 商业□ 居住□ 综合□ 房地产开发企业的开发用地□ 其他□ （必选）		
*土地坐落地址 （详细地址）	省（自治区、直辖市）　市（区）　县（区）　乡镇（街道）　（必填）				
*土地所属主管税务所 （科、分局）					

*土地取得时间	年　月	变更类型	纳税义务终止（权属转移□ 其他□） 信息项变更（土地面积变更□ 土地等级变更□ 减免税变更□ 其他□）			变更时间	年　月
*占用土地面积		地价		*土地等级		*税额标准	

减免税部分	序号	减免性质代码和项目名称	减免起止时间：减免起始月份	减免起止时间：减免终止月份	减免税土地面积	月减免税金额
	1		年　月	年　月		
	2					
	3					

二、房产税税源明细

（一）从价计征房产税明细

*纳税人类型	产权所有人□ 经营管理人□ 承典人□ 房屋代管人□ 房屋使用人□ 融资租赁承租人□（必选）	所有权人纳税人识别号 （统一社会信用代码）		所有权人名称	

（续表）

＊房产编号			房产名称				
不动产权证号			不动产单元代码				
＊房屋坐落地址（详细地址）	省（自治区、直辖市）		市（区）	县（区）	乡镇（街道）	（必填）	
＊房产所属主管税务所（科、分局）							
房屋所在土地编号			＊房产用途	工业□ 商业及办公□ 住房□ 其他□ （必选）			
＊房产取得时间	年　月	变更类型	纳税义务终止（权属转移□ 其他□） 信息项变更（房产原值变更□ 出租房产原值变更□ 减免税变更□ 申报租金收入变更□ 其他□）			变更时间	年　月
＊建筑面积			其中：出租房产面积				
＊房产原值			其中：出租房产原值			计税比例	
减免税部分	序号	减免性质代码和项目名称		减免起止时间		减免税房产原值	月减免税金额
				减免起始月份	减免终止月份		
	1			年　月	年　月		
	2						
	3						
（二）从租计征房产税明细							
＊房产编号			房产名称				
＊房产所属主管税务所（科、分局）							
承租方纳税人识别号（统一社会信用代码）			承租方名称				
＊出租面积			＊申报租金收入				

（续表）

＊申报租金所属租赁期起				＊申报租金所属租赁期止		
减免税部分	序号	减免性质代码和项目名称	减免起止时间		减免税租金收入	月减免税金额
			减免起始月份	减免终止月份		
	1		年　月	年　月		
	2					
	3					

任务 8.4　耕地占用税法

为了合理利用土地资源，加强土地管理，保护耕地，2018 年 12 月 29 日，第十三届全国人民代表大会常务委员会第七次会议通过了《中华人民共和国耕地占用税法》（以下简称《耕地占用税法》），自 2019 年 9 月 1 日起施行，原《中华人民共和国耕地占用税暂行条例》同时废止。

一、耕地占用税的纳税义务人

在中华人民共和国境内占用耕地建设建筑物、构筑物或者从事非农业建设的单位和个人为耕地占用税的纳税人，应当依照规定缴纳耕地占用税。

占用耕地建设农田水利设施的，不缴纳耕地占用税。所称耕地，是指用于种植农作物的土地。

坚守十八亿亩耕地红线，确保中国人的饭碗牢牢端在自己手中！

二、耕地占用税的计税依据和税率

耕地占用税以纳税人实际占用的耕地面积为计税依据。耕地占用税适用定额税率。

1. 人均耕地不超过一亩的地区（以县、自治县、不设区的市、市辖区为单位），每平方米为十元至五十元。

2. 人均耕地超过一亩但不超过二亩的地区，每平方米为八元至四十元。

3. 人均耕地超过二亩但不超过三亩的地区，每平方米为六元至三十元。

4. 人均耕地超过三亩的地区，每平方米为五元至二十五元。

具体规定见表 8-15。

表 8-15　耕地占用税税率表

级数	县、自治县、不设区的市、市辖区人均耕地面积	每平方米税额（元）
1	一亩以下（含一亩）	10～50
2	一～二亩（含二亩）	8～40
3	二～三亩（含三亩）	6～30
4	三亩以上	5～25

各地区耕地占用税的适用税额由省、自治区、直辖市人民政府根据人均耕地面积和经济发展等情况，在规定的税额幅度内提出，报同级人民代表大会常务委员会决定，并报全国人民代表大会常务委员会和国务院备案。各省、自治区、直辖市耕地占用税适用

税额的平均水平不得低于《耕地占用税法》所附《各省、自治区、直辖市耕地占用税平均税额表》规定的平均税额，见表 8-16。

表 8-16　各省、自治区、直辖市耕地占用税平均税额表

省、自治区、直辖市	平均税额（元/平方米）
上海	45
北京	40
天津	35
江苏、浙江、福建、广东	30
辽宁、湖北、湖南	25
河北、安徽、江西、山东、河南、重庆、四川	22.5
广西、海南、贵州、云南、陕西	20
山西、吉林、黑龙江	17.5
内蒙古、西藏、甘肃、青海、宁夏、新疆	12.5

《耕地占用税法》第五条规定，在人均耕地低于 0.5 亩的地区，省、自治区、直辖市可以根据当地经济发展情况，适当提高耕地占用税的适用税额，但提高的部分不得超过《耕地占用税法》第四条第二款确定的适用税额的 50%。

占用基本农田的，应当按照《耕地占用税法》第四条第二款或者第五条确定的当地适用税额，加按 150%征收。

占用园地、林地、草地、农田水利用地、养殖水面、渔业水域滩涂以及其他农用地建设建筑物、构筑物或者从事非农业建设的，适用税额可以适当低于本地区按照《耕地占用税法》第四条第二款确定的适用税额，但降低的部分不得超过 50%。具体适用税额由省、自治区、直辖市人民政府提出，报同级人民代表大会常务委员会决定，并报全国人民代表大会常务委员会和国务院备案。

三、耕地占用税应纳税额的计算

耕地占用税以纳税人实际占用的耕地面积为计税依据，按照规定的适用税额一次性征收，应纳税额为纳税人实际占用的耕地面积（平方米）乘以适用税额。计算公式为：

应纳税额＝实际占用耕地面积×单位税额

【做中学 8-13】 M 公司 2022 年 8 月占用林地 60 万平方米建造生态度假村，还占用林地 10 万平方米建设农田水利设施，所占耕地适用税额为 20 元/平方米。计算其应纳税额。

【答案】 占用耕地建设农田水利设施的，不缴纳耕地占用税。

耕地占用税应纳税额＝60×20＝1 200(万元)

四、耕地占用税的税收减免

1. 军事设施、学校、幼儿园、社会福利机构、医疗机构占用耕地，免征耕地占用税。

2. 铁路线路、公路线路、飞机场跑道、停机坪、港口、航道、水利工程占用耕地，减按每平方米二元的税额征收耕地占用税。

3. 农村居民在规定用地标准以内占用耕地新建自用住宅，按照当地适用税额减半征收耕地占用税；其中农村居民经批准搬迁，新建自用住宅占用耕地不超过原宅基地面积的部分，免征耕地占用税。

4. 农村烈士遗属、因公牺牲军人遗属、残疾军人以及符合农村最低生活保障条件的农村居民，在规定用地标准以内新建自用住宅，免征耕地占用税。

5. 根据国民经济和社会发展的需要，国务院可以规定免征或者减征耕地占用税的其他情形，报全国人民代表大会常务委员会备案。

上述免征或者减征耕地占用税后，纳税人改变原占地用途，不再属于免征或者减征耕地占用税情形的，应当按照当地适用税额补缴耕地占用税。

五、耕地占用税的征收管理及纳税申报

（一）征管要求

1. 耕地占用税由税务机关负责征收。耕地占用税的纳税义务发生时间为纳税人收到自然资源主管部门办理占用耕地手续的书面通知的当日。纳税人应当自纳税义务发生之日起 30 日内申报缴纳耕地占用税。自然资源主管部门凭耕地占用税完税凭证或者免税凭证和其他有关文件发放建设用地批准书。

2. 纳税人因建设项目施工或者地质勘查临时占用耕地，应当依照规定缴纳耕地占用税。纳税人在批准临时占用耕地期满之日起一年内依法复垦，恢复种植条件的，全额退还已经缴纳的耕地占用税。

3. 税务机关应当与相关部门建立耕地占用税涉税信息共享机制和工作配合机制。县级以上地方人民政府自然资源、农业农村、水利等相关部门应当定期向税务机关提供农用地转用、临时占地等信息，协助税务机关加强耕地占用税征收管理。

4. 税务机关发现纳税人的纳税申报数据资料异常或者纳税人未按照规定期限申报纳税的，可以提请相关部门进行复核，相关部门应当自收到税务机关复核申请之日起 30 日内向税务机关出具复核意见。

（二）纳税申报

纳税人应按规定及时办理纳税申报，并如实填报财产和行为税纳税申报表（表 8-3）、

财产和行为税减免税明细申报附表（表 8-4）以及耕地占用税税源明细表（表 8-17）。

表 8-17　耕地占用税税源明细表

纳税人识别号（统一社会信用代码）：□□□□□□□□□□□□□□□□□□□□

纳税人名称：　　　　　　　　　　　　　　　　　　面积单位：平方米；金额单位：人民币元（列至角分）

<table>
<tr><td rowspan="4">占地方式</td><td rowspan="3">1. 经批准按批次转用□
2. 经批准单独选址转用□
3. 经批准临时占用□</td><td>项目（批次）名称</td><td colspan="2"></td><td>批准占地文号</td><td colspan="2"></td></tr>
<tr><td>批准占地部门</td><td colspan="2"></td><td>经批准占地面积</td><td colspan="2"></td></tr>
<tr><td>收到书面通知日期（或收到经批准改变原占地用途日期）</td><td colspan="2">年　月　日</td><td>批准时间</td><td colspan="2">年　月　日</td></tr>
<tr><td>4. 未批先占□</td><td>认定的实际占地日期（或认定的未经批准改变原占地用途日期）</td><td colspan="3">年　月　日</td><td>认定的实际占地面积</td><td></td></tr>
<tr><td>损毁耕地</td><td colspan="2">挖损□　采矿塌陷□　压占□　污染□</td><td colspan="2">认定的损毁耕地日期</td><td>年　月　日</td><td>认定的损毁耕地面积</td><td></td></tr>
<tr><td>税源编号</td><td>占地位置</td><td>占地用途</td><td>征收品目</td><td>适用税额</td><td>计税面积</td><td>减免性质代码和项目名称</td><td>减免税面积</td></tr>
<tr><td></td><td></td><td></td><td></td><td></td><td></td><td></td><td></td></tr>
<tr><td></td><td></td><td></td><td></td><td></td><td></td><td></td><td></td></tr>
<tr><td></td><td></td><td></td><td></td><td></td><td></td><td></td><td></td></tr>
</table>

任务 8.5　土地增值税法

为规范土地、房地产交易秩序，抑制房价过高，打压房地产暴利，合理调节土地增值收益，维护国家利益，我国开征了土地增值税。

一、土地增值税的基本理论

土地增值税法是指国家制定的用以调整土地增值税征收与缴纳之间权利义务关系的法律规范。现行土地增值税的基本规范是 1993 年 12 月 13 日国务院颁布的《中华人民共和国土地增值税暂行条例》（以下简称《土地增值税暂行条例》）及其实施细则，于 1994 年 1 月 1 日正式实行，2011 年再次修订。

随着税收立法进程的加快，2019 年 7 月，财政部会同国家税务总局发布了《中华人民共和国土地增值税法（征求意见稿）》，向全社会公开征求意见。

土地增值税是对有偿转让国有土地使用权及地上建筑物和其他附着物产权，取得增值收入的单位和个人征收的一种税。征收土地增值税增强了政府对房地产开发和交易市场的调控，有利于抑制炒买炒卖土地获取暴利的行为，也增加了国家财政收入。

二、土地增值税的纳税义务人和征税范围

（一）纳税义务人

土地增值税的纳税义务人为有偿转让国有土地使用权、地上的建筑物及其附着物产权并取得收入的单位和个人。单位包括各类企业、事业单位、国家机关和社会团体及其他组织；个人包括个体经营者和其他个人。

《土地增值税暂行条例》对纳税人的规定主要有以下四个特点：不论法人与自然人；不论经济性质；不论内资与外资企业、中国公民与外籍个人；不论行业与部门。只要有偿转让房地产，都需要缴纳土地增值税。

（二）征税范围

1. 基本征税范围

土地增值税基本征税范围包括：

（1）转让国有土地使用权。国有土地是指按国家法律规定属于国家所有的土地。出售国有土地使用权是指土地使用者通过出让方式向政府缴纳了土地出让金，有偿受让土地使用权后，仅对土地进行通水、通电、通路和平整地面等土地开发，不进行房产开发，“将生地变熟地”，然后直接将空地出售出去。

转让的土地使用权必须是国有土地使用权。土地增值税是对转让国有土地使用权及其地上建筑物和附着物的行为征税，不包括国有土地使用权出让所取得的收入。出让、转让非国有土地使用权，均不征收土地增值税。

国有土地使用权出让是指国家以土地所有者的身份将土地使用权在一定年限内让与土地使用者，并由土地使用者向国家支付土地使用权出让金的行为，属于土地买卖的一级市场。土地使用权出让的出让方是国家，国家凭借土地的所有权向土地使用者收取土地的租金。出让的目的是实行国有土地的有偿使用制度，合理开发、利用、经营土地，因此，土地使用权的出让不属于土地增值税的征税范围。

国有土地使用权转让是指土地使用者通过出让等形式取得土地使用权后，将土地使用权再转让的行为，包括出售、交换和赠与，属于土地买卖的二级市场。土地使用权转让时，其地上的建筑物、附着物的所有权随之转让。土地使用权的转让属于土地增值税的征税范围。

（2）地上的建筑物及其附着物连同国有土地使用权一并转让。地上的建筑物是指建于土地上的一切建筑物，包括地上地下的各种附属设施。附着物是指附着于土地上的不能移动或一经移动即遭损坏的物品。纳税人取得国有土地使用权后进行房屋开发建造然后

出售的，属于房地产开发，即卖房的同时土地使用权也随之发生转让，且取得了收入，所以应纳入土地增值税的征税范围。

征收土地增值税的，土地使用权、地上建筑物及其附着物的产权必须发生转移。凡土地使用权、房产产权未发生转让的，不征收土地增值税。例如房地产的出租、抵押行为中，产权均未发生转移，则不缴纳土地增值税。

（3）存量房地产的买卖。存量房地产是指已经建成并已投入使用的房地产，其房屋所有人将房屋产权和土地使用权一并转让给其他单位和个人。买卖存量房地产应当到有关部门办理房产产权和土地使用权的转移变更手续，原土地使用权属于无偿划拨的，还应到土地管理部门补交土地出让金。

2. 特殊征税范围

（1）继承房地产，不征收土地增值税。征收土地增值税的必须是有偿转让且取得转让收入。房地产的继承是指房产的原产权所有人、依照法律规定取得土地使用权的土地使用人死亡以后，由其继承人依法继承死者房产产权和土地使用权的民事法律行为。房地产的继承虽然发生了权属变更，但原所有人（被继承人）并没有取得任何收入，是无偿转让的。因此，继承不属于土地增值税的征税范围。

（2）赠与房地产，不征收土地增值税。房地产的赠与是指房产所有人、土地使用权所有人将自己所拥有的房地产无偿地交给其他人的民事法律行为。赠与包括以下情况：

① 房产所有人、土地使用权所有人将房屋产权、土地使用权赠与直系亲属或承担直接赡养义务人的；

② 房产所有人、土地使用权所有人通过中国境内非营利的社会团体、国家机关将房屋产权、土地使用权赠与教育、民政和其他社会福利、公益事业的。

（3）出租房地产，不征收土地增值税。出租房地产时，出租人虽取得了收入，但没有发生房产产权、土地使用权的转让，不属于土地增值税的征税范围。

（4）抵押房地产，不征收土地增值税。房地产的抵押是指房地产的产权所有人、依法取得土地使用权的土地使用人作为债务人或第三人，向债权人提供不动产作为清偿债务的担保而不转移权属的法律行为。在抵押期间，由于房产的产权、土地使用权并没有发生权属变更，房产的产权所有人、土地使用权人仍能对房地产行使占有、使用、收益等权利。因此，在抵押房地产期间不征收土地增值税，待抵押期满后视该房地产是否转移占有而确定是否征收土地增值税。对于以房地产抵债而发生房地产权属转让的，应列入土地增值税的征税范围。

（5）交换房地产，征收土地增值税。房地产的交换是指一方以房地产与另一方的房地产进行交换的行为。换房这种行为既发生了房产产权、土地使用权的转移，交换双方又取得了实物形态的收入，属于土地增值税的征税范围。但对个人之间互换自有居住用房地产的，经当地税务机关核实，可以免征土地增值税。

（6）合作建房。对于一方出地，一方出资金，双方合作建房，建成后按比例分房自用的，暂免征收土地增值税；建成后转让的，应征收土地增值税。

（7）代建房地产。房地产的代建行为是指房地产开发公司代客户进行房地产的开发，开发完成后向客户收取代建收入的行为。对于房地产开发公司而言，虽然取得了收入，但没有发生房地产权属的转移，其收入属于劳务收入性质，故不属于土地增值税的征税范围。

（8）重新评估房地产。房地产的重新评估主要是指国有企业在清产核资时对房地产进行重新评估而使其升值的情况。这种情况下，房地产虽然有增值，但其既没有发生房地产权属的转移，也未取得收入，所以不属于土地增值税的征税范围。

土地增值税特殊征税范围见表 8-18。

表 8-18　土地增值税征税范围判定

	有关事项	是否属于土地增值税的征税范围
出售	1. 出售国有土地使用权； 2. 取得国有土地使用权后进行房屋开发建造并出售； 3. 存量房地产买卖	是
继承、赠予	继承 公益性赠与 赠与直系亲属或承担直接赡养义务人 非公益性赠与	否 否 否 是
出租	（无权属转移）	否
房地产抵押	抵押期间 抵押期满，偿还债务本息 抵押期满，不能偿还债务，须以房地产抵债	否 否 是
房地产交换	单位之间交换房地产 个人之间互换自有居住用房	是 否
用以投资、联营	转让房地产到投资企业（房地产企业除外） 将投资联营房地产再转让	否 是
合作建房	建成后分房自用的 建成后转让的	否 是
企业兼并转让房地产		否
代建房、征用、房地产评估		否

【做中学 8-14】 某房地产公司从市政府取得 50 亩土地使用权，用于以下方面：

1. 进行“通水、通电、通路”开发，然后卖给了一家工厂；
2. 赠送给希望工程建成希望小学；
3. 作为抵押，向银行申请 5 千万元贷款，贷款到期后无法偿还，该土地被银行没收；
4. 开发建造商品房，建成后与另一家房地产公司的某写字楼进行交换；
5. 与另一家房地产公司合作建房，对方出资 5 000 万元，建成后按 1∶1 各自进行销售。

判断上述五种情况是否需要缴纳土地增值税？请说明理由。

【答案】 征收土地增值税的为 1、3、4、5 项。不征的为第 2 项。理由略。

三、土地增值税的税率

1. 增值额未超过扣除项目金额50%的部分，税率为30%。

2. 增值额超过扣除项目金额50%、未超过扣除项目金额100%的部分，税率为40%。

3. 增值额超过扣除项目金额100%、未超过扣除项目金额200%的部分，税率为50%。

4. 增值额超过扣除项目金额200%的部分，税率为60%。

上述所列四级超率累进税率，每级“增值额未超过扣除项目金额”的比例均包括本比例数。土地增值税超率累进税率见表8-19。

表8-19 土地增值税四级超率累进税率

级数	增值额占扣除项目金额比例	税率	速算扣除系数
1	未超过50%的部分	30%	0
2	超过50%、未超过100%的部分	40%	5%
3	超过100%、未超过200%的部分	50%	15%
4	超过200%的部分	60%	35%

四、土地增值税的计税依据

土地增值税的计税依据为土地增值额，即应税收入减去允许扣除项目的金额后的余额。因此，计算土地增值税时需要确定纳税人转让房地产的应税收入及扣除项目的金额。

（一）应税收入

根据《土地增值税暂行条例》及其实施细则的规定，纳税人转让房地产取得的应税收入（不含增值税），应包括转让房地产的全部价款及有关的经济收益。收入的形式包括货币收入、实物收入和其他收入。

1. 货币收入

货币收入是指纳税人转让房地产而取得的现金、银行存款、支票、银行本票、汇票等各种信用票据和国库券、金融债券、企业债券、股票等有价证券。这些类型收入的实质都是转让方因转让土地使用权、房屋产权而向取得方收取的价款。货币收入一般比较容易确定。

2. 实物收入

实物收入是指纳税人转让房地产而取得的各种实物形态的收入。实物收入的价值不太容易确定，一般要对这些实物形态的财产进行估价，按取得收入时的市场价格折算成货币收入。

3. 其他收入

其他收入是指纳税人转让房地产而取得的无形资产收入或具有财产价值的权利，如专利权、商标权、著作权、专有技术使用权、土地使用权、商誉权等。这种类型的收入比较少见，其价值需要进行专门的评估。

（二）扣除项目

在计算土地增值税的增值额时，准予从房地产转让收入额中减除下列相关项目金额：

1. 取得土地使用权所支付的金额

取得土地使用权所支付的金额包括两方面的内容：

（1）纳税人为取得土地使用权所支付的地价款。如果是以协议、招标、拍卖等出让方式取得土地使用权的，地价款为纳税人所支付的土地出让金；如果是以行政划拨方式取得土地使用权的，地价款为按照国家有关规定补交的土地出让金；如果是以转让方式取得土地使用权的，地价款为向原土地使用权人实际支付的地价款。

（2）纳税人在取得土地使用权时按国家统一规定缴纳的有关费用。纳税人在取得土地使用权过程中为办理有关手续，需要按国家统一规定缴纳有关登记、过户手续费。

2. 房地产开发成本

房地产开发成本是指纳税人房地产开发项目实际发生的成本，包括土地的征用及拆迁补偿费、前期工程费、建筑安装工程费、基础设施费、公共配套设施费、开发间接费用等。

（1）土地征用及拆迁补偿费，包括土地征用费、耕地占用税、劳动力安置费及有关地上地下附着物拆迁补偿的净支出、安置动迁用房支出等。

（2）前期工程费，包括规划、设计、项目可行性研究和水文、地质、勘察、测绘、“三通一平”等支出。

（3）建筑安装工程费，包括以出包方式支付给承包单位的建筑安装工程费和以自营方式发生的建筑安装工程费。

（4）基础设施费，包括开发小区内道路、供水、供电、供气、排污、排洪、通信、照明、环卫、绿化等工程发生的支出。

（5）公共配套设施费，包括不能有偿转让的开发小区内公共配套设施发生的支出。

（6）开发间接费用，指直接组织、管理开发项目发生的费用，包括工资、职工福利费、折旧费、修理费、办公费、水电费、劳动保护费、周转房摊销等。

3. 房地产开发费用

房地产开发费用是指与房地产开发项目有关的销售费用、管理费用和财务费用。根据现行财务会计制度的规定，这三项费用作为期间费用直接计入当期损益，不按成本核算对象进行分摊。故作为土地增值税扣除项目的房地产开发费用，不按纳税人房地产开发项目实际发生的费用进行扣除，而按《中华人民共和国土地增值税暂行条例实施细则》的标准进行扣除。

《中华人民共和国土地增值税暂行条例实施细则》规定，财务费用中的利息支出，凡能够按转让房地产项目计算分摊并提供金融机构证明的，允许据实扣除，但最高不能超过按商业银行同类同期贷款利率计算的金额。其他房地产开发费用，按《中华人民共和国土地增值税暂行条例实施细则》第七条第（一）、（二）项规定（即取得土地使用权所支付的金额和房地产开发成本，下同）计算的金额之和的5%以内计算扣除。凡不能按转让房地产项目计算分摊利息支出或不能提供金融机构证明的，房地产开发费用按《中华人民共和国土地增值税暂行条例实施细则》第七条第（一）、（二）项规定计算的金额之和的10%以内计算扣除。计算扣除的具体比例由各省、自治区、直辖市人民政府规定。上述规定的具体含义是：

（1）纳税人能够按转让房地产项目计算分摊利息支出并能提供金融机构证明的，其允许扣除的房地产开发费用为：

房地产开发费用＝利息＋（取得土地使用权所支付的金额＋房地产开发成本）×5%以内

（2）纳税人不能按转让房地产项目计算分摊利息支出或不能提供金融机构证明的，其允许扣除的房地产开发费用为：

房地产开发费用＝（取得土地使用权所支付的金额＋房地产开发成本）×10%以内

全部使用自有资金，没有利息支出的，按照以上方法扣除。上述具体适用的比例按省级人民政府此前规定的比例执行。

（3）房地产开发企业既向金融机构借款，又有其他借款的，其房地产开发费用计算扣除时不能同时适用上述（1）、（2）项所述两种办法。

（4）土地增值税清算时，已经计入房地产开发成本的利息支出应调整至财务费用中计算扣除。

财政部、国家税务总局对扣除项目金额中利息支出还规定：利息最高不能超过按商业银行同类同期贷款利率计算的金额，超过部分不得扣除；超过贷款期限的加息、罚息不得扣除。

4. 与转让房地产有关的税金

与转让房地产有关的税金是指在转让房地产时缴纳的城市维护建设税、印花税。因转让房地产缴纳的教育费附加，也可视同税金予以扣除。需要明确的是，房地产开发企业在转让时缴纳的印花税已列入管理费用中，故不允许再单独扣除。其他纳税人缴纳的印花税（按产权转移书据所载金额的0.5‰贴花）允许在此扣除。

“营改增”后，房地产开发企业实际缴纳的城市维护建设税、教育费附加，凡能够按清算项目准确计算的，允许据实扣除；凡不能按清算项目准确计算的，则按该清算项目预缴增值税时实际缴纳的城市维护建设税和教育费附加扣除。

5. 财政部确定的其他扣除项目

对从事房地产开发的纳税人，允许按取得土地使用权所支付的金额和房地产开发成本之和加计20%扣除。

需要特别注意：此条优惠只适用于从事房地产开发的纳税人，除此之外的其他纳税人不适用，其目的是抑制炒买炒卖房地产的投机行为，保护正常开发投资者的积极性。

6. 旧房及建筑物的评估价格

纳税人转让旧房的，应按房屋及建筑物的评估价格、取得土地使用权所支付的地价款或出让金、按国家统一规定缴纳的有关费用以及转让环节缴纳的税金作为扣除项目金额计征土地增值税。对取得土地使用权时未支付地价款或不能提供已支付的地价款凭据的，在计征土地增值税时不允许扣除。

旧房及建筑物的评估价格是指在转让已使用的房屋及建筑物时由政府批准设立的房地产评估机构评定的重置成本价乘以成新度折扣率后的价格，评估价格须经当地税务机关确认。重置成本价是指对旧房及建筑物按转让时的建材价格及人工费用计算，建造同样面积、同样层次、同样结构、同样建设标准的新房及建筑物所需花费的成本费用。成新度折扣率是指按旧房的新旧程度作一定比例的折扣。

纳税人转让旧房及建筑物，凡不能取得评估价格但能提供购房发票的，经当地税务部门确认，根据《土地增值税暂行条例》第六条第（一）、（三）项规定的扣除项目的金额（即取得土地使用权所支付的金额、新建房及配套设施的成本、费用，或者旧房及建筑物的评估价格），可按发票所载金额并从购买年度起至转让年度止每年加计5%计算扣除。计算扣除项目时“每年”按购房发票所载日期起至售房发票开具之日止，每满12个月计1年；超过1年，未满12个月但超过6个月的，可以视同为1年。

对纳税人购房时缴纳的契税，凡能提供契税完税凭证的，准予作为“与转让房地产有关的税金”予以扣除，但不作为加计5%的基数。

对于转让旧房及建筑物，既没有评估价格又不能提供购房发票的，地方税务机关可以根据《税收征管法》第三十五条的规定实行核定征收。

五、土地增值税应纳税额的计算

（一）增值额的确定

确定增值额是计算土地增值税的基础，增值额为纳税人转让房地产所取得的收入减除规定的扣除项目金额后的余额。准确核算增值额需要有准确的房地产转让收入额和扣除项目的金额。在实际房地产交易活动中，有些纳税人由于不能准确提供房地产转让价格或扣除项目金额，致使增值额不准确，直接影响应纳税额的计算和缴纳。因此，《土地增值税暂行条例》第九条规定，纳税人有下列情形之一的，按照房地产评估价格计算征收土地增值税。

1. 隐瞒、虚报房地产成交价格

隐瞒、虚报房地产成交价格是指纳税人不报或有意低报转让土地使用权、地上建筑物及其附着物价款的行为。隐瞒、虚报房地产成交价格的，应由评估机构参照同类房地产的市场交易价格进行评估，税务机关根据评估价格确定转让房地产的收入。

2. 提供扣除项目金额不实

提供扣除项目金额不实是指纳税人在纳税申报时不据实提供扣除项目金额的行为。提供扣除项目金额不实的，应由评估机构按照房屋重置成本价乘以成新度折扣率计算的房屋成本价和取得土地使用权时的基准地价进行评估，税务机关根据评估价格确定扣除项目金额。

3. 转让房地产的成交价格低于房地产评估价格又无正当理由

转让房地产的成交价格低于房地产评估价格又无正当理由是指纳税人申报的转让房地产的实际成交价低于房地产评估机构评定的交易价，纳税人又不能提供凭据或无正当理由的行为。转让房地产的成交价格低于房地产评估价格又无正当理由的，由税务机关参照房地产评估价格确定转让房地产的收入。房地产评估价格是指由政府批准设立的房地产评估机构根据相同地段、同类房地产进行综合评定的价格。

（二）应纳税额的计算

土地增值税按照纳税人转让房地产所取得的增值额和规定的税率计算征收。土地增值税的计算公式为：

$$应纳税额=\sum(每级距的土地增值额\times 适用税率)$$

实际工作中，一般可以采用速算扣除法计算，即计算土地增值税税额可按增值额乘以适用的税率减去扣除项目金额乘以速算扣除系数的简便方法计算。具体计算公式如下：

$$应纳土地增值税额=土地增值额\times 适用税率-扣除项目金额\times 速算扣除系数$$

公式中的适用税率和速算扣除系数的确定取决于增值额与扣除项目金额的比率。

（1）增值额未超过扣除项目金额50%时，计算公式为：

$$土地增值税税额=增值额\times 30\%$$

（2）增值额超过扣除项目金额50%、未超过100%时，计算公式为：

$$土地增值税税额=增值额\times 40\%-扣除项目金额\times 5\%$$

（3）增值额超过扣除项目金额100%、未超过200%时，计算公式为：

$$土地增值税税额=增值额\times 50\%-扣除项目金额\times 15\%$$

（4）增值额超过扣除项目金额200%时，计算公式为：

$$土地增值税税额=增值额\times 60\%-扣除项目金额\times 35\%$$

上述公式中的5%、15%、35%分别为2、3、4级的速算扣除系数，见表8-19。

【做中学8-15】 甲房地产开发公司2022年5月出售房地产老项目A（增值税采取简

易计税方法)，取得销售收入 3 000 万元（不含税）。已知 A 项目于 2017 年 5 月 7 日开始预交土地增值税，该公司为取得土地使用权支付 250 万元；取得土地使用权时支付契税 7.5 万元；开发成本共计 1 020 万元；销售楼房时签订相关合同，并按规定缴纳了有关税金；该房地产开发企业为该工程从银行贷款，发生利息支出 28.75 万元（包括贷款逾期加收的罚息 0.75 万元），可按项目分摊并能够提供符合规定的凭证。已知当地人民政府确定的房地产开发费用扣除比例为 5%。

请根据上述内容计算其应纳税额。

【答案】 该房地产开发公司应缴纳的土地增值税计算如下：

第一步：销售收入＝3 000(万元)

第二步：计算扣除项目金额

1. 取得土地使用权支付的金额＝257.5(万元)

2. 开发成本＝1 020(万元)

3. 开发费用＝28.75－0.75＋(257.5＋1 020)×5%＝91.88(万元)

4. 税金及附加＝3 000×5%×(7%＋3%＋2%)＝18(万元)

5. 加计扣除金额＝(257.5＋1 020)×20%＝255.5(万元)

扣除项目金额合计＝257.5＋1 020＋91.88＋18＋255.5＝1 642.88(万元)

第三步：增值额＝3 000－1 642.88＝1 357.12(万元)

第四步：增值额与扣除项目金额之比＝1 357.12÷1 642.88×100%＝82.61%

适用 40%的税率，速算扣除系数为 5%。

第五步：应纳土地增值税税额＝1 357.12×40%－1 642.88×5%＝542.85－82.14

＝460.71(万元)

【做中学 8-16】 2021 年 8 月，某单位转让一幢旧房，取得收入 945 万元（含增值税)，采用简易计税办法缴纳了增值税 45 万元，城市维护建设税、教育费附加等 4.5 万元。该房建于 20 世纪 70 年代，当时造价为 70 万元，现经房地产评估机构评定的重置成本价为 380 万元，有六成新。旧房占地原来是行政划拨的，转让时补交了土地出让金 80 万元。计算该单位转让旧房应纳的土地增值税税额（印花税忽略不计）。

【答案】 第一步：计算扣除项目金额

1. 取得土地使用权所支付的金额＝80(万元)

2. 与转让房地产有关的税费＝4.5(万元)

3. 旧房及建筑物的评估价格＝380×60%＝228(万元)

扣除项目金额＝80＋4.5＋228＝312.5(万元)

第二步：增值额＝945÷(1＋5%)－312.5＝587.5(万元)

第三步：增值额与扣除项目金额之比＝587.5÷312.5×100%＝188%

适用 50%的税率，速算扣除系数为 15%。

第四步：应纳土地增值税税额＝587.5×50%－312.5×15%＝246.88(万元)

六、土地增值税的核定征收

房地产开发企业有下列情形之一的，税务机关可以参照与其开发规模和收入水平相近的当地企业的土地增值税税负情况，按不低于预征率的征收率核定征收土地增值税：

1. 依照法律、行政法规的规定应当设置但未设置账簿的。
2. 擅自销毁账簿或者拒不提供纳税资料的。
3. 虽设置账簿，但账目混乱或者成本资料、收入凭证、费用凭证残缺不全，难以确定转让收入或扣除项目金额的。
4. 符合土地增值税清算条件，未按照规定的期限办理清算手续，经税务机关责令限期清算，逾期仍不清算的。
5. 申报的计税依据明显偏低，又无正当理由的。

核定征收必须严格依照税收法律法规规定的条件进行，任何单位和个人不得擅自扩大核定征收范围，严禁在清算中出现“以核定为主、一核了之”“求快图省”的做法。凡擅自将核定征收作为本地区土地增值税清算主要方式的，必须立即纠正。对确须核定征收的，要严格按照税收法律法规的要求，从严、从高确定核定征收率。为了规范核定工作，核定征收率原则上不得低于5%，各省级税务机关要结合本地实际，区分不同房地产类型制定核定征收率。

七、土地增值税的税收优惠

（一）建造普通标准住宅的税收优惠

纳税人建造普通标准住宅出售，增值额未超过扣除项目金额20%的，免征土地增值税。普通标准住宅是指按所在地一般民用住宅标准建造的居住用住宅，高级公寓、别墅、度假村等不属于普通标准住宅。自2005年6月1日起，普通标准住宅应同时满足：住宅小区建筑容积率在1.0以上；单套建筑面积在120平方米以下；实际成交价格低于同级别土地上住房平均交易价格1.2倍以下等要求。各省、自治区、直辖市要根据实际情况制定本地区享受优惠政策普通住房的具体标准。允许单套建筑面积和价格标准适当浮动，但向上浮动的比例不得超过上述标准的20%。纳税人建造普通标准住宅出售，增值额未超过扣除项目金额20%的，免征土地增值税；增值额超过扣除项目金额20%的，应就其全部增值额按规定计税。

对于纳税人既建造普通标准住宅又建造其他房地产开发的，应分别核算增值额；不分别核算增值额或不能准确核算增值额的，其建造的普通标准住宅不能适用这一免税政策。

对企事业单位、社会团体以及其他组织转让旧房作为公租房房源，且增值额未超过扣除项目金额20%的，免征土地增值税。

(二) 国家征用、收回的房地产的税收优惠

因国家建设需要依法征用、收回的房地产，免征土地增值税。因国家建设需要依法征用、收回的房地产是指因城市实施规划、国家建设的需要而被政府批准征用的房产或收回的土地使用权。

(三) 因城市规划、国家建设需要而搬迁由纳税人自行转让原房地产的税收优惠

因城市实施规划、国家建设的需要而搬迁，由纳税人自行转让原房地产的，免征土地增值税。

(四) 对企事业单位、社会团体以及其他组织转让旧房作为改造安置住房或公共租赁住房房源的税收优惠

对企事业单位、社会团体以及其他组织转让旧房作为改造安置住房或公共租赁住房房源，且增值额未超过扣除项目金额 20%的，免征土地增值税。

(五) 个人销售住房的税收优惠

自 2008 年 11 月 1 日起，对个人销售住房暂免征收土地增值税。

(六) 企业改制重组有关土地增值税政策

自 2021 年 1 月 1 日至 2023 年 12 月 31 日，企业改制重组有关土地增值税政策如下：

1. 企业按照《中华人民共和国公司法》有关规定整体改制，包括非公司制企业改制为有限责任公司或股份有限公司、有限责任公司变更为股份有限公司、股份有限公司变更为有限责任公司，对改制前的企业将国有土地使用权、地上的建筑物及其附着物（以下称房地产）转移、变更到改制后的企业，暂不征土地增值税。

2. 按照法律规定或者合同约定，两个或两个以上企业合并为一个企业，且原企业投资主体存续的，对原企业将房地产转移、变更到合并后的企业，暂不征土地增值税。

3. 按照法律规定或者合同约定，企业分设为两个或两个以上与原企业投资主体相同的企业，对原企业将房地产转移、变更到分立后的企业，暂不征土地增值税。

4. 单位、个人在改制重组时以房地产作价入股进行投资，对其将房地产转移、变更到被投资的企业，暂不征土地增值税。改制重组有关土地增值税政策不适用于房地产转移任意一方为房地产开发企业的情形。

八、土地增值税的征收管理及纳税申报

(一) 预征管理

由于房地产开发与转让周期较长，土地增值税征管难度大，根据《中华人民共和国

土地增值税暂行条例实施细则》的规定，纳税人在项目全部竣工结算前转让房地产取得的收入可以预征土地增值税，具体办法由各省、自治区、直辖市税务局根据当地情况制定。为了发挥土地增值税在预征阶段的调节作用，对已经实行预征办法的地区，可根据不同类型房地产的实际情况确定适当的预征率。除保障性住房外，东部地区省份预征率不得低于2%，中部和东北地区省份不得低于1.5%，西部地区省份不得低于1%。

对于纳税人预售房地产所取得的收入，凡当地税务机关规定预征土地增值税的，纳税人应当到主管税务机关办理纳税申报，并按规定比例预交税款，待办理决算后多退少补；凡当地税务机关规定不预征土地增值税的，也应在取得收入时先到税务机关登记或备案。

（二）纳税地点

土地增值税的纳税人应向房地产所在地主管税务机关办理纳税申报，并在税务机关核定的期限内缴纳土地增值税。房地产所在地是指房地产的坐落地。纳税人转让的房地产坐落在两个或两个以上地区的，应按房地产所在地分别申报纳税。在实际工作中，纳税地点的确定又可分为以下两种情况：

1. 纳税人是法人的，当转让的房地产坐落地与其机构所在地或经营所在地一致时，在办理税务登记的原管辖税务机关申报纳税即可；如果转让的房地产坐落地与其机构所在地或经营所在地不一致，在房地产坐落地所管辖的税务机关申报纳税。

2. 纳税人是自然人的，当转让的房地产坐落地与其居住所在地一致时，在住所所在地税务机关申报纳税；当转让的房地产坐落地与其居住所在地不一致时，在房地产坐落地的税务机关申报纳税。

（三）纳税申报

土地增值税的纳税人应在转让房地产合同签订后的7日内，到房地产所在地主管税务机关办理纳税申报。土地增值税的纳税申报表分为从事房地产开发纳税人和其他纳税人两种类型，纳税人应按照规定期限办理纳税申报，并如实填写土地增值税税源明细表（表8-20）以及财产和行为税纳税申报表（表8-21）。

根据【做中学8-15】填写土地增值税纳税申报表。

表8-20　土地增值税税源明细表（部分）

税款所属期限：自　　年　月　日至　　年　月　日
纳税人识别号（统一社会信用代码）：□□□□□□□□□□□□□□□□□□
纳税人名称：　　　　　　　　　　　　金额单位：人民币元（列至角分）；面积单位：平方米

土地增值税项目登记表（从事房地产开发的纳税人适用）			
项目名称		项目地址	
土地使用权受让（行政划拨）合同号		受让（行政划拨）时间	

（续表）

建设项目起讫时间		总预算成本		单位预算成本	
项目详细坐落地点					
开发土地总面积		开发建筑总面积		房地产转让合同名称	

转让次序	转让土地面积（按次填写）	转让建筑面积（按次填写）	转让合同签订日期（按次填写）
第 1 次			
第 2 次			
……			
备注			

土地增值税申报计算及减免信息
申报类型：
1. 从事房地产开发的纳税人预缴适用 □
2. 从事房地产开发的纳税人清算适用 □
3. 从事房地产开发的纳税人按核定征收方式清算适用 □
4. 纳税人整体转让在建工程适用□
5. 从事房地产开发的纳税人清算后尾盘销售适用 □
6. 转让旧房及建筑物的纳税人适用 □
7. 转让旧房及建筑物的纳税人核定征收适用 □

项目名称				项目编码			
项目地址							
项目总可售面积				自用和出租面积			
已售面积		其中：普通住宅已售面积		其中：非普通住宅已售面积		其中：其他类型房地产已售面积	
清算时已售面积				清算后剩余可售面积			

申报类型	项目	序号	金额			
			普通住宅	非普通住宅	其他类型房地产	总额
1. 从事房地产开发的纳税人预缴适用	一、房产类型子目	1				—
	二、应税收入	2=3+4+5				
	1. 货币收入	3				
	2. 实物收入及其他收入	4				
	3. 视同销售收入	5				
	三、预征率（%）	6				—

（续表）

2. 从事房地产开发的纳税人清算适用 3. 从事房地产开发的纳税人按核定征收方式清算适用 4. 纳税人整体转让在建工程适用	一、转让房地产收入总额		1=2+3+4	30 000 000			
	1. 货币收入		2	30 000 000			
	2. 实物收入及其他收入		3				
	3. 视同销售收入		4				
	二、扣除项目金额合计		5=6+7+14+17+21+22	16 428 800			
	1. 取得土地使用权所支付的金额		6	2 575 000			
	2. 房地产开发成本		7=8+9+10+11+12+13	10 200 000			
	其中：土地征用及拆迁补偿费		8	1 000 000			
	前期工程费		9	1 000 000			
	建筑安装工程费		10	6 000 000			
	基础设施费		11	1 000 000			
	公共配套设施费		12	500 000			
	开发间接费用		13	700 000			
	3. 房地产开发费用		14=15+16	918 800			
	其中：利息支出		15	280 000			
	其他房地产开发费用		16	638 800			
	4. 与转让房地产有关的税金等		17=18+19+20	180 000			
	其中：营业税		18	0			
	城市维护建设税		19	105 000			
	教育费附加		20	75 000			
	5. 财政部规定的其他扣除项目		21	2 555 000			
	6. 代收费用 （纳税人整体转让在建工程不填此项）		22	0			
	三、增值额		23=1−5	13 571 200			
	四、增值额与扣除项目金额之比（%）		24=23÷5	82.61			
	五、适用税率（核定征收率）（%）		25	40			
	六、速算扣除系数（%）		26	5			
	七、减免税额		27=29+31+33				
	其中：减免税（1）	减免性质代码和项目名称（1）	28				
		减免税额（1）	29				
	减免税（2）	减免性质代码和项目名称（2）	30				
		减免税额（2）	31				
	减免税（3）	减免性质代码和项目名称（3）	32				
		减免税额（3）	33				

（续表）

5. 从事房地产开发的纳税人清算后尾盘销售适用	一、转让房地产收入总额		1=2+3+4				
	1. 货币收入		2				
	2. 实物收入及其他收入		3				
	3. 视同销售收入		4				
	二、扣除项目金额合计		5=6×7+8				
	1. 本次清算后尾盘销售的销售面积		6				
	2. 单位成本费用		7				
	3. 本次与转让房地产有关的税金		8=9+10+11				
	其中：营业税		9				
	城市维护建设税		10				
	教育费附加		11				
	三、增值额		12=1−5				
	四、增值额与扣除项目金额之比（%）		13=12÷5				
	五、适用税率（核定征收率）（%）		14				
	六、速算扣除系数（%）		15				
	七、减免税额		16=18+20+22				
	其中：减免税（1）	减免性质代码和项目名称（1）	17				
		减免税额（1）	18				
	减免税（2）	减免性质代码和项目名称（2）	19				
		减免税额（2）	20				
	减免税（3）	减免性质代码和项目名称（3）	21				
		减免税额（3）	22				

表 8-21　财产和行为税纳税申报表

纳税人识别号（统一社会信用代码）：□□□□□□□□□□□□□□□□□□

纳税人名称：　　　　　　　　　　　　　　　　　　　　金额单位：人民币元（列至角分）

序号	税种	税目	税款所属期起	税款所属期止	计税依据	税率	应纳税额	减免税额	已缴税额	应退（补）税额
1	土地增值税		略	略	13 571 200	40%	4 607 100	0	0	4 607 100
2										
3										
4										
5										
6										

（续表）

序号	税种	税目	税款所属期起	税款所属期止	计税依据	税率	应纳税额	减免税额	已缴税额	应退（补）税额
7										
8										
9										
10										
11	合计	—	—	—	—	—	4 607 100	0	0	4 607 100
声明：此表是根据国家税收法律法规及相关规定填写的，本人（单位）对填报内容（及附带资料）的真实性、可靠性、完整性负责。 纳税人（签章）：略　　2022 年 6 月 11 日										
经办人： 经办人身份证号： 代理机构签章： 代理机构统一社会信用代码：					受理人： 受理税务机关（章）： 受理日期：　　年　月　日					

任务 8.6 房产税法

房产税法，是指国家制定的调整房产税征收与缴纳之间权利及义务关系的法律规范。现行房产税法的基本规范，是 1986 年 9 月 15 日国务院颁布的《中华人民共和国房产税暂行条例》（以下简称《房产税暂行条例》）。2011 年 1 月 8 日国务院令第 588 号《国务院关于废止和修改部分行政法规的规定》进行了修改。征收房产税有利于地方政府筹集财政收入，也有利于加强房产管理。

一、房产税的纳税义务人和征税范围

（一）纳税义务人

房产税是以房屋为征税对象，按照房屋的计税余值或租金收入向产权所有人征收的一种财产税。房产税由产权所有人缴纳。房产税以在征税范围内的房屋产权所有人为纳税人。其中：

1. 产权属国家所有的，由经营管理单位纳税；产权属集体和个人所有的，由集体单位和个人纳税。所称单位包括国有企业、集体企业、私营企业、股份制企业、外商投资企业、外国企业以及其他企业和事业单位、社会团体、国家机关、军队以及其他单位；所称个人包括个体工商户以及其他个人。

2. 产权出典的，由承典人纳税。所谓产权出典，是指产权所有人将房屋、生产资料等的产权，在一定期限内典当给他人使用而取得资金的一种融资业务。这种业务大多发生于出典人急需用款但又想保留产权回赎权的情况。承典人向出典人交付一定的典价之后，在质典期内即获抵押物品的支配权并可转典，产权的典价一般要低于卖价。出典人在规定期间内归还典价的本金和利息，方可赎回出典房屋等的产权。由于在房屋出典期间产权所有人已无权支配房屋，税法规定由对房屋具有支配权的承典人为纳税人。

3. 产权所有人、承典人不在房屋所在地的，或者产权未确定及租典纠纷未解决的，由房产代管人或者使用人缴纳。所谓租典纠纷，是指产权所有人在房产出典和租赁关系上与承典人、租赁人发生争议，特别是权利和义务的争议悬而未决的。此外还有一些产权归属不清的问题，也属于租典纠纷。对租典纠纷尚未解决的房产，规定由代管人或使用人为纳税人，目的在于加强征收管理，保证房产税及时入库。

4. 无租使用其他单位房产的应税单位和个人，依照房产余值代缴纳房产税。

（二）征税范围

房产税以房产为征税对象。所谓房产，是指有屋面和围护结构（有墙或两边有柱），能够遮风避雨，可供人们在其中生产、学习、工作、娱乐、居住或储藏物资的场所。房地产开发企业建造的商品房在出售前不征收房产税，但对出售前房地产开发企业已使用或出租、出借的商品房应按规定征收房产税。房产税的征税范围为城市、县城、建制镇和工矿区。具体规定如下：

1. 城市是指国务院批准设立的市。
2. 县城是指县人民政府所在地的地区。
3. 建制镇是指经省、自治区、直辖市人民政府批准设立的建制镇。
4. 工矿区是指工商业比较发达、人口比较集中、符合国务院规定的建制镇标准，但尚未设立建制镇的大中型工矿企业所在地。开征房产税的工矿区须经省、自治区、直辖市人民政府批准。

房产税的征税范围不包括农村。主要是因为农村的房屋除农副业生产用房外大部分是农民居住用房，农村房屋不纳入房产税征税范围，有利于减轻农民负担，促进农村经济繁荣，促进农业发展和社会稳定。

二、房产税的计税依据、税率和应纳税额的计算

（一）计税依据

房产税的计税依据是房产的计税余值或房产的租金收入。按照房产计税余值征税的，称为从价计征；按照房产租金收入计征的，称为从租计征。

1. 从价计征

从价计征房产税的计税余值是指依照税法规定按房产原值一次减除10%～30%损耗

价值后的余值。各地扣除比例由当地省、自治区、直辖市人民政府确定。

房产原值是指纳税人按照会计制度规定，在会计核算账簿“固定资产”科目中记载的房屋原价。因此，凡按会计制度规定在账簿中记载有房屋原价的，应以房屋原价减除一定比例后作为房产余值计征房产税；没有记载房屋原价的，按照上述原则，并参照同类房屋确定房产原值按规定计征房产税。

值得注意的是，自2009年1月1日起，对依照房产原值计税的房产，不论是否记载在会计账簿固定资产科目中，均应按照房屋原价计算缴纳房产税。房屋原价应根据国家有关会计制度规定进行核算。对纳税人未按国家会计制度规定核算并记载的，应按规定予以调整或重新评估。

自2020年12月21日起，对按照房产原值计税的房产，无论会计上如何核算，房产原值均应包含地价，包括为取得土地使用权支付的价款、开发土地发生的成本费用等。宗地容积率低于0.5的，按房产建筑面积的2倍计算土地面积，并据此确定计入房产原值的地价。

房产原值应包括与房屋不可分割的各种附属设备或一般不单独计算价值的配套设施。主要有暖气、卫生、通风、照明、煤气等设备；各种管线，如蒸汽、压缩空气、石油、给水排水管道及电力、电信、电缆导线；电梯、升降机、过道、晒台等。属于房屋附属设备的水管、下水道、暖气管、煤气管等，应从最近的探视井或三通管起计算原值；电灯网、照明线从进线盒连接管起计算原值。

自2006年1月1日起，为了维持和增加房屋的使用功能，使房屋满足设计要求，凡以房屋为载体，不可随意移动的附属设备和配套设施，无论在会计核算中是否单独记账与核算，都应计入房产原值计征房产税。

对于更换房屋附属设备和配套设施的，在将其价值计入房产原值时可扣减原来相应设备和设施的价值；对附属设备和配套设施中易损坏、需要经常更换的零配件，更新后不再计入房产原值。纳税人对原有房屋进行改建、扩建的，要相应增加房屋的原值。

对投资联营的房产，在计征房产税时应予以区别对待。对于以房产投资联营、投资者参与投资利润分红、共担风险的，按房产余值作为计税依据计征房产税；对以房产投资收取固定收入、不承担联营风险的，实际是以联营名义取得房产租金，应根据《房产税暂行条例》的有关规定，由出租方按租金收入计缴房产税。

融资租赁的房产由承租人自融资租赁合同约定开始日的次月起依照房产余值缴纳房产税。合同未约定开始日的，由承租人自合同签订的次月起依照房产余值缴纳房产税。

居民住宅区内业主共有的经营性房产缴纳房产税。从2007年1月1日起，对居民住宅区内业主共有的经营性房产，由实际经营（包括自营和出租）的代管人或使用人缴纳房产税。其中，自营的，依照房产原值减除10%～30%后的余值计征，没有房产原值或不能将业主共有房产与其他房产的原值准确划分开的，由房产所在地税务机关参照同类房产核定房产余值；出租的，依照租金收入计征。

凡在房产税征收范围内的具备房屋功能的地下建筑，包括与地上房屋相连的地下建筑以及完全建在地面以下的建筑、地下人防设施等，均应当依照有关规定征收房产税。自用的地下建筑按以下方式计税：

(1) 工业用途房产，以房屋原价的 50%～60%作为应税房产原值。计算公式为：

$$应纳房产税的税额=应税房产原值\times[1-(10\%\sim30\%)]\times1.2\%$$

(2) 商业和其他用途房产，以房屋原价的 70%～80%作为应税房产原值。计算公式为：

$$应纳房产税的税额=应税房产原值\times[1-(10\%\sim30\%)]\times1.2\%$$

房屋原价折算为应税房产原值的具体比例由各省、自治区、直辖市和计划单列市的财政和地方税务部门在上述幅度内自行确定。

(3) 对于与地上房屋相连的地下建筑，如房屋的地下室、地下停车场、商场的地下部分等，应将地下部分与地上房屋视为一个整体，按照地上房屋建筑的有关规定计算征收房产税。

2. 从租计征

房产出租的，以房产租金收入为房产税的计税依据。所谓房产的租金收入，是指房屋产权所有人出租房产使用权所得的报酬，包括货币收入和实物收入。对于出租房产，租赁双方签订的租赁合同约定有免收租金期限的，免收租金期间由产权所有人按照房产原值缴纳房产税；出租的地下建筑按照出租地上房屋建筑的有关规定计算征收房产税。

(二) 税率

我国现行房产税采用的是比例税率。由于房产税的计税依据分为从价计征和从租计征两种形式，所以房产税的税率也有两种，一种是按房产原值一次减除 10%～30%后的余值计征，税率为 1.2%；另一种是按房产出租的租金收入计征，税率为 12%。自 2008 年 3 月 1 日起，对个人出租住房，不区分用途，均按 4%的税率征收房产税。对企事业单位、社会团体以及其他组织向个人、专业化规模化住房租赁企业出租住房的，减按 4%的税率征收房产税。

(三) 应纳税额的计算

房产税的计税依据有两种，应纳税额计算也分为两种：一是从价计征的计算；二是从租计征的计算。

1. 从价计征的计算

从价计征是按房产的原值减除一定比例后的余值计征，其计算公式为：

$$应纳房产税税额=应税房产原值\times(1-扣除比例)\times1.2\%$$

【做中学 8-17】 某企业的经营用房原值为 5 000 万元，按照当地规定允许减除 30%

后按余值计税，适用税率为1.2%。计算其应纳房产税税额。

【答案】 应纳房产税税额＝5 000×(1－30%)×1.2% ＝42(万元)

2. 从租计征的计算

从租计征是按房产的租金收入计征，其计算公式为：

应纳房产税税额＝租金收入×12%(或4%)

【做中学8-18】 某公司出租房屋10间，年租金收入为300 000元，适用税率为12%。计算其应纳房产税税额。

【答案】 应纳房产税税额＝300 000×12%＝36 000(元)

【做中学8-19】 某企业为增值税一般纳税人，2022年年初账面建筑物原值5 000万元，总占地面积160 000平方米。项目原值及占地面积见表8-22。

表8-22 企业项目原值及占地面积

项目	原值（万元）	占地面积（平方米）
厂房	2 500	20 000
仓库	1 000	15 000
托儿所	500	300
露天游泳池	200	2 000
车库	800	7 000
厂区内绿地	—	10 000
厂区道路等	—	105 700
合计	5 000	160 000

该企业3月给厂房安装了中央空调，并于当月安装完毕，空调账面价值200万元。将仓库租给其他单位，7月31日交付，并于8月1日起按月收取租金，含税月租金9万元，租期1年。

其他相关资料：该企业不动产建成于“营改增”之前，故与之相关的增值税计算均选择了简易计税方法，当地房产原值减除比例为20%，城镇土地使用税每平方米年税额4元。

请根据上述内容完成下列问题。

1. 计算该企业8月出租仓库应缴纳的增值税。
2. 计算该企业当年应缴纳的房产税
3. 计算该企业当年应缴纳的城镇土地使用税。

【答案】 1. 该企业8月出租仓库应纳增值税＝9÷(1＋5%)×5%＝0.43(万元)

2. 中央空调要调增房产原值，从安装完成的次月起按照调增后房产原值计算缴纳房产税。

该企业当年厂房应纳房产税＝2 500×(1－20%)×1.2%×3÷12＋(2 500＋200)×(1－20%)×1.2%×9÷12＝25.44(万元)

该企业当年仓库应纳房产税＝1 000×(1－20%)×1.2%×7÷12＋9÷(1＋5%)×12%×5＝5.6＋5.14＝10.74(万元)

该企业当年车库应纳房产税＝800×(1－20%)×1.2%＝7.68(万元)

托儿所用房免征房产税；露天游泳池不属于房产，不缴纳房产税。

该企业当年共计应纳房产税＝25.44＋10.74＋7.68＝43.86(万元)

3. 托儿所用地免征城镇土地使用税。

该企业当年应纳城镇土地使用税＝(160 000－300)×4÷10 000＝63.88(万元)

三、房产税的税收优惠

房产税的税收优惠是根据国家政策需要和纳税人的负担能力制定的。由于房产税属于地方税，因此给予了地方一定的减免权限，有利于地方因地制宜处理问题。

1. 国家机关、人民团体、军队自用的房产免征房产税。自用的房产是指这些单位本身的办公用房和公务用房，出租房产以及非自身业务使用的生产、营业用房不属于免税范围。

2. 由国家财政部门拨付事业经费的单位，如学校、医疗卫生单位、托儿所、幼儿园、敬老院、文化、体育、艺术等实行全额或差额预算管理的事业单位所有的，本身业务范围内使用的房产免征房产税。由国家财政部门拨付事业经费的单位，其经费来源实行自收自支后应征收房产税。

3. 宗教寺庙、公园、名胜古迹自用的房产免征房产税。宗教寺庙、公园、名胜古迹中附设的营业单位，如影剧院、饮食部、茶社、照相馆等所使用的房产及出租的房产不属于免税范围，应照章纳税。

4. 个人所有非营业用的房产免征房产税。个人所有的非营业用房主要是指居民住房，不分面积多少，一律免征房产税。个人拥有的营业用房或者出租的房产不属于免税房产，应照章纳税。

5. 对非营利性医疗机构、疾病控制机构和妇幼保健机构等卫生机构自用的房产，免征房产税。

6. 从2001年1月1日起，对按政府规定价格出租的公有住房和廉租住房，包括企业和自收自支事业单位向职工出租的单位自有住房、房管部门向居民出租的公有住房、落实私房政策中带户发还产权并以政府规定租金标准向居民出租的私有住房等，暂免征收房产税。

7. 为支持公共租赁住房（公租房）的建设和运营，对经营公租房的租金收入，免征房产税。公共租赁住房经营管理单位应单独核算公共租赁住房租金收入，未单独核算的，不得享受免征房产税优惠政策。

8. 企业办的各类学校、医院、托儿所、幼儿园自用的房产，免征房产税。

9. 经有关部门鉴定，对毁损不堪居住的房屋和危险房屋，在停止使用后，可免征房产税。

10. 自2004年7月1日起，纳税人因房屋大修导致连续停用半年以上的，在房屋大修期间免征房产税。

11. 凡是在基建工地为基建工地服务的各种工棚、材料棚、休息棚、办公室、食堂、锅炉房、汽车房等临时性房屋，无论是施工企业自行建造还是基建单位出资建造，交施工企业使用的，在施工期间一律免征房产税。但是，如果在基建工程结束后施工企业将这种临时性房屋交还或者低价转让给基建单位的，基建单位应当从接收的次月起依照规定缴纳房产税。

12. 纳税单位与免税单位共同使用的房屋，按各自使用的部分分别征收或免征房产税。

13. 房地产开发企业建造的商品房在出售前不征收房产税，但出售前房地产开发企业已使用或出租、出借的商品房应按规定征收房产税。

14. 自2019年6月1日起至2025年12月31日，为社区提供养老、托育、家政等服务的机构自用或其通过承租、无偿使用等方式取得并用于提供社区养老、托育、家政服务的房产免征房产税。

房产税调控房地产

四、房产税的征收管理及纳税申报

（一）纳税义务发生时间

纳税义务发生时间主要包括以下几种：

1. 纳税人将原有房产用于生产经营，从生产经营之月起缴纳房产税。

2. 纳税人自行新建房屋用于生产经营，从建成之次月起缴纳房产税。

3. 纳税人委托施工企业建设的房屋，从办理验收手续之次月起缴纳房产税。

4. 纳税人购置新建商品房，自房屋交付使用之次月起缴纳房产税。

5. 纳税人购置存量房，自办理房屋权属转移、变更登记手续，房地产权属登记机关签发房屋权属证书之次月起缴纳房产税。

6. 纳税人出租、出借房产，自交付出租、出借房产之次月起缴纳房产税。

7. 房地产开发企业自用、出租、出借本企业建造的商品房，自房屋使用或交付之次月起缴纳房产税。

8. 纳税人因房产的实物或权利状态发生变化而依法终止房产税纳税义务的，其应纳税款的计算应截止到房产的实物或权利状态发生变化的当月末。

（二）缴纳期限

房产税实行按年征收，分期缴纳。纳税期限由省、自治区、直辖市人民政府规定，一般按季或半年征收。

（三）纳税地点

房产税应在房产所在地缴纳。房产不在同一地方的纳税人应按房产的坐落地点分别向房产所在地的税务机关申报纳税。

（四）纳税申报

房产税的纳税人应按照房产税暂行条例的有关规定及时办理纳税申报，并如实填写财产和行为税纳税申报表（表8-3）、财产和行为税减免税明细申报附表（表8-4）以及房产税税源明细表（表8-14）。

任务8.7 契 税 法

契税法是指国家制定的用以调整契税征收与缴纳权利及义务关系的法律规范。现行契税法的基本规范是2020年8月11日第十三届全国人民代表大会常务委员会第二十一次会议表决通过，并于2021年9月1日开始施行的《中华人民共和国契税法》（以下简称《契税法》）。

契税是以在中华人民共和国境内转移土地、房屋权属为征税对象，向承受权属的单位和个人征收的一种财产税。征收契税有利于增加地方财政收入，保护合法产权，避免产权纠纷。

一、契税的纳税义务人和征税范围

（一）纳税义务人

契税的纳税义务人是境内转移土地、房屋权属，承受的单位和个人。境内是指中华人民共和国实际税收行政管辖范围内。土地、房屋权属是指土地使用权和房屋所有权。单位是指企业单位、事业单位、国家机关、军事单位和社会团体以及其他组织。个人是指个体工商户及其他个人，包括中国公民和外籍人员。

（二）征税范围

征收契税的土地、房屋权属具体为土地使用权、房屋所有权。转移土地、房屋权属是指下列行为：①土地使用权出让；②土地使用权转让，包括出售、赠与、互换，不包括土地承包经营权和土地经营权的转移；③房屋买卖、赠与、互换。

具体征税范围包括以下内容。

1. 国有土地使用权出让

国有土地使用权出让是指土地使用者向国家交付土地使用权出让费用，国家将国有土地使用权在一定年限内让与土地使用者的行为。

2. 土地使用权转让

土地使用权转让是指土地使用者以出售、赠与、互换方式将土地使用权转移给其他单位和个人的行为。土地使用权转让不包括土地承包经营权和土地经营权的转移。

3. 房屋买卖

房屋买卖是指房屋所有者将其房屋出售，由承受者交付货币及实物、其他经济利益的行为。以下几种特殊情况视同买卖房屋：

（1）以作价投资（入股）、偿还债务等应交付经济利益的方式转移土地、房屋权属的，参照土地使用权出让、出售或房屋买卖确定契税适用税率、计税依据等。

（2）以划转、奖励等没有价格的方式转移土地、房屋权属的，参照土地使用权或房屋赠与确定契税适用税率、计税依据等。

税务机关依法核定计税价格，应参照市场价格，采用房地产价格评估等合理确定。

以自有房产作股投入本人独资经营的企业不征契税，因为以自有的房产投入本人独资经营的企业，产权所有人和使用权使用人未发生变化，不需办理房产变更手续，也不办理契税手续。

4. 房屋赠与

房屋赠与是指房屋产权所有人将房屋无偿转让给他人所有。房屋赠与的前提必须是产权无纠纷，赠与人和受赠人双方自愿。以获奖方式取得房屋产权实质上是接受赠与房产的行为，也应当缴纳契税。

5. 房屋互换

房屋互换是指房屋所有者之间互相交换房屋的行为。

6. 其他情形

下列情形发生土地、房屋权属转移的，承受方应当依法缴纳契税：

（1）因共有不动产份额变化的。

（2）因共有人增加或减少的。

（3）因人民法院、仲裁委员会的生效法律文书，或者监察机关出具的监察文书等因素发生土地、房屋权属转移的。

二、契税的计税依据、税率和应纳税额的计算

（一）计税依据

由于土地、房屋权属转移方式不同，定价方法不同，因而具体计税依据视不同情况而决定。

1. 土地使用权出让、出售，房屋买卖，计税依据为土地、房屋权属转移合同确定的成交价格，包括应交付的货币以及实物、其他经济利益对应的价款。土地使用权出售、房屋买卖，承受方计征契税的成交价格不含增值税，实际取得增值税发票的，成交价格以发票上注明的不含税价格确定。

2. 土地使用权互换、房屋互换，互换价格不相等的，以其差额为计税依据，由支付差额的一方缴纳契税；互换价格相等的，互换双方计税依据为零。土地使用权互换、房屋互换，契税计税依据为所互换的土地使用权、房屋价格的差额，即不含增值税价格的差额。

3. 土地使用权赠与、房屋赠与以及其他没有价格的转移土地、房屋权属行为，其计税依据为税务机关参照土地使用权出售、房屋买卖的市场价格依法核定的价格。税务机关核定的契税计税价格为不含增值税价格。

4. 以划拨方式取得的土地使用权，经批准转让房地产时，以补交的土地使用权出让费用或者土地收益为计税依据。具体包括：

(1) 以划拨方式取得的土地使用权，经批准改为出让方式重新取得该土地使用权的，应由该土地使用权人以补缴的土地出让价款为计税依据缴纳契税。

(2) 先以划拨方式取得土地使用权，后经批准转让房地产，划拨土地性质改为出让的，承受方应分别以补缴的土地出让价款和房地产权属转移合同确定的成交价格为计税依据缴纳契税。

(3) 先以划拨方式取得土地使用权，后经批准转让房地产，划拨土地性质未发生改变的，承受方应以房地产权属转移合同确定的成交价格为计税依据缴纳契税。

5. 土地使用权及所附建筑物、构筑物等（包括在建的房屋、其他建筑物、构筑物和其他附着物）转让的，计税依据为承受方应交付的总价款。

6. 土地使用权出让的，计税依据包括土地出让金、土地补偿费、安置补助费、地上附着物和青苗补偿费、征收补偿费、城市基础设施配套费、实物配建房屋等应交付的货币以及实物、其他经济利益对应的价款。

7. 房屋附属设施（包括停车位、机动车库、非机动车库、顶层阁楼、储藏室及其房屋附属设施）与房屋为同一不动产单元的，计税依据为承受方应交付的总价款，并适用与房屋相同的税率；房屋附属设施与房屋为不同不动产单元的，计税依据为转移合同确定的成交价格，并按当地确定的适用税率计税。

8. 承受已装修房屋的，应将包括装修费用在内的费用计入承受方应交付的总价款。

纳税人申报的成交价格、互换价格差额明显偏低且无正当理由的，由税务机关依照《税收征管法》的规定核定。

（二）税率

契税实行3%～5%的幅度税率。具体适用税率由省、自治区、直辖市人民政府在3%～5%的幅度内提出，报同级人民代表大会常务委员会决定，并报全国人民代表大会常务委员会和国务院备案。省、自治区、直辖市人民政府可以依照规定的程序，对不同主体、不同地区、不同类型的住房的权属转移确定差别税率。

（三）应纳税额的计算

契税的应纳税额按照计税依据乘以具体适用税率计算。计算公式为：

应纳契税税额＝计税依据×税率

【做中学 8-20】 林某有一套面积为 140 平方米的住宅，价值 96 万元。黄某有一套面积为 120 平方米的住宅，价值 72 万元。两人进行房屋交换，差价部分黄某以现金补偿林某。已知契税适用税率为 3%。计算黄某应纳税额。

【答案】 黄某应缴纳契税＝(96－72)×3%＝0.72(万元)

【做中学 8-21】 居民甲有两套住房，将一套出售给居民乙，成交价格为 120 万元；将另一套两室住房与居民丙交换成两套一室住房，并支付给丙换房差价款 30 万元。计算甲、乙、丙相关行为应缴纳的契税（假定税率为 4%）。

【答案】 1. 甲应缴纳契税＝30×4%＝1.2(万元)

2. 乙应缴纳契税＝120×4%＝4.8(万元)

3. 丙无须缴纳契税。

三、契税的税收优惠

（一）法定免税

有下列情形之一的，免征契税：

1. 国家机关、事业单位、社会团体、军事单位承受土地、房屋权属用于办公、教学、医疗、科研、军事设施。

2. 非营利性的学校、医疗机构、社会福利机构承受土地、房屋权属用于办公、教学、医疗、科研、养老、救助。

3. 承受荒山、荒地、荒滩土地使用权用于农、林、牧、渔业生产。

4. 婚姻关系存续期间夫妻之间变更土地、房屋权属。

5. 法定继承人通过继承承受土地、房屋权属。

6. 依照法律规定应当予以免税的外国驻华使馆、领事馆和国际组织驻华代表机构承受土地、房屋权属。

离婚时房产会平分吗？

（二）授权国务院减免

根据国民经济和社会发展的需要，国务院对居民住房需求保障、企业改制重组、灾后重建等情形可以规定免征或者减征契税，报全国人民代表大会常务委员会备案。

（三）授权省、自治区、直辖市减免

省、自治区、直辖市可以决定对下列情形免征或者减征契税：

1. 因土地、房屋被县级以上人民政府征收、征用，重新承受土地、房屋权属。

2. 因不可抗力灭失住房，重新承受住房权属。

免征或者减征契税的具体办法由省、自治区、直辖市人民政府提出，报同级人民代表大会常务委员会决定，并报全国人民代表大会常务委员会和国务院备案。

纳税人改变有关土地、房屋的用途，或者有其他不再属于《契税法》第六条规定的免征、减征契税情形的，应当缴纳已经免征、减征的税款。

（四）延续执行的《契税法》实施前制定的税收优惠

1. 夫妻因离婚分割共同财产发生土地、房屋权属变更的，免征契税。

2. 城镇职工按规定第一次购买公有住房，免征契税。公有制单位为解决职工住房而采取集资建房方式建成的普通住房，或由单位购买的普通商品住房，经县级以上地方人民政府房改部门批准、按照国家房改政策出售给本单位职工的，如属职工首次购买住房，比照公有住房免征契税。

3. 已购公有住房经补缴土地出让价款成为完全产权住房的，免征契税。

4. 个人购买家庭唯一住房（家庭成员范围包括购房人、配偶以及未成年子女，下同），面积为 90 平方米及以下的，减按 1%的税率征收契税；面积为 90 平方米以上的，减按 1.5%的税率征收契税。

5. 个人购买家庭第二套改善性住房，面积为 90 平方米及以下的，减按 1%的税率征收契税；面积为 90 平方米以上的，减按 2%的税率征收契税（北京市、上海市、广州市、深圳市不实施该项规定，采用当地规定的契税税率 3%）。

6. 个人购买经济适用住房，在法定税率基础上减半征收契税。

7. 个人首次购买 90 平方米以下改造安置住房，按 1%的税率计征契税；购买超过 90 平方米，但符合普通住房标准的改造安置住房，按法定税率减半计征契税。

8. 个人因房屋被征收而取得货币补偿并用于购买改造安置住房，或因房屋被征收而进行房屋产权调换并取得改造安置住房，按有关规定减免契税。

9. 经济适用住房经营管理单位回购经济适用住房继续作为经济适用住房房源的，免征契税。

10. 棚户区改造中，经营管理单位回购已分配的改造安置住房继续作为改造安置房源的，免征契税。

11. 易地扶贫搬迁贫困人口按规定取得的安置住房、易地扶贫搬迁项目实施主体取得用于建设安置住房的土地、易地扶贫搬迁项目实施主体购买商品住房或者回购保障性住房作为安置住房房源，免征契税。

12. 2021 年 1 月 1 日至 2025 年 12 月 31 日，公租房经营管理单位购买住房作为公租

房的，免征契税。

13. 2021年1月1日至2027年12月31日，饮水工程运营管理单位为建设饮水工程而承受土地使用权的，免征契税。

14. 2019年6月1日至2025年12月31日，为社区提供养老、托育、家政等服务的机构，承受房屋、土地用于提供社区养老、托育、家政服务的，免征契税。

四、契税的征收管理及纳税申报

（一）纳税义务发生时间

契税的纳税义务发生时间为纳税人签订土地、房屋权属转移合同的当日，或者纳税人取得其他具有土地、房屋权属转移合同性质凭证的当日。特殊情形下，契税纳税义务发生时间规定如下：

1. 因人民法院、仲裁委员会的生效法律文书或者监察机关出具的监察文书等发生土地、房屋权属转移的，纳税义务发生时间为法律文书等生效当日。

2. 因改变土地、房屋用途等情形应当缴纳已经减征、免征契税的，纳税义务发生时间为改变有关土地、房屋用途等情形的当日。

3. 因改变土地性质、容积率等土地使用条件需补缴土地出让价款，应当缴纳契税的，纳税义务发生时间为改变土地使用条件当日。

发生上述情形，按规定不再需要办理土地、房屋权属登记的，纳税人应自纳税义务发生之日起90日内申报缴纳契税。

（二）纳税期限、纳税地点

纳税人应当在依法办理土地、房屋权属登记手续前申报缴纳契税。契税在土地、房屋所在地的税务征收机关缴纳。纳税人办理纳税事宜后，税务机关应当开具契税完税凭证。纳税人办理土地、房屋权属登记，不动产登记机构应当查验契税完税、减免税凭证或者有关信息。未按照规定缴纳契税的，不动产登记机构不予办理土地、房屋权属登记。

在依法办理土地、房屋权属登记前，权属转移合同、权属转移合同性质凭证不生效、无效、被撤销或者被解除的，纳税人可以向税务机关申请退还已缴纳的税款，税务机关应当依法办理。

税务机关应当与相关部门建立契税涉税信息共享和工作配合机制。自然资源、住房和城乡建设、民政、公安等相关部门应当及时向税务机关提供与转移土地、房屋权属有关的信息，协助税务机关加强契税征收管理。

税务机关及其工作人员对税收征收管理过程中知悉的纳税人的个人信息，应当依法予以保密，不得泄露或者非法向他人提供。

(三) 纳税申报

纳税人对契税依法进行申报纳税时，应当如实填报财产和行为税纳税申报表（表 8-3）及契税税源明细表（表 8-23），并根据具体情形提交下列资料：①纳税人身份证件；②土地、房屋权属转移合同或其他具有土地、房屋权属转移合同性质的凭证；③交付经济利益方式转移土地、房屋权属的，提交土地、房屋权属转移相关价款支付凭证，其中，土地使用权出让为财政票据，土地使用权出售、互换和房屋买卖、互换为增值税发票；④因人民法院、仲裁委员会的生效法律文书或者监察机关出具的监察文书等因素发生土地、房屋权属转移的，提交生效法律文书或监察文书等。

符合减免税条件的，应按规定附送有关资料或将资料留存备查。

表 8-23 契税税源明细表

纳税人识别号（统一社会信用代码）：□□□□□□□□□□□□□□□□□□
纳税人名称：
金额单位：人民币元（列至角分）；面积单位：平方米

* 税源编号	（系统自动带出）	* 土地房屋坐落地址	（必填）	不动产单元代码	（有不动产权证的，必填）
合同编号	（有合同编号的，必填）	* 合同签订日期	（必填）	* 共有方式	□单独所有 □按份共有 （转移份额：________） □共同共有 （共有人：________）
* 权属转移对象	（必选）	* 权属转移方式	（必选）	* 用途	（必选）
* 成交价格（不含增值税）	（必填）	* 权属转移面积	（必填）	* 成交单价	（系统自动带出）
* 评估价格	（系统自动带出）		* 计税价格	（系统自动带出）	
* 适用税率	（系统自动带出）		权属登记日期	（已办理权属登记的，必填）	
居民购房减免性质代码和项目名称			其他减免性质代码和项目名称（抵减金额：________）		

任务 8.8 印 花 税 法

印花税是一个很古老的税种，公元 1624 年，荷兰政府发生经济危机，财政困难。当时执掌政权的统治者摩里斯（Maurs）为了解决财政上的需要，拟提出要用增加税收的办法来解决支出的困难，但又怕人民反对，便要求政府的大臣们出谋献策。印花税的设计者可谓独具匠心，他认为“税收这种技术，就是拔最多的鹅毛，听最少的鹅叫”。印花税这种具有“拔最多鹅毛，听最少鹅叫”特点的税种应运而生。从 1624 年世界上第一次在荷兰出现印花税后，由于印花税“取微用宏”，简便易行，欧美各国竞相效法。

印花税法是国家制定的用以调整印花税征收与缴纳权利及义务关系的法律规范。

一、印花税概述

（一）印花税的含义

印花税是对经济活动和经济交往中书立、领受具有法律效力的凭证的行为而征收的一种税。纳税人主要通过在应税凭证上粘贴印花税票完成纳税义务，故而称为印花税。征收印花税有利于增加财政收入、培养自主纳税意识、配合和加强对经济合同和其他应纳税种的监督管理。

（二）印花税的发展沿革

印花税最早产生于1624年的荷兰，是世界各国普遍征收的一种行为税。中华人民共和国成立前，在北洋政府和国民党统治时期也先后开征过印花税。中华人民共和国成立以后，政务院于1950年发布了《印花税暂行条例》，在全国范围内开征印花税；1958年我国简化税制时，将印花税并入工商统一税，直至经济体制改革以前，印花税不再单设税种征收。

改革开放后，为适应商品经济发展的需求，在经济活动中普遍存在依法书立、领受各种经济凭证的现象，国务院于1988年8月6日发布了《中华人民共和国印花税暂行条例》，自1988年10月1日起施行。随着我国经济体制由计划经济向社会主义市场经济体制转变，印花税的征收在规范书立、领受经济凭证行为方面起着更加重要的作用。为进一步规范印花税管理，给纳税人提供便利，国家税务总局于2016年11月29日发布了《印花税管理规程（试行）》，自2017年1月1日起施行。

现行印花税的基本规范是1988年8月6日由国务院颁布并于同年10月1日实施的《中华人民共和国印花税暂行条例》、1988年9月29日财政部制定的《中华人民共和国印花税暂行条例施行细则》，以及《印花税管理规程（试行）》。2021年6月10日，中华人民共和国第十三届全国人民代表大会常务委员会第二十九次会议通过了《中华人民共和国印花税法》（以下简称《印花税法》），并于2022年7月1日起实施。原1988年10月1日实施的《中华人民共和国印花税暂行条例》废止。

（三）印花税的特点

我国印花税具有以下特点：①征税范围广，包括合同、产权转移书据、营业账簿、证券交易；②税负较轻，税率低，印花税最高税率为1‰；③主要是自行贴花纳税，实行“三自”纳税办法，即纳税人自行计算应纳税额、自行购买印花税票并贴花、自行盖章注销或划销；④多缴税额不退不抵。

二、印花税的纳税义务人

《印花税法》规定：在中华人民共和国境内书立应税凭证、进行证券交易的单位和个人，为印花税的纳税人，应当依法缴纳印花税。在中华人民共和国境外书立在境内使用的应税凭证的单位和个人，应当依法缴纳印花税。

应税凭证是指《印花税法》所附《印花税税目税率表》列明的合同、产权转移书据和营业账簿。证券交易是指转让在依法设立的证券交易所、国务院批准的其他全国性证券交易场所交易的股票和以股票为基础的存托凭证。证券交易印花税对证券交易的出让方征收，不对受让方征收。

在境外书立在境内使用的应税凭证，按照财政部税务总局 2022 年第 22 号公告的规定，分为以下四类情形：①应税凭证的标的为不动产的，该不动产在境内；②应税凭证的标的为股权的，该股权为中国居民企业的股权；③应税凭证的标的为动产或者商标专用权、著作权、专利权、专有技术使用权的，其销售方或者购买方在境内，但不包括境外单位或者个人向境内单位或者个人销售完全在境外使用的动产或者商标专用权、著作权、专利权、专有技术使用权；④应税凭证的标的为服务的，其提供方或者接受方在境内，但不包括境外单位或者个人向境内单位或者个人提供完全在境外发生的服务。

以上两种情况的单位和个人，应当依照税法规定缴纳印花税。

【做中学 8-22】 根据印花税法律制度的规定，下列各项中，属于印花税纳税人的是（　　）。

A. 合同双方当事人　　　　B. 合同的担保人

C. 合同的证人　　　　D. 合同的鉴定人

【答案】 A

三、印花税的征税范围、税目和税率

（一）征税范围

印花税的征税范围是指《印花税法》所附《印花税税目税率表》列明的合同、产权转移书据和营业账簿。

1. 合同包括借款合同、融资租赁合同、买卖合同、承揽合同、建设工程合同、运输合同、技术合同、租赁合同、保管合同、仓储合同、财产保险合同共 11 类合同。

2. 产权转移书据包括土地使用权的出让书据；土地使用权、房屋等建筑物和构筑物所有权转让书据（不包括土地承包经营权和土地经营权转移）；股权转让书据（不包括应缴纳证券交易印花税的）；商标专用权、著作权、专利权、专有技术使用权转让书据。

3. 营业账簿。

4. 证券交易。

（二）税目、税率

印花税的税目、税率，依照《印花税法》所附《印花税税目税率表》执行，见表8-24。

表8-24 印花税税目税率表

<table>
<tr><th colspan="2">税目</th><th>税率</th><th>备注</th></tr>
<tr><td rowspan="11">合同（指书面合同）</td><td>借款合同</td><td>借款金额的万分之零点五</td><td>指银行业金融机构、经国务院银行业监督管理机构批准设立的其他金融机构与借款人（不包括同业拆借）的借款合同</td></tr>
<tr><td>融资租赁合同</td><td>租金的万分之零点五</td><td></td></tr>
<tr><td>买卖合同</td><td>价款的万分之三</td><td>指动产买卖合同（不包括个人书立的动产买卖合同）</td></tr>
<tr><td>承揽合同</td><td>报酬的万分之三</td><td></td></tr>
<tr><td>建设工程合同</td><td>价款的万分之三</td><td></td></tr>
<tr><td>运输合同</td><td>运输费用的万分之三</td><td>指货运合同和多式联运合同（不包括管道运输合同）</td></tr>
<tr><td>技术合同</td><td>价款、报酬或者使用费的万分之三</td><td>不包括专利权、专有技术使用权转让书据</td></tr>
<tr><td>租赁合同</td><td>租金的千分之一</td><td></td></tr>
<tr><td>保管合同</td><td>保管费的千分之一</td><td></td></tr>
<tr><td>仓储合同</td><td>仓储费的千分之一</td><td></td></tr>
<tr><td>财产保险合同</td><td>保险费的千分之一</td><td>不包括再保险合同</td></tr>
<tr><td rowspan="4">产权转移书据</td><td>土地使用权的出让书据</td><td>价款的万分之五</td><td rowspan="4">转让包括买卖（出售）、继承、赠与、互换、分割</td></tr>
<tr><td>土地使用权、房屋等建筑物和构筑物所有权转让书据（不包括土地承包经营权和土地经营权转移）</td><td>价款的万分之五</td></tr>
<tr><td>股权转让书据（不包括应缴纳证券交易印花税的）</td><td>价款的万分之五</td></tr>
<tr><td>商标专用权、著作权、专利权、专有技术使用权转让书据</td><td>价款的万分之三</td></tr>
<tr><td colspan="2">营业账簿</td><td>实收资本（股本）、资本公积合计金额的万分之二点五</td><td></td></tr>
<tr><td colspan="2">证券交易</td><td>成交金额的千分之一</td><td></td></tr>
</table>

《印花税法》所附《印花税税目税率表》中“买卖合同”按照《中华人民共和国民法典》相关规定，签订主体包括个人，因此在备注中明确买卖合同不包括个人订立的动产买卖合同，遵循了印花税立法税制平移的原则。具体来说，备注中“不包括个人书立

的动产买卖合同”是指动产买卖合同的书立人中有个人的，那么该动产买卖合同不属于征税范围，该动产买卖合同所有书立人均不缴纳印花税。

证券交易印花税对股市的影响

四、印花税的计税依据

（一）印花税计税依据的一般规定

1. 应税合同的计税依据为合同所列的金额，不包括列明的增值税税款。

2. 应税产权转移书据的计税依据为产权转移书据所列的金额，不包括列明的增值税税款。

3. 应税营业账簿的计税依据为账簿记载的实收资本（股本）、资本公积合计金额。

4. 证券交易的计税依据为成交金额。

（二）印花税计税依据的特殊规定

1. 应税合同、产权转移书据未列明金额的，印花税的计税依据按照实际结算的金额确定。

2. 计税依据按照上述规定仍不能确定的，按照书立合同、产权转移书据时的市场价格确定；依法应当执行政府定价或者政府指导价的，按照国家有关规定确定。

3. 证券交易无转让价格的，按照办理过户登记手续时该证券前一个交易日收盘价计算确定计税依据；无收盘价的，按照证券面值计算确定计税依据。

4. 同一应税凭证由两方以上当事人书立的，按照各自涉及的金额分别计算应纳税额。

5. 已缴纳印花税的营业账簿，以后年度记载的实收资本（股本）、资本公积合计金额比已缴纳印花税的实收资本（股本）、资本公积合计金额增加的，按照增加部分计算应纳税额。

【思考】 印花税应税合同所提的计税依据的金额，是含增值税的价款还是不含增值税的价款呢？

五、印花税应纳税额的计算

印花税的应纳税额按照计税依据乘以适用税率计算。同一应税凭证载有两个以上税目事项并分别列明金额的，按照各自适用的税目税率分别计算应纳税额；未分别列明金额的，从高适用税率。计算公式为：

$$印花税应纳税额＝计税金额 \times 税率$$

【做中学 8-23】 北京高扬有限责任公司与法国一公司在巴黎签订了一份购销合同，合同所载金额为 6 000 万元人民币，印花税税率为 0.3‰。高扬有限责任公司回国履行合同时应缴纳的印花税为（　　）万元。

A. 1.8　　B. 0　　C. 0.9　　D. 3.6

【答案】 A

【解析】 高扬有限责任公司应纳印花税＝6 000×0.3‰＝1.8(万元)

【做中学 8-24】 2023 年 3 月，甲企业与乙企业签订了一份合同，由甲向乙提供货物并运输到乙指定的地点，其中，买卖合同标的金额为 300 万元、运输费用 50 万。货物买卖合同适用的印花税率为 0.3‰，运输合同适用的印花税率为 0.3‰。根据印花税规定，甲企业应纳印花税为（　　）万元。

A. 0.24　　B. 0.105　　C. 0.09　　D. 0.06

【答案】 B

【解析】 甲企业应纳印花税＝300×0.3‰＋50×0.3‰＝0.105(万元)

【做中学 8-25】 某企业 2023 年 1 月转让一处旧厂房，签订转让合同，注明含增值税销售收入 1 050 万元，适用简易计税方法。计算转让厂房的应缴纳的印花税。

【答案】 转让厂房应缴纳的印花税＝1 050×0.5‰＝0.525(万元)

需要注意的是，应税凭证金额为人民币以外的货币的，应当按照凭证书立当日的人民币汇率中间价折合人民币确定计税依据。

境内的货物多式联运，采用在起运地统一结算全程运费的，以全程运费作为运输合同的计税依据，由起运地运费结算双方缴纳印花税；采用分程结算运费的，以分程的运费作为计税依据，分别由办理运费结算的各方缴纳印花税。

未履行的应税合同、产权转移书据，已缴纳的印花税不予退还及抵缴税款。纳税人多贴的印花税票，不予退税及抵缴税款。

六、印花税的税收优惠

下列凭证免征印花税：

1. 应税凭证的副本或者抄本。

2. 依照法律规定应当予以免税的外国驻华使馆、领事馆和国际组织驻华代表机构为获得馆舍书立的应税凭证。

3. 中国人民解放军、中国人民武装警察部队书立的应税凭证。

4. 农民、家庭农场、农民专业合作社、农村集体经济组织、村民委员会购买农业生产资料或者销售农产品书立的买卖合同和农业保险合同。

5. 无息或者贴息借款合同、国际金融组织向中国提供优惠贷款书立的借款合同。

6. 财产所有权人将财产赠与政府、学校、社会福利机构、慈善组织书立的产权转移书据。

7. 非营利性医疗卫生机构采购药品或者卫生材料书立的买卖合同。

8. 个人与电子商务经营者订立的电子订单。

根据国民经济和社会发展的需要，国务院对居民住房需求保障、企业改制重组、破产、支持小型微型企业发展等情形可以规定减征或者免征印花税，报全国人民代表大会常务委员会备案。

企业之间书立的确定买卖关系、明确买卖双方权利义务的订单、要货单等单据，且未另外书立买卖合同的，应当按规定缴纳印花税。

发电厂与电网之间、电网与电网之间书立的购售电合同，应当按买卖合同税目缴纳印花税。

七、印花税的征收管理及纳税申报

（一）纳税方式

印花税可以采用粘贴印花税票或者由税务机关依法开具其他完税凭证的方式缴纳。印花税票粘贴在应税凭证上的，由纳税人在每枚税票的骑缝处盖戳注销或者画销。印花税票由国务院税务主管部门监制。

纳税人为境外单位或者个人，在境内有代理人的，以其境内代理人为扣缴义务人；在境内没有代理人的，由纳税人自行申报缴纳印花税，具体办法由国务院税务主管部门规定。证券登记结算机构为证券交易印花税的扣缴义务人，应当向其机构所在地的主管税务机关申报解缴税款以及银行结算的利息。

（二）纳税义务发生时间及纳税期限

印花税的纳税义务发生时间为纳税人书立应税凭证或者完成证券交易的当日。证券交易印花税扣缴义务发生时间为证券交易完成的当日。印花税按季、按年或者按次计征。实行按季、按年计征的，纳税人应当自季度、年度终了之日起十五日内申报缴纳税款；实行按次计征的，纳税人应当自纳税义务发生之日起十五日内申报缴纳税款。证券交易印花税按周解缴，证券交易印花税扣缴义务人应当自每周终了之日起五日内申报解缴税款以及银行结算的利息。

（三）纳税地点

纳税人为单位的，应当向其机构所在地的主管税务机关申报缴纳印花税；纳税人为个人的，应当向应税凭证书立地或者纳税人居住地的主管税务机关申报缴纳印花税。不动产产权发生转移的，纳税人应当向不动产所在地的主管税务机关申报缴纳印花税。

印花税由税务机关依照《印花税法》和《税收征管法》的规定征收管理。纳税人、扣缴义务人和税务机关及其工作人员违反《印花税法》规定的，依照《税收征管法》和有关法律、行政法规的规定追究法律责任。

（四）纳税申报

在中华人民共和国境内书立印花税应税凭证的单位和个人、在中华人民共和国境外书立在境内使用的应税凭证的单位和个人，填报财产和行为税纳税申报表（表8-3）、财产和行为税减免税明细申报附表（表8-4）以及印花税税源明细表（表8-25），按规定向主管税务机关进行财产行为税综合申报。

表8-25　印花税税源明细表

纳税人识别号（统一社会信用代码）：□□□□□□□□□□□□□□□□□□□□
纳税人（缴费人）名称：　　　　　　　　　　　　　　　　　　金额单位：人民币元（列至角分）

序号	应税凭证税务编号	应税凭证编号	*应税凭证名称	*申报期限类型	应税凭证数量	*税目	子目	*税款所属期起	*税款所属期止	*应税凭证书立日期	*计税金额	实际结算日期	实际结算金额	*税率	减免性质代码和项目名称	对方书立人信息		
																对方书立人名称	对方书立人纳税人识别号（统一社会信用代码）	对方书立人涉及金额
1																		
2																		
3																		

任务8.9　车辆购置税法

车辆购置税法是指国家制定的用以调整车辆购置税征收与缴纳权利及义务关系的法律规范。现行车辆购置税法的基本规范是2018年12月29日第十三届全国人民代表大会常务委员会第七次会议通过，并于2019年7月1日起施行的《中华人民共和国车辆购置税法》（以下简称《车辆购置税法》）。原国务院公布的《中华人民共和国车辆购置税暂行条例》同时废止。

车辆购置税是以在中国境内购置规定车辆为课税对象、在特定的环节向车辆购置者征收的一种税。征收车辆购置税有利于合理筹集财政收入，规范政府行为，调节收入差距，也有利于配合打击车辆走私和维护国家权益。

我国车辆购置税具有以下特点：①征收范围单一；②征收环节单一；③税率单一；④征收方法单一；⑤征税具有特定目的；⑥价外征收，税负不发生转嫁。

一、车辆购置税的纳税义务人和征税范围

（一）纳税义务人

车辆购置税的纳税人是指在中华人民共和国境内购置汽车、有轨电车、汽车挂车、排气量超过150毫升的摩托车（以下统称应税车辆）的单位和个人。所称购置，是指以购买、进口、自产、受赠、获奖或者其他方式取得并自用应税车辆的行为，包括购买自用行为（包括购买自用的国产、进口车），进口自用行为，受赠使用行为，自产自用行为，获奖自用行为，拍卖、抵债、走私、罚没等其他自用行为。

车辆购置税实行一次性征收。购置已征车辆购置税的车辆，不再征收车辆购置税。车辆购置税由购置车辆的承受方缴纳，这点与契税相同。车辆购置税只对购置新车征税，对购置二手车不征税。

（二）征税范围

车辆购置税以列举的车辆作为征税对象，未列举的车辆不纳税。其征税范围包括汽车、有轨电车、汽车挂车、排气量超过150毫升的摩托车。地铁、轻轨等城市轨道交通车辆，装载机、平地机、挖掘机、推土机等轮式专用机械车，以及起重机（吊车）、叉车、电动摩托车，不属于应税车辆。

纳税人进口自用应税车辆是指纳税人直接从境外进口或者委托代理进口自用的应税车辆，不包括在境内购买的进口车辆。

为了体现税法的统一性、固定性、强制性和法律的严肃性特征，车辆购置税征收范围的调整由国务院决定，其他任何部门、单位和个人无权擅自扩大或缩小车辆购置税的征税范围。

车辆购置税优惠

二、车辆购置税的计税依据和税率

（一）计税依据

车辆购置税的计税依据为应税车辆的计税价格，按照下列规定确定：

1. 纳税人购买自用应税车辆的计税价格，为纳税人实际支付给销售者的全部价款，不包括增值税税款。计算公式为：

$$\text{计税价格}=\frac{\text{含增值税}}{\text{的价款}}\div\left(1+\frac{\text{增值税税率}}{\text{或征收率}}\right)=\left(\frac{\text{含增值税}}{\text{的价款}}+\text{价外费用}\right)\div\left(1+\frac{\text{增值税税率}}{\text{或征收率}}\right)$$

购买自用应税车辆的车辆购置税计税价格为增值税发票上注明的不含增值税的价款，与销售方计算增值税销项税额的计税依据相同。

【做中学8-26】　某企业2023年3月从4S店（一般纳税人）购置一台商务中巴车作

为通勤班车使用，机动车销售统一发票注明金额 25 万元，增值税 3.25 万元；另支付车辆装饰费，取得增值税专用发票，注明金额 0.77 万元，增值税 0.1 万元；支付保险费 1 万元，取得保险公司开具的增值税专用发票，金额 1 万元，增值税 0.06 万元。车辆购置税税率为 10%。计算应缴纳的车辆购置税。

【答案】 企业应纳车辆购置税＝25×10%＝2.5（万元）

应税车辆存在多条发票电子信息或者没有发票电子信息的，纳税人按照购置应税车辆实际支付给销售方的全部价款（不包括增值税税款）申报纳税。

2. 纳税人进口自用应税车辆的计税价格，为关税完税价格加上关税和消费税，即进口车辆的组成计税价格。进口自用应税车辆的车辆购置税计税价格为进口车辆的组成计税价格，与进口方计算进口增值税的计税依据相同。计算公式为：

进口应征消费税的小汽车、摩托车的组成计税价格＝关税完税价格＋关税＋消费税

＝（关税完税价格＋关税）÷（1－消费税税率）

进口不征消费税的车辆的组成计税价格＝关税完税价格＋关税

3. 纳税人自产自用应税车辆的计税价格，按照纳税人生产的同类应税车辆的销售价格确定，不包括增值税税款；没有同类应税车辆销售价格的，按组成计税价格确定。组成计税价格的公式为：

组成计税价格＝成本×（1＋成本利润率）

应征消费税应税车辆的组成计税价格＝成本×（1＋成本利润率）÷（1－消费税税率）

4. 纳税人以受赠、获奖或者其他方式取得自用应税车辆的计税价格，按照购置应税车辆时相关凭证载明的价格确定，不包括增值税税款。

购置应税车辆时的相关凭证是指原车辆所有人购置或者以其他方式取得应税车辆时载明价格的凭证。无法提供相关凭证的，参照同类应税车辆市场平均交易价格确定其计税价格。原车辆所有人为车辆生产或者销售企业，未开具机动车销售统一发票的，按照车辆生产或者销售同类应税车辆的销售价格确定应税车辆的计税价格；无同类应税车辆销售价格的，按照组成计税价格确定应税车辆的计税价格。纳税人以外汇结算应税车辆价款的，按照申报纳税之日的人民币汇率中间价折合成人民币计算缴纳税款。

纳税人申报的应税车辆计税价格明显偏低，又无正当理由的，由税务机关依照《税收征管法》的规定核定其应纳税额。

（二）税率

车辆购置税实行统一比例税率，税率为 10%。

三、车辆购置税应纳税额的计算

车辆购置税实行从价定率的方法计算，应纳税额按照应税车辆的计税价格乘以税率计算。计算公式为：

应纳税额＝计税依据×税率

由于应税车辆的来源、应税行为的发生以及计税依据组成的不同，因此，车辆购置税应纳税额的计算方法也有区别。

（一）购买自用应税车辆应纳税额的计算

纳税人购买自用的应税车辆的计税价格，为纳税人实际支付给销售者的全部价款，不包括增值税税款。

【做中学 8-27】 刘某 2022 年 5 月从某汽车有限公司购买一辆小汽车供自己使用，支付了含增值税税款在内的款项 232 780 元，所支付的款项由该汽车有限公司开具机动车销售统一发票。计算其应纳车辆购置税。

【答案】 应纳车辆购置税＝232 780÷(1＋13%)×10%＝20 600(元)

（二）进口自用应税车辆应纳税额的计算

纳税人进口自用应税车辆的计税价格，为关税完税价格加上关税和消费税。纳税人进口自用的应税车辆应纳税额的计算公式为：

应纳税额＝(关税完税价格＋关税＋消费税)×税率

【做中学 8-28】 某企业进口自用小汽车一批，关税完税价格为 100 万元，关税税率为 30%，消费税税率为 20%。计算应缴纳的进口环节的各种税金。

【答案】 进口自用小汽车应缴纳的税种包括：进口关税、进口增值税、进口消费税、车辆购置税。

1. 应纳进口关税＝100×30%＝30(万元)
2. 应纳进口消费税＝(100＋30)÷(1－20%)×20%＝32.5(万元)
3. 应纳进口增值税＝(100＋30＋32.5)×13%＝21.125(万元)
4. 应纳车辆购置税＝(100＋30＋32.5)×10%＝16.25(万元)

（三）其他自用应税车辆应纳税额的计算

纳税人自产自用应税车辆的计税价格，按照纳税人生产的同类应税车辆的销售价格确定，不包括增值税税款。纳税人以受赠、获奖或者其他方式取得自用应税车辆的计税价格，按照购置应税车辆时相关凭证载明的价格确定，不包括增值税税款。

【做中学 8-29】 某客车制造厂将自产的一辆某型号的客车用于本厂后勤服务，该厂在办理车辆上牌落籍前出具该车的发票，注明金额为 80 000 元。计算该车应纳车辆购置税。

【答案】 应纳税额＝80 000×10%＝8 000(元)

（四）已经办理免税、减税手续的车辆

已经办理免税、减税手续的车辆因转让、改变用途等原因不再属于免税、减税范围，发生转让行为的，受让人为车辆购置税纳税人；未发生转让行为的，车辆所有人为车辆购置税纳税人。纳税义务发生时间为车辆转让或者用途改变等情形发生之日。应纳税额计算公式为：

$$应纳税额=\begin{matrix}初次办理纳税申报\\时确定的计税价格\end{matrix}\times(1-使用年限\times10\%)\times10\%-已纳税额$$

免税、减税车辆因转让、改变用途等原因不再属于免税、减税范围的，纳税人应当在办理车辆转移登记或者变更登记前缴纳车辆购置税。计税价格以免税、减税车辆初次办理纳税申报时确定的计税价格为基准，每满一年扣减 10%。应纳税额不得为负数。使用年限取整计算，不满一年的不计算在内。纳税人将已征车辆购置税的车辆退回车辆生产企业或者销售企业的，可以向主管税务机关申请退还车辆购置税。退税额以已缴税款为基准，自缴纳税款之日至申请退税之日，每满一年扣减 10%。

【做中学 8-30】 某公司进口的一部免税车辆因改变用途需依法缴纳车辆购置税，已知该车原价为 10 万元，同类新车最低计税价格为 15 万元，该车已使用 3 年，规定使用年限为 15 年，车辆购置税税率为 10%。该公司应缴纳的车辆购置税税额为（　　）万元。

A. 2　　B. 1.6　　C. 1.05　　D. 1.2

【答案】 C

【解析】 车辆购置税＝15×(1－30%)×10%＝1.05(万元)

【做中学 8-31】 2023 年 9 月份，宋某从某汽车有限公司购买一辆小汽车供自己使用，支付了含增值税税款在内的款项 234 000 元，另支付代收临时牌照费 550 元、代收保险费 1 000 元，支付工具件和零配件价款 3 000 元、车辆装饰费 1 300 元。所支付的款项均由该汽车有限公司开具机动车销售统一发票和有关票据。计算宋某应纳车辆购置税。

【答案】 计税价格＝(234 000＋550＋1 000＋3 000＋1 300)÷(1＋13%)＝212 256.64(元)

应纳税额＝212 256.64×10%＝21 225.66(元)

四、车辆购置税的税收优惠

我国车辆购置税实行法定减免，对下列车辆免征车辆购置税：

1. 依照法律规定应当予以免税的外国驻华使馆、领事馆和国际组织驻华机构及其有关人员自用的车辆。

2. 中国人民解放军和中国人民武装警察部队列入装备订货计划的车辆。

3. 悬挂应急救援专用号牌的国家综合性消防救援车辆。

4. 设有固定装置的非运输专用作业车辆。

5. 城市公交企业购置的公共汽电车辆。公共汽电车辆是指按规定的线路、站点票价营运，用于公共交通服务，为运输乘客设计和制造的车辆，包括公共汽车、无轨电车和有轨电车。

6. 回国服务的在外留学人员用现汇购买 1 辆个人自用国产小汽车和长期来华定居专家进口 1 辆自用小汽车。

7. 防汛部门和森林消防部门用于指挥、检查、调度、报汛（警）、联络的由指定厂家生产的设有固定装置的指定型号的车辆。

8. 购置日期在 2023 年 1 月 1 日至 2025 年 12 月 31 日期间内的新能源汽车。

对购置日期在 2024 年 1 月 1 日至 2025 年 12 月 31 日期间的新能源汽车免征车辆购置税，其中，每辆新能源乘用车免税额不超过 3 万元；对购置日期在 2026 年 1 月 1 日至 2027 年 12 月 31 日期间的新能源汽车减半征收车辆购置税，其中，每辆新能源乘用车减税额不超过 1.5 万元。

9. 中国妇女发展基金会“母亲健康快车”项目的流动医疗车。

10. 北京 2022 年冬奥会和冬残奥会组织委员会新购置车辆。

11. 原公安现役部队和原武警黄金、森林、水电部队改制后换发地方机动车牌证的车辆（公安消防、武警森林部队执行灭火救援任务的车辆除外）。

根据国民经济和社会发展的需要，国务院可以规定减征或者其他免征车辆购置税的情形，报全国人民代表大会常务委员会备案。

12. 对购置日期在 2022 年 6 月 1 日至 2022 年 12 月 31 日期间内且单车价格（不含增值税）不超过 30 万元的 2.0 升及以下排量乘用车，减半征收车辆购置税。单车价格以车辆购置税应税车辆的计税价格为准。乘用车购置日期按照机动车销售统一发票或海关关税专用缴款书等有效凭证的开具日期确定。

五、车辆购置税的征收管理及纳税申报

践行绿色发展理念，新能源汽车免征车辆购置税

（一）纳税义务发生时间

车辆购置税的纳税义务发生时间为纳税人购置应税车辆的当日，以纳税人购置应税车辆所取得的车辆相关凭证上注明的时间为准。购买自用应税车辆的为购买之日，即车辆相关价格凭证的开具日期；进口自用应税车辆的为进口之日，即《海关进口增值税专用缴款书》或者有效凭证的开具日期；自产、受赠、获奖或者以其他方式取得并自用应税车辆的为取得之日，即合同、法律文书或者其他有效凭证的生效或者开具日期。纳税人应当自纳税义务发生之日起 60 日内申报缴纳车辆购置税。

（二）纳税地点

车辆购置税由税务机关负责征收，实行一次性征收，对购置已征车辆购置税的车辆不再征收车辆购置税。自 2019 年 7 月 1 日起，纳税人应到下列地点办理车辆购置税纳税申报：

1. 需要办理车辆登记注册手续的纳税人，向车辆登记地的主管税务机关申报缴纳车辆购置税。

2. 不需要办理车辆登记注册手续的纳税人，单位纳税人向其机构所在地的主管税务机关申报纳税，个人纳税人向其户籍所在地或者经常居住地的主管税务机关申报纳税。

（三）一车一申报制度

车辆购置税实行一车一申报制度。纳税人应当在向公安机关交通管理部门办理车辆注册登记前缴纳车辆购置税。公安机关交通管理部门办理车辆注册登记，应当根据税务机关提供的应税车辆完税或者免税电子信息对纳税人申请登记的车辆信息进行核对，核对无误后依法办理车辆注册登记。税务机关和公安、商务、海关、工业和信息化等部门应当建立应税车辆信息共享和工作配合机制，及时交换应税车辆和纳税信息资料。

（四）纳税申报

纳税人办理纳税申报时，应当如实填报车辆购置税纳税申报表（表 8-26），同时提供纳税人身份证、车辆合格证明、车辆价格证明。

表 8-26　车辆购置税纳税申报表

填表日期：　　年　　月　　日　　　　　　　　　　　　金额单位：元

<table>
<tr><td>纳税人名称</td><td colspan="2"></td><td>申报类型</td><td colspan="2">□征税 □免税 □减税</td></tr>
<tr><td>证件名称</td><td colspan="2"></td><td>证件号码</td><td colspan="2"></td></tr>
<tr><td>联系电话</td><td colspan="2"></td><td>地址</td><td colspan="2"></td></tr>
<tr><td>合格证编号（货物进口证明书号）</td><td colspan="2"></td><td>车辆识别代号/车架号</td><td colspan="2"></td></tr>
<tr><td>厂牌型号</td><td colspan="5"></td></tr>
<tr><td>排量（cc）</td><td colspan="2"></td><td>机动车销售统一发票代码</td><td colspan="2"></td></tr>
<tr><td>机动车销售统一发票号码</td><td colspan="2"></td><td>不含税价</td><td colspan="2"></td></tr>
<tr><td colspan="4">海关进口关税专用缴款书（进出口货物征免税证明）号码</td><td colspan="2"></td></tr>
<tr><td>关税完税价格</td><td></td><td>关税</td><td></td><td>消费税</td><td></td></tr>
<tr><td>其他有效凭证名称</td><td></td><td>其他有效凭证号码</td><td></td><td>其他有效凭证价格</td><td></td></tr>
<tr><td>购置日期</td><td></td><td>申报计税价格</td><td></td><td>申报免（减）税条件或者代码</td><td></td></tr>
<tr><td>是否办理车辆登记</td><td></td><td>车辆拟登记地点</td><td colspan="3"></td></tr>
</table>

（续表）

<table>
<tr><td colspan="6">纳税人声明：
本纳税申报表是根据国家税收法律法规及相关规定填报的，我确定它是真实的、可靠的、完整的。
纳税人（签名或盖章）：</td></tr>
<tr><td colspan="6">委托声明：
现委托（姓名）______（证件号码）____________办理车辆购置税涉税事宜，提供的凭证、资料是真实、可靠、完整的。任何与本申报表有关的往来文件，都可交予此人。
委托人（签名或盖章）：　　　　被委托人（签名或盖章）：</td></tr>
<tr><td colspan="6">以下由税务机关填写</td></tr>
<tr><td colspan="2">免（减）税条件代码</td><td colspan="4"></td></tr>
<tr><td>计税价格</td><td>税率</td><td>应纳税额</td><td>免（减）税额</td><td>实纳税额</td><td>滞纳金金额</td></tr>
<tr><td></td><td></td><td></td><td></td><td></td><td></td></tr>
<tr><td colspan="2">受理人：
年　月　日</td><td colspan="2">复核人（适用于免、减税申报）：
年　月　日</td><td colspan="2">主管税务机关（章）</td></tr>
</table>

任务 8.10　车船税法

车船税法是指国家制定的用以调整车船税征收与缴纳权利及义务关系的法律规范。现行车船税法的基本法律规范是由中华人民共和国第十一届全国人民代表大会常务委员会第十九次会议通过的《中华人民共和国车船税法》（以下简称《车船税法》），该法自2012年1月1日起施行。原《中华人民共和国车船税暂行条例》同时废止。2019年4月23日，第十三届全国人民代表大会常务委员会第十次会议修正。

车船税是以车船为征税对象，向拥有车船的单位和个人征收的一种税。征收车船税有利于为地方政府筹集财政资金，加强政府对车船的管理和合理配置，以及调节财富差异。

一、车船税的纳税义务人

在中华人民共和国境内的车辆、船舶（以下简称车船）的所有人或者管理人为车船税的纳税人，应当依照《车船税法》缴纳车船税。

从事机动车第三者责任强制保险业务的保险机构为机动车车船税的扣缴义务人，应当在收取保险费时依法代收车船税，并出具代收税款凭证。

二、车船税的征税范围

车船税的征税范围是指在中华人民共和国境内属于《车船税法》所附《车船税税目税额

表》规定的车辆、船舶，包括依法应当在车船登记管理部门登记的机动车辆和船舶，以及依法不需要在车船登记管理部门登记、在单位内部场所行驶或者作业的机动车辆和船舶。

（一）车辆

车辆包含乘用车、商用车、半挂牵引车、三轮汽车、低速载货汽车、挂车、专用作业车、轮式专用机械车、摩托车，共 9 个子项。

1. 乘用车

乘用车是指在设计和技术特性上主要用于载运乘客及随身行李，核定载客人数包括驾驶员在内不超过 9 人的汽车。

2. 商用车

商用车是指除乘用车外，在设计和技术特性上用于载运乘客、货物的汽车，分为客车和货车。

3. 半挂牵引车

半挂牵引车是指装备有特殊装置用于牵引半挂车的商用车。

4. 三轮汽车

三轮汽车是指最高设计车速不超过每小时 50 公里，具有 3 个车轮的货车。

5. 低速载货汽车

低速载货汽车是指以柴油机为动力，最高设计车速不超过每小时 70 公里，具有 4 个车轮的货车。

6. 挂车

挂车是指就其设计和技术特性，需要由汽车或者拖拉机牵引才能正常使用的一种无动力的道路车辆。

7. 专用作业车

专用作业车是指在其设计和技术特性上用于特殊工作的车辆。

8. 轮式专用机械车

轮式专用机械车是指有特殊结构和专门功能，装有橡胶车轮可以自行行驶，最高设计车速大于每小时 20 公里的轮式工程机械车。

9. 摩托车

摩托车是指无论采用何种驱动方式，最高设计车速大于每小时 50 公里，或者使用内燃机，其排量大于 50 毫升的两轮或者三轮车辆。

（二）船舶

船舶是指各类机动、非机动船舶以及其他水上移动装置，但是船舶上装备的救生艇筏和长度小于 5 米的艇筏除外。

1. 机动船舶

机动船舶是指用机器推进的船舶。

2. 拖船

拖船是指专门用于拖（推）动运输船舶的专业作业船舶。

3. 非机动驳船

非机动驳船是指在船舶登记管理部门登记为驳船的非机动船舶。

4. 游艇

游艇是指具备内置机械推进动力装置，长度在 90 米以下，主要用于游览观光、休闲娱乐、水上体育运动等活动，并应当具有船舶检验证书和适航证书的船舶。

境内单位和个人租入外国籍船舶的，不征收车船税。境内单位和个人将船舶出租到境外的，应当依法缴纳车船税。

三、车船税的税目、税率

车船税实行定额税率，车船税的适用税额依照《车船税法》所附的《车船税税目税额表》（表 8-27）执行。车辆的具体适用税额由省、自治区、直辖市人民政府依照《车船税法》所附《车船税税目税额表》规定的税额幅度和国务院的规定确定。船舶的具体适用税额由国务院在《车船税法》所附《车船税税目税额表》规定的税额幅度内确定。

表 8-27　车船税税目税额表

税目		计税单位	年基准税额	备注
乘用车［按发动机气缸容量（排气量）分档］	1.0 升（含）以下的	每辆	60 元至 360 元	核定载客人数 9 人（含）以下
	1.0 升以上至 1.6 升（含）的		300 元至 540 元	
	1.6 升以上至 2.0 升（含）的		360 元至 660 元	
	2.0 升以上至 2.5 升（含）的		660 元至 1 200 元	
	2.5 升以上至 3.0 升（含）的		1 200 元至 2 400 元	
	3.0 升以上至 4.0 升（含）的		2 400 元至 3 600 元	
	4.0 升以上的		3 600 元至 5 400 元	
商用车	客车	每辆	480 元至 1 440 元	核定载客人数 9 人以上，包括电车
	货车	整备质量每吨	16 元至 120 元	包括半挂牵引车、三轮汽车和低速载货汽车等；客货两用车依照货车的计税单位和年基准税额计征车船税
挂车		整备质量每吨	按照货车税额的 50%计算	
其他车辆	专用作业车	整备质量每吨	16 元至 120 元	不包括拖拉机
	轮式专用机械车			
摩托车		每辆	36 元至 180 元	

（续表）

税目		计税单位	年基准税额	备注
机动船舶	净吨位不超过200吨的	净吨位每吨	3元	拖船、非机动驳船分别按照机动船舶税额的50%计算
	净吨位超过200吨但不超过2 000吨的		4元	
	净吨位超过2 000吨但不超过10 000吨的		5元	
	净吨位超过10 000吨的		6元	
游艇	艇身长度不超过10米的	艇身长度每米	600元	
	艇身长度超过10米但不超过18米的		900元	
	艇身长度超过18米但不超过30米的		1 300元	
	艇身长度超过30米的		2 000元	
	辅助动力帆艇		600元	

车船税采用定额税率，即对征税的车船规定单位固定税额。车船税确定税额总的原则是：非机动车船的税负轻于机动车船；人力车的税负轻于畜力车；小吨位船舶的税负轻于大船舶。由于车辆与船舶的行驶情况不同，车船税的税额也有所不同，具体征收规则如下：

1. 机动船舶根据净吨位不同，适用税额为净吨位每吨3元至6元，详见《车船税税目税额表》。其中，拖船按照发动机功率每1千瓦折合净吨位0.67吨计算征收车船税。

2. 游艇根据艇身长度不同，适用税额为每米600元至2 000元不等，详见《车船税税目税额表》。游艇艇身长度是指游艇的总长。

《车船税法》及其《实施条例》所涉及的整备质量、净吨位、艇身长度等计税单位，有尾数的一律按照含尾数的计税单位据实计算车船税应纳税额。计算得出的应纳税额小数点后超过两位的可四舍五入保留两位小数。

3. 乘用车以车辆登记管理部门核发的机动车登记证书或者行驶证书所载的排气量毫升数确定税额区间。

《车船税法》及其《实施条例》所涉及的排气量、整备质量、核定载客人数、净吨位、功率（千瓦或马力）、艇身长度，以车船登记管理部门核发的车船登记证书或者行驶证相应项目所载数据为准。

依法不需要办理登记、依法应当登记而未办理登记或者不能提供车船登记证书、行驶证的，以车船出厂合格证明或者进口凭证相应项目标注的技术参数、所载数据为准；不能提供车船出厂合格证明或者进口凭证的，由主管税务机关参照国家相关标准核定，没有国家相关标准的参照同类车船核定。

四、车船税应纳税额的计算

纳税人按照纳税地点所在的省、自治区、直辖市人民政府确定的具体适用税额缴纳车船税。车船税由税务机关负责征收。

购置的新车船，购置当年的应纳税额自纳税义务发生的当月起按月计算。计算公式为：

应纳税额＝(年应纳税额÷12)×应纳税月份数

【做中学 8-32】 某公司 2022 年年初拥有载货汽车 20 辆、挂车 10 辆，整备质量均为 30 吨/辆；拥有乘用车 10 辆。该公司所在省规定载货汽车年基准税额为每吨 60 元，乘用车年基准税额为每辆 500 元。计算其本年应缴纳的车船税。

【答案】 应纳车船税税额＝(20×30＋10×30×50%)×60＋10×500＝50 000(元)

在一个纳税年度内，已完税的车船被盗抢、报废、灭失的，纳税人可以凭有关管理机关出具的证明和完税证明，向纳税所在地的主管税务机关申请退还自被盗抢、报废、灭失月份起至该纳税年度终了期间的税款。已办理退税的被盗抢车船，失而复得的，纳税人应当从公安机关出具相关证明的当月起计算缴纳车船税。

已缴纳车船税的车船在同一纳税年度内办理转让过户的，不另纳税，也不退税。

已经缴纳车船税的车船因质量原因被退回生产企业或者经销商的，纳税人可以向纳税所在地的主管税务机关申请退还自退货月份起至该纳税年度终了期间的税款。退货月份以退货发票所载日期的当月为准。

五、车船税的税收优惠

1. 捕捞、养殖渔船，免征车船税。

2. 军队、武装警察部队专用的车船，免征车船税。

3. 警用车船，免征车船税。

4. 悬挂应急救援专用号牌的国家综合性消防救援车辆和国家综合性消防救援专用船舶，免征车船税。

5. 依照法律规定应当予以免税的外国驻华使领馆、国际组织驻华代表机构及其有关人员的车船，免征车船税。

6. 对新能源车船，免征车船税。免征车船税的新能源汽车应同时符合以下标准：获得许可在中国境内销售的纯电动商用车、插电式（含增程式）混合动力汽车、燃料电池商用车；符合新能源汽车产品相关技术标准；通过新能源汽车专项检测，符合新能源汽车相关标准；新能源汽车生产企业或进口新能源汽车经销商在产品质量保证、产品一致性、售后服务、安全监测、动力电池回收利用等方面符合相关要求。免征车船税的新能源船舶应符合以下标准：船舶的主推进动力装置为纯天然气发动机。发动机采用微量柴油引燃方式且引燃油热值占全部燃料总热值的比例不超过5%的，视同纯天然气发动机。

7. 对节能汽车，减半征收车船税。减半征收车船税的节能乘用车应同时符合以下标准：获得许可在中国境内销售的排量为1.6升以下（含）的燃用汽油、柴油的乘用车（含非插电式混合动力、双燃料和两用燃料乘用车）；综合工况燃料消耗量应符合相关标准。减半征收车船税的节能商用车应同时符合以下标准：获得许可在中国境内销售的燃用天然气、汽油、柴油的轻型和重型商用车（含非插电式混合动力、双燃料和两用燃料轻型和重型商用车）；燃用汽油、柴油的轻型和重型商用车综合工况燃料消耗量应符合相关标准。

8. 省、自治区、直辖市人民政府根据当地实际情况，可以对公共交通车船，农村居民拥有并主要在农村地区使用的摩托车、三轮汽车和低速载货汽车定期减征或者免征车船税。

对节约能源、使用新能源的车船可以减征或者免征车船税；对受严重自然灾害影响纳税困难以及有其他特殊原因确需减税、免税的，可以减征或者免征车船税。具体办法由国务院规定，并报全国人民代表大会常务委员会备案。

新能源汽车免征车船税

六、车船税的征收管理及纳税申报

车船税纳税义务发生时间为取得车船所有权或者管理权的当月。车船税按年申报，分月计算，一次性缴纳。具体申报纳税期限由省、自治区、直辖市人民政府规定。

车船税的纳税地点为车船的登记地或者车船税扣缴义务人所在地。依法不需要办理登记的车船，车船税的纳税地点为车船的所有人或者管理人所在地。

公安、交通运输、农业、渔业等车船登记管理部门、船舶检验机构和车船税扣缴义务人的行业主管部门应当在提供车船有关信息等方面，协助税务机关加强车船税的征收管理。

车辆所有人或者管理人在申请办理车辆相关登记、定期检验手续时，应当向公安机关交通管理部门提交依法纳税或者免税证明。公安机关交通管理部门核查后办理相关手续。

纳税人对车船税进行纳税申报时，应当填报财产和行为税纳税申报表（表8-3）、车船税税源明细表（表8-28）。

表 8-28　车船税税源明细表

纳税人识别号（统一社会信用代码）：□□□□□□□□□□□□□□□□□□
纳税人名称：

体积单位：升；质量单位：吨；功率单位：千瓦；长度单位：米

车辆税源明细

序号	车牌号码	*车辆识别代码（车架号）	*车辆类型	车辆品牌	车辆型号	*车辆发票日期或注册登记日期	排（气）量	核定载客	整备质量	*单位税额	减免性质代码和项目名称	纳税义务终止时间
1												
2												
3												

船舶税源明细

序号	船舶登记号	*船舶识别号	*船舶种类	*中文船名	初次登记号码	船籍港	发证日期	取得所有权日期	建成日期	净吨位	主机功率	艇身长度（总长）	*单位税额	减免性质代码和项目名称	纳税义务终止时间
1															
2															
3															

任务 8.11 烟叶税法

烟叶税是以纳税人收购烟叶的收购金额为计税依据征收的一种税。烟叶税法对提高烟叶税的立法层级，充分发挥烟叶税组织财政收入、调节分配结构、促进地方特色农业和烟草行业持续健康发展都具有十分重要的意义。

烟叶税是随着中华人民共和国的成立和发展而逐步成熟的。废除农业税后，为了保持政策的连续性，充分兼顾地方利益和有利于烟叶产区可持续发展，国务院决定开征烟叶税，取代原烟叶特产农业税。2006 年 4 月 28 日，国务院公布了《中华人民共和国烟叶税暂行条例》，并自公布之日起施行。2017 年 12 月 27 日，中华人民共和国第十二届全国人民代表大会常务委员会第三十一次会议通过《中华人民共和国烟叶税法》，该法自 2018 年 7 月 1 日起施行。

一、烟叶税的纳税义务人

在中华人民共和国境内，依照《中华人民共和国烟草专卖法》的规定收购烟叶的单位为烟叶税的纳税人。纳税人应当依法缴纳烟叶税。所称烟叶，是指烤烟叶、晾晒烟叶。

二、烟叶税的计税依据、税率及应纳税额的计算

烟叶税的计税依据为纳税人收购烟叶实际支付的价款总额。烟叶税的税率为 20%。烟叶税的应纳税额按照纳税人收购烟叶实际支付的价款总额乘以税率计算。计算公式为：

应纳税额＝实际支付的价款总额×税率

【做中学 8-33】 以下符合烟叶税规定的有（　　）。

A. 在中华人民共和国境内销售烟叶的单位和个人为烟叶税的纳税人

B. 在中华人民共和国境内收购烟叶的单位和个人为烟叶税的纳税人

C. 烟叶税实行比例税率，税率为 20%

D. 烟叶税的计税依据是收购烟叶实际支付的价款总额

【答案】 BCD

【做中学 8-34】 某卷烟厂 2021 年 5 月从农民手中收购烟叶一批用于生产卷烟，买入价 50 000 元。计算各流程应纳税额。

【答案】 收购烟叶需要付给农民 10%的补贴。

卷烟厂收购烟叶实际支付的价款总额＝收购价款×(1＋10%)＝50 000×1.1＝

55 000(元)

卷烟厂应交烟叶税税额＝实际支付的价款×20%＝55 000×20%＝11 000(元)

卷烟厂收购烟叶应抵扣的增值税进项税额＝(55 000＋11 000)×10%＝6 600(元)

三、烟叶税的征收管理及纳税申报

烟叶税的纳税义务发生时间为纳税人收购烟叶的当日。烟叶税按月计征，纳税人应当于纳税义务发生月终了之日起 15 日内申报并缴纳税款。烟叶税由税务机关征收管理。纳税人应当向烟叶收购地的主管税务机关申报缴纳烟叶税。纳税人进行纳税申报时，应当填报烟叶税税源明细表（表 8-29）。

表 8-29　烟叶税税源明细表

税款所属期限：自　　年　月　日至　　年　月　日

纳税人识别号（统一社会信用代码）：□□□□□□□□□□□□□□□□□□□□□□□

纳税人名称：　　　　　　　　　　　　　　　　金额单位：人民币元（列至角分）

序号	烟叶收购价款总额	税率
1		
2		
3		
4		
5		
6		

【案例实训 8-1】

某房地产公司 2022 年 11 月份出售一幢写字楼，共取得收入 5 100 万元（不含增值税），公司按规定缴纳了有关税金。该公司为取得土地使用权而支付的地价款为 510 万元，投入的房地产开发成本为 1 550 万元，房地产开发费用中的利息支出为 120 万元（能按房地产项目分摊，并提供金融机构证明），比按金融机构同类同期贷款利率计算的利息多出 10 万元。

已知公司所在地政府规定的其他房地产开发费用的计算扣除比例为 5%，增值税 450 万元，城建税税率 7%，教育费附加征收率 3%，印花税税率 0.5‰。

请根据上述内容计算该房地产公司销售写字楼应缴纳的土地增值税税额，并填写纳税申报表。

【答案】

第一步：销售房地产的收入额＝5 100(万元)

第二步：计算房地产公司的扣除项目金额，包括以下 5 项

1. 地价＝510(万元)

2. 房地产开发成本＝1 550(万元)

3. 房地产开发费用＝(120－10)＋(510＋1 550)×5%＝110＋103＝213(万元)

4. 与转让房地产有关的税金=450×(7%+3%)=45(万元)

5. 加计扣除额=(510+1 550)×20%=412(万元)

扣除项目金额=510+1 550+213+45+412=2 730(万元)

第三步：增值额=5 100−2 730=2 370(万元)

第四步：增值额与扣除项目金额之比=2 370÷2 730×100%=86.8%

适用 40%的税率，速算扣除系数为 5%。

第五步：应纳土地增值税=2 370×40%−2 730×5%=811.5(万元)

填写纳税申报表。根据【案例实训 8-1】填制土地增值税纳税申报表，见表 8-30。

表 8-30　土地增值税纳税申报表（从事房地产开发的纳税人适用）　单位：万元

项目		行次	金额		
			普通住宅	非普通住宅	其他类型房地产
一、转让房地产收入总额 1=2+3+4		1	5 100		
其中	货币收入	2	5 100		
	实物收入及其他收入	3			
	视同销售收入	4			
二、扣除项目金额合计 5=6+7+14+17+21+22		5	2 730		
1. 取得土地使用权所支付的金额		6	510		
2. 房地产开发成本 7=8+9+10+11+12+13		7	1 550		
其中	土地征用及拆迁补偿费	8	100		
	前期工程费	9	50		
	建筑安装工程费	10	1 000		
	基础设施费	11	200		
	公共配套设施费	12	150		
	开发间接费用	13	50		
3. 房地产开发费用 14=15+16		14	213		
其中	利息支出	15	110		
	其他房地产开发费用	16	103		
4. 与转让房地产有关的税金 17=18+19+20		17	45		
其中	营业税	18	—		
	城市维护建设税	19	31.5		
	教育费附加	20	13.5		
5. 财政部规定的加计 20%扣除数 21=(6+7)×20%		21	412		
6. 代收费用		22	0		
三、增值额 23=1−5		23	2 370		
四、增值额与扣除项目金额之比 24=23÷5		24	86.8%		

（续表）

项目	行次	金额		
		普通住宅	非普通住宅	其他类型房地产
五、适用税率	25	40%		
六、速算扣除系数	26	5%		
七、应缴土地增值税税额 27=23×25−5×26	27	811.5		
八、减免税额	28	—		
九、已缴土地增值税税额	29	—		
十、应补（退）土地增值税税额 30=27−28−29	30	811.5		

【案例实训 8-2】

振光实业有限公司是一家中型生产企业，位于某市市区，主要生产甲、乙两种产品。

[资料 1] 2022 年年初公司占用土地 10 000 平方米，其中幼儿园占地 600 平方米，其余为生产经营用地；10 月 1 日从某房地产开发公司购置一栋办公楼且合同约定当月交付使用，占地 700 平方米。该公司所在地城镇土地使用税年税额 5 元/平方米。

2022 年 8 月公司占用林地 60 000 平方米建造生态度假村，还占用林地 100 000 平方米建设农田水利设施，所占耕地适用税额为 20 元/平方米。

[资料 2] 2022 年 1 月 1 日，账册上“固定资产”科目中记载的房产原值为 1 800 万元。2022 年 7 月 1 日企业对外出租一幢房屋，原值为 700 万元，月租金收入为 5 万元。该地区规定的扣除比例为 30%。

2022 年 10 月 1 日，公司购入办公楼支付了含增值税的房屋价款共计 654 万元，占地 700 平方米，当地政府规定的契税税率为 3%。该办公楼购入后即用于出租，月租金收入 10 万元。

[资料 3] 假设该公司只有一个生产场所，只在昼间生产，边界处声环境功能区类型为 1 类，生产时产生噪声为 60 分贝，《工业企业厂界环境噪声排放标准》规定 1 类功能区昼间的噪声排放限值为 55 分贝，11 月当月超标天数为 18 天。

[资料 4] 2022 年年初公司拥有载货汽车 20 辆、挂车 10 辆，整备质量均为 30 吨/辆；拥有乘用车 10 辆。该公司所在省规定载货汽车年基准税额为每吨 60 元，乘用车年基准税额为每辆 500 元。2022 年 5 月公司又购买一辆小汽车供洽谈业务使用（属于上述乘用车、当月即挂牌使用），支付了含增值税税款在内的款项 232 780 元，所支付的款项由该汽车有限公司开具机动车销售统一发票。

[资料 5] 2022 年 3 月，公司与乙企业签订了一份买卖合同和货运合同，向乙销售货物并运输到乙指定的地点，其中，买卖合同标的金额为 3 000 万元、运输合同运费 50 万元。2022 年 10 月购入办公楼的房屋价款（含增值税）共计 654 万元。

[资料 6] 2022 年 8 月，公司转让一幢旧房，取得收入 945 万元（含增值税），采用简易计税办法缴纳了增值税 45 万元，城市维护建设税、教育费附加等 4.5 万元。该房建于

20 世纪 70 年代，当时造价为 70 万元，现经房地产评估机构评定的重置成本价为 380 万元，有六成新。旧房占地原来是行政划拨的，转让时补交了土地出让金 80 万元。

请根据上述内容完成下列问题，并填写纳税申报表。

1. 根据［资料 1］计算该公司 2022 年应纳的城镇土地使用税、耕地占用税。

2. 根据［资料 2］计算该公司 2022 年应纳的房产税和契税。

3. 根据［资料 3］计算 11 月公司噪声污染应纳的环境保护税。

4. 根据［资料 4］计算公司应纳的车辆购置税、车船税。

5. 根据［资料 5］计算公司应纳的印花税。

6. 根据［资料 6］计算公司应纳的土地增值税（本小题印花税忽略不计）。

【答案】

1. 2022 年应纳城镇土地使用税＝(10 000－600)×5＋700×3÷12×5＝47 875(元)

占用耕地建设农田水利设施的，不缴纳耕地占用税。

应纳耕地占用税＝60 000×20＝1 200 000(元)

2. 2022 年应纳房产税＝18 000 000×(1－30%)×1.2%×6÷12＋(18 000 000－7 000 000)×(1－30%)×1.2%×6÷12＋50 000×6×12%＋100 000×3×12%＝75 600＋46 200＋36 000＋36 000＝193 800(元)

2022 年公司购入办公楼应纳契税＝6 540 000÷(1＋9%)×3%＝180 000(元)

3. 11 月该公司的超标分贝数＝60－55＝5(分贝)，根据《环境保护税税目税额表》可得出该企业当月噪声污染应缴纳环境保护税 700 元。

4. 应纳车辆购置税＝232 780÷(1＋13%)×10%＝20 600(元)

应纳车船税额＝(20×30＋10×30×50%)×60＋10×500＋1×500×7÷12＝50 291.67(元)

5. 应纳印花税＝30 000 000×0.3‰＋500 000×0.3‰＋6 540 000×0.5‰＝12 420(元)

6. 土地增值税计算步骤如下：

第一步：计算扣除项目金额

(1) 取得土地使用权所支付的金额＝80(万元)

(2) 与转让房地产有关的税费＝4.5(万元)

(3) 旧房及建筑物的评估价格＝380×60%＝228(万元)

扣除项目金额＝80＋4.5＋228＝312.5(万元)

第二步：增值额＝945÷(1＋5%)－312.5＝587.5(万元)

第三步：增值额与扣除项目金额之比＝587.5÷312.5×100%＝188%

适用 50%的税率，速算扣除系数为 15%。

第四步：应纳土地增值税＝587.5×50%－312.5×15%＝246.875(万元)＝2 468 750(元)

填写纳税申报表。根据【案例实训 8-2】资料和计算结果填写财产和行为税纳税申报表（表 8-31）及财产和行为税减免税明细申报附表（此处填写省略）。

表 8-31　财产和行为税纳税申报表

纳税人识别号（统一社会信用代码）：□□□□□□□□□□□□□□□□□□
纳税人名称：振光实业有限公司

金额单位：人民币元（列至角分）

序号	税种	税目	税款所属期起	税款所属期止	计税依据	税率	应纳税额	减免税额	已缴税额	应退（补）税额
1	城镇土地使用税		2022.1.1	2022.12.31	10 175 平方米	5 元/平方米	50 875	3 000	0	47 875
2	耕地占用税		2022.1.1	2022.12.31	60 000 平方米	20 元/平方米	1 200 000			1 200 000
3	房产税	从价计征	2022.1.1	2022.12.31	10 150 000 元	1.2%	121 800			121 800
4	房产税	从租计征	2022.1.1	2022.12.31	600 000 元	12%	72 000			72 000
5	契税		2022.1.1	2022.12.31	6 000 000 元	3%	180 000			180 000
6	环境保护税		2022.11.1	2022.11.30	5 分贝	每月 700 元	700			700
7	车辆购置税		2022.1.1	2022.12.31	206 000	10%	20 600			20 600
8	车船税	载货汽车	2022.1.1	2022.12.31	600 吨	每吨 60 元	36 000			36 000
9	车船税	挂车	2022.1.1	2022.12.31	300 吨	每吨 60 元	18 000	9 000		9 000
10	车船税	乘用车	2022.1.1	2022.12.31	10.58 辆	每辆 500 元	5 291.67			5 291.67
11	印花税	买卖合同	2022.1.1	2022.12.31	30 000 000 元	0.3‰	9 000			9 000
12	印花税	运输合同	2022.1.1	2022.12.31	500 000 元	0.3‰	150			150
13	印花税	产权转移书据	2022.1.1	2022.12.31	6 540 000 元	0.5‰	3 270			3 270
14	土地增值税	旧房	2022.1.1	2022.12.31	5 875 000 元	50%	2 468 750			2 468 750
15	合计	—	—	—	—	—	4 186 436.67	12 000		4 174 436.67

声明：此表是根据国家税收法律法规及相关规定填写的，本人（单位）对填报内容（及附带资料）的真实性、可靠性、完整性负责。

纳税人（签章）：略　　2023 年 1 月 14 日

经办人： 经办人身份证号： 代理机构签章： 代理机构统一社会信用代码：	受理人： 受理税务机关（章）： 受理日期：　　年　月　日

项目小结

环境保护税是我国第一个绿色税种，践行了“绿水青山就是金山银山”的环保理念。资源税节约利用资源也践行了绿色发展理念。用耕地占用税调节耕地占用，坚守十八亿亩耕地红线。而城镇土地使用税则是为调节城镇土地资源的使用而征收的。

“房住不炒”理念，与房产税、土地增值税、契税的开征理念相同，是为调控房地产而开征的，有利于促进房地产业平稳健康发展。车船税、车辆购置税则与绿色消费、环保理念相同，促进汽车制造业转型升级，鼓励使用新能源汽车，同时对规范汽车的使用作用重大。印花税既着重于培养自主纳税意识，又能见微知著。烟叶税有利于提高烟农收入，稳定地方财政收入，小税种发生大效应。

课后训练

一、判断题

1. 张某将个人拥有产权的房屋出典给李某，则李某为该房屋房产税的纳税人。（　　）

2. 农民王某于 2022 年将其在本村价值 20 万元的楼房出租，取得租金收入 3 000 元。按照房产税从租计征的规定计算，王某当年应缴纳房产税 360 元。（　　）

3. 契税的纳税人是在我国境内转让土地、房屋权属的单位和个人。（　　）

4. 甲企业以价值 300 万元的办公用房与乙企业互换一处厂房，并向乙企业支付差价款 100 万元。在这次互换中，乙企业不需缴纳契税，应由甲企业缴纳。（　　）

5. 由于租赁关系，致使拥有人与使用人不一致时，如车辆拥有人未缴纳车船税的，使用人应当代为缴纳车船税。（　　）

6. 纳税人在被查补增值税和被处以罚款时，应同时对其偷漏的城市维护建设税进行补税、征收滞纳金和罚款。（　　）

7. 由受托方代扣代缴消费税的单位和个人，其代扣代缴的城市维护建设税按照受托方所在地的适用税率执行。（　　）

8. 夫妻间无论婚姻关系持续期间还是离婚时分割，土地、房屋权属变更均免征契税。（　　）

9. 资源税采用比例税率和定额税率。（　　）

10. 证券交易印花税属于中央税收，由买卖证券（股票）的交易双方分别缴纳。（　　）

二、单项选择题

1. 根据房产税法律制度的规定，下列各项中，不属于房产税纳税人的是（　　）。

A. 城区房产使用人　　B. 城区房产代管人

C. 城区房屋所有人　　D. 城区房屋出典人

2. 某企业一幢房产原值600 000元，已知房产税税率为1.2%，当地规定的房产税扣除比例为30%，该房产年度应缴纳的房产税税额为（　　）元。

A. 9 360　　B. 7 200　　C. 5 040　　D. 2 160

3. 根据《房产税暂行条例》的规定，不征收房产税的地区是（　　）。

A. 县城　　B. 农村　　C. 建制镇　　D. 城市

4. 王某自有一处平房，共16间，其中用于个人开餐馆的7间（房屋原值为20万元）。2023年1月1日，王某将4间出典给李某，取得出典价款收入12万元，将剩余的5间出租给某公司，每月收取租金1万元。已知该地区规定按照房产原值一次扣除20%后的余值计税，则王某2023年应纳房产税税额为（　　）万元。

A. 1.632　　B. 0.816　　C. 0.516　　D. 1.652

5. 林某有面积为140平方米的住宅一套，价值96万元。黄某有面积为120平方米的住宅一套，价值72万元。两人进行房屋交换，差价部分黄某以现金补偿林某。已知契税适用税率为3%，黄某应缴纳的契税税额为（　　）万元。

A. 4.8　　B. 2.88　　C. 2.16　　D. 0.72

6. 某公司2023年3月以3 500万元购得某一写字楼作为办公用房使用，该写字楼原值6 000万元，累计折旧2 000万元。适用的契税税率为3%，该公司应缴契税（　　）万元。

A. 120　　B. 105　　C. 180　　D. 15

7. 某省体育器材公司于2023年10月向本省某运动员奖励住宅一套，市场价格80万元。该运动员随后以70万元的价格将奖励住宅出售。当地契税适用税率为3%，该运动员应缴纳的契税为（　　）万元。

A. 2.4　　B. 2.1　　C. 4.5　　D. 0

8. 根据印花税法律制度的规定，下列各项中，属于印花税纳税人的是（　　）。

A. 合同的双方当事人　　B. 合同的担保人

C. 合同的证人　　D. 合同的鉴定人

9. 某公司进口的一部免税车辆因改变用途需依法缴纳车辆购置税，已知该车原价10万元，同类新车最低计税价格为15万元，该车已使用3年，规定使用年限为15年，车辆购置税税率为10%，该公司应缴纳的车辆购置税税额为（　　）万元。

A. 2　　B. 1.6　　C. 1.5　　D. 1.2

10. 某企业2023年3月份销售应税货物缴纳增值税34万元、消费税12万元，出售房产缴纳增值税10万元、土地增值税4万元。已知该企业所在地适用的城市维护建设税税率为7%。该企业3月份应缴纳的城市维护建设税税额为（　　）万元。

A. 4.20　　B. 3.92　　C. 3.22　　D. 2.38

11. 根据城镇土地使用税纳税人的相关规定，下列说法中，不正确的是（　　）。

A. 个人拥有土地使用权的，以个人为纳税人

B. 土地使用权出租的，以承租人为纳税人

C. 土地使用权属未确定的，以实际使用人为纳税人

D. 土地使用权属共有的，以共有各方为纳税人

12. 根据城镇土地使用税的相关规定，下列说法中，正确的是（　　）。

A. 单位拥有农村土地使用权的，以单位为纳税人

B. 土地使用权权属纠纷未解决的，由实际使用人纳税

C. 实行统一的定额税率

D. 经济落后地区，城镇土地使用税的适用税额标准可适当降低，但降低额不得超过规定最低税额的 50%

13. 关于房产税概念及特点，下列说法中，不正确的是（　　）。

A. 以房屋为征税对象，以房屋的计税余值或租金收入为计税依据

B. 属于向房屋产权所有人征收的个别财产税

C. 限于所有的经营性房屋

D. 区别房屋的经营使用方式规定不同的计税依据

14. 下列不属于房产税征税范围的是（　　）。

A. 市区的办公大楼　　B. 县城的生产厂房

C. 玻璃暖房　　D. 房地产企业出售前已使用商品房

15. 下列各项中，应作为融资租赁房屋房产税计税依据的是（　　）。

A. 房产售价　　B. 房产原值

C. 房产余值　　D. 房产租金

16. 某企业 2023 年 3 月投资 1 500 万元取得 5 万平方米的土地使用权，用于建造建筑面积 2 万平方米的厂房，建筑成本和费用为 2 000 万元，2023 年年底竣工验收并投入使用。对该厂房征收房产税时所确定的房产原值是（　　）万元。

A. 2 800　　B. 3 200　　C. 3 500　　D. 3 100

17. 2023 年某企业支付 1 500 万元取得 10 万平方米的土地使用权，新建厂房建筑面积 6 万平方米，工程成本 200 万元，2023 年年底竣工验收。对该厂房征收房产税的房产原值是（　　）万元。

A. 200　　B. 1 500　　C. 1 700　　D. 1 800

18. 下列关于车船税的概念和立法原则的说法，不正确的是（　　）。

A. 车船税是对中国境内外应税的车辆、船舶的所有人或者管理人征收的一种税

B. 筹集地方财政资金，支持交通运输事业发展

C. 加强对车船使用的管理，促进车船的合理配置

D. 调节财富分配，体现社会公平

19. 下列不征收车船税的是（ ）。

A. 游艇　B. 摩托车　C. 商用客车　D. 燃料电池乘用车

20. 下列关于车船税计税单位的表述中，正确的是（ ）。

A. 游艇以“净吨位每元”作为计税单位

B. 摩托车以“排气量”作为计税单位

C. 乘用车以“整备质量每吨”作为计税单位

D. 商用客车以“每辆”作为计税单位

21. 根据印花税相关规定，下列说法中，正确的是（ ）。

A. 未按期兑现合同不贴印花

B. 对会计核算采用单页表式记载资金活动情况，以表代账的，在未形成账簿前亦应贴花

C. 企业债权转股权新增加的资金不需要贴花

D. 对按 0.5‰税率贴花的资金账簿按实收资本和资本公积合计金额减半征收印花税

22. 甲企业与运输公司签订货物运输合同，记载装卸费 1 万元，保险费 2 万元，运输费 50 万元，甲企业按“货物运输合同”税目计算缴纳印花税的计税依据为（ ）万元。

A. 1　B. 2　C. 50　D. 53

23. 下列关于耕地占用税的说法，正确的是（ ）。

A. 应税土地面积，不包括未经批准占用的耕地面积

B. 人均耕地面积越少，单位税额越高

C. 占用基本农田的，应当按照确定的当地适用税额，加按 175%征收

D. 占用农用地的，适用税额可以适当低于确定的适用税额，但降低的部分不得超过 30%

24. 临时占用耕地是指经自然资源主管部门批准，在一般不超过（ ）临时使用耕地并且没有修建永久性建筑物的行为。

A. 1 年内　B. 2 年内　C. 3 年内　D. 5 年内

25. 纳税人在批准临时占用耕地期满之日起（ ）依法复垦，恢复种植条件的，全额退还已经缴纳的耕地占用税。

A. 1 年内　B. 2 年内　C. 3 年内　D. 5 年内

26. 关于耕地占用税的征收管理，下列说法中，不正确的是（ ）。

A. 税务机关负责征收

B. 纳税义务发生时间为纳税人收到自然资源主管部门办理占用耕地手续书面通知当日

C. 应当在耕地所在地申报纳税

D. 应自纳税义务发生之日起 15 日内申报纳税

27. 下列各项中，不属于资源税征税范围的是（　　）。

A. 原油　　B. 煤成（层）气　　C. 矿泉水　　D. 食用盐

28. 下列各项中，不属于资源税纳税人的是（　　）。

A. 开采原煤的国有企业　　B. 进口铁矿石的私营企业

C. 开采石灰岩的个体经营者　　D. 开采天然原油的外商投资企业

29. 纳税人以下行为中，不缴纳资源税的是（　　）。

A. 纳税人开采铜原矿用于连续加工铜选矿

B. 纳税人开采地热用于投资

C. 纳税人开采粘土用于连续加工陶器

D. 纳税人开采原煤用于换取检测设备

30. 纳税人开采应税矿产品销售的，其资源税的征税数量为（　　）。

A. 开采数量　　B. 实际产量　　C. 计划产量　　D. 销售数量

31. 某石化企业为增值税一般纳税人，2023 年 3 月开采原油 6 000 吨，本月销售 2 000 吨，取得含增值税销售额 734.5 万元；将自行开采的原油 500 吨移送加工汽油 410 吨。已知原油资源税税率为 6%，该石化企业 2023 年 3 月应缴纳的资源税税额为（　　）万元。

A. 39　　B. 9. 75　　C. 48. 75　　D. 55. 09

32. 关于土地增值税的特点，下列说法中，不正确的是（　　）。

A. 以增值额为计税依据　　B. 征税面比较广

C. 实行超率累进税率　　D. 实行按年征收

33. 下列各项中，不属于土地增值税纳税人的是（　　）。

A. 与国有企业换房的外资企业

B. 合作建房后出售房产的合作企业

C. 转让国有土地使用权的企业

D. 将办公楼用于出租的外商投资企业

34. 下列各项中，应计算缴纳土地增值税的是（　　）。

A. 张某出售自己的闲置住房

B. 李某将自己的住房无偿赠与他的女儿

C. 某房地产开发企业将新建的商品房用于投资

D. 某企业通过当地红十字会将一房产无偿赠与同城的一家福利机构

35. 房地产开发企业转让新建房计算土地增值税时，下列项目中，属于房地产开发成本的是（　　）。

A. 耕地占用税　　B. 借款利息费用

C. 契税　　D. 土地出让金

36. 单位和个人发生下列行为，应缴纳契税的是（　　）。

A. 转让土地使用权　　B. 转让房屋

C. 出租房屋　　D. 承受房屋所有权

37. 下列关于契税计税依据的说法，不正确的是（　　）。

A. 契税的计税依据不含增值税

B. 非等价互换房屋，以互换的价格差额为计税依据

C. 土地使用权的赠与，由征收机关参照土地使用权出售的市场价格核定

D. 房屋互换价格差额明显不合理且无正当理由的，由税务机关参照成本价格核定

38. 下列情形中，不属于由征收机关依照规定核定契税计税依据的是（　　）。

A. 房屋赠与

B. 土地使用权赠与

C. 以协议方式出让国有土地使用权

D. 互换差额明显偏低且无正当理由的房屋互换

39. 下列选项中，属于环境保护税征税范围的是（　　）。

A. 造纸厂将污水集中排放到依法设立的污水处理厂

B. 飞机场因飞机起落产生的超标噪音

C. 居民家庭丢弃的生活垃圾

D. 某集体供热公司在居民采暖期间直接向环境排放的大气污染物

40. 下列情形中，应当缴纳环境保护税的是（　　）。

A. 企业事业单位处置固体废物不符合国家和地方环境保护税标准的

B. 企业事业单位向依法设立的污水集中处理场所排放应税污染物的

C. 其他生产经营者在符合国家和地方环境保护标准的设施、场所贮存固体废物的

D. 其他生产经营者向依法设立的生活垃圾集中处理场所排放应税污染物的

41. 下列关于环境保护税纳税人和征税范围的说法中，错误的是（　　）。

A. 在中华人民共和国领域和中华人民共和国管辖的其他海域，直接向环境排放应税污染物的企业事业单位和其他生产经营者为环境保护税的纳税人，应当依照规定缴纳环境保护税

B. 依法设立的城乡污水集中处理、生活垃圾集中处理场所超过国家和地方规定的排放标准向环境排放应税污染物的，应当缴纳环境保护税

C. 企业事业单位和其他生产经营者向依法设立的污水集中处理、生活垃圾集中处理场所排放应税污染物的，应当缴纳环境保护税

D. 企业事业单位和其他生产经营者在符合国家和地方环境保护标准的设施、场所贮存或者处置固体废物的，不属于直接向环境排放污染物，不缴纳相应污染物的环境保护税

42. 根据环境保护税法规定，环境保护税采用的税率形式是（　　）。

A. 比例税率　　B. 定额税率

C. 超额累进税率　　D. 超率累进税率

43. 下列应税污染物中，在确定计税依据时只对超过规定标准的部分征收环境保护税的是（　　）。

A. 固体废物　　B. 大气污染物　　C. 工业噪声　　D. 水污染物

44. 根据烟叶税法的规定，下列属于烟叶税纳税人的是（　　）。

A. 生产烟叶的个人　　B. 收购烟叶的单位

C. 销售香烟的单位　　D. 消费香烟的个人

45. 某烟厂为增值税一般纳税人，2023 年 2 月从烟农手中收购烟叶支付价款 300 万元，并按规定支付了 10%的价外补贴，已开具烟叶收购发票，该烟厂当月应缴纳烟叶税（　　）万元。

A. 100　　B. 60　　C. 85　　D. 66

46. 2023 年 7 月，甲市某烟草公司在邻市乙县向当地某烟叶种植户收购了一批烟叶，收购价款 100 万元、价外补贴 10 万元。下列关于该笔烟叶交易涉及烟叶税征收管理的表述中，不符合税法规定的是（　　）。

A. 纳税人为烟草公司　　B. 应向甲市主管税务机关申报纳税

C. 应纳税额为 22 万元　　D. 应在次月 15 日内申报纳税

47. 甲县某烟草公司去相邻的乙县收购烟叶，2023 年 11 月 9 日支付烟叶收购价款 80 万元，另对烟农支付了价外补贴，下列纳税事项的表述中，正确的是（　　）。

A. 烟草公司应在 12 月 10 日前申报缴纳烟叶税

B. 烟草公司收购烟叶的纳税义务发生时间是 11 月 10 日

C. 烟草公司 11 月收购烟叶应缴纳烟叶税 17.6 万元

D. 烟草公司应向甲县主管税务机关申报缴纳烟叶税

48. 下列人员中，属于车辆购置税纳税义务人的是（　　）。

A. 应税车辆的捐赠者　　B. 应税车辆的获奖者

C. 应税车辆的出口者　　D. 应税车辆的销售者

49. 某汽车生产企业发生的下列行为中，需要计算缴纳车辆购置税的是（　　）。

A. 销售自产的小汽车

B. 将自产的小汽车赠送给股东王某

C. 从拍卖会上通过拍卖取得一辆全新小汽车自用

D. 进口小汽车用于抵偿债务

50. 下列有关车辆购置税计税价格的说法中，错误的是（　　）。

A. 纳税人以自产、受赠、获奖或者其他方式取得自用应税车辆的计税价格，按照购置应税车辆时相关凭证载明的价格确定，不包括增值税税款

B. 纳税人购买自用应税车辆的计税价格，为纳税人实际支付给销售者的全部价款，不包括增值税税款

C. 纳税人申报的应税车辆计税价格明显偏低，又无正当理由的，由税务机关依照《税收征管法》的规定核定其应纳税额

D. 受赠使用应税车辆的，原车辆所有人为车辆生产或者销售企业，未开具机动车销售统一发票的，按照车辆生产或者销售同类应税车辆的销售价格确定应税车辆的计税价格

三、多项选择题

1. 根据房产税法律制度的规定，下列有关房产税纳税人的表述中，正确的有（　　）。

A. 产权属于国家所有的房屋，其经营管理单位为纳税人

B. 产权属于集体所有的房屋，该集体单位为纳税人

C. 产权属于个人所有的营业用的房屋，该个人为纳税人

D. 产权出典的房屋，出典人为纳税人

2. 下列各项中，符合房产税纳税义务发生时间规定的是（　　）。

A. 纳税人将原有房产用于生产经营，从生产经营之次月起缴纳房产税

B. 纳税人自行新建房屋用于生产经营，从建成之次月起缴纳房产税

C. 纳税人委托施工企业建设的房屋，从办理验收手续之次月起缴纳房产税

D. 纳税人购置新建商品房，自房屋交付使用之次月起缴纳房产税

3. 下列行为中，应缴纳契税的有（　　）。

A. 房屋赠与　　B. 农村集体土地承包经营权的转移

C. 以土地使用权作价投资　　D. 以土地使用权抵押

4. 根据契税法规定，下列各项中，应征收契税的有（　　）。

A. 某人将其拥有产权的一幢楼抵押　　B. 某人在抽奖活动中获得一套住房

C. 某人将其拥有产权的房屋出租　　D. 某人购置一套住房

5. 根据契税法规定，下列各项中，不征收契税的有（　　）。

A. 接受作价房产入股　　B. 承受抵债房产

C. 承租房产　　D. 继承房产

6. 下列各项中，属于印花税征税范围的有（　　）。

A. 土地使用权出让合同　　B. 土地使用权转让合同

C. 商品房销售合同　　D. 房屋产权证

7. 根据车船税法规定，下列使用中的交通工具中，属于车船税征税范围的有（　　）。

A. 小轿车　　B. 货船

C. 三轮摩托车　　D. 三轮汽车

8. 当事人购买自用的下列交通工具中，属于车辆购置税征税范围的有（　　）。

A. 小轿车　　　　B. 电车

C. 三轮摩托车　　　　D. 农用运输车

9. 下列关于城镇土地使用税的特点及立法原则的说法，正确的有（　　）。

A. 对占用土地的行为征税　　　　B. 征税对象是土地、房屋

C. 征税范围有所限定　　　　D. 实行统一税额

E. 有利于广集财政资金，完善地方税体系

10. 根据规定，下列用地免征城镇土地使用税的有（　　）。

A. 企业办的学校用地　　　　B. 集体举办的学校用地

C. 名胜古迹供公共参观游览用地　　　　D. 公园附设的饮食部用地

E. 农副产品加工场地

11. 根据规定，下列用地免征城镇土地使用税的有（　　）。

A. 盐场的盐滩用地　　　　B. 盐矿的矿井用地

C. 盐场的生产厂房用地　　　　D. 盐矿的生活区用地

E. 盐矿的办公用地

12. 下列关于房产税计税依据的表述中，不正确的有（　　）。

A. 如果是以劳务为报酬抵付房租收入的，以房产的计税余值缴纳房产税

B. 与房屋不可分割的附属设备应计入房产原值缴纳房产税

C. 改建支出计入房产原值缴纳房产税

D. 对配套设施中易损坏，需要经常更换的零配件，更新后不再计入房产原值，原零配件的原值可以扣除

13. 下列各项中，应计入房产原值计征房产税的有（　　）。

A. 取得土弛使用权支付的价款　　　　B. 开发土地发生的成本费用

C. 扩建支出　　　　D. 独立于房屋之外的围墙

E. 不单独计算价值的配套设施

14. 李某于 2023 年 5 月出租一套位于市中心的自有房产用于他人居住，租赁期为 1 年，按照市场价格取得租金每月 8 000 元（不含增值税），2023 年 6 月李某花费 2 000 元对房产进行了修缮，取得的当月租金已按规定缴纳了相关税费 332 元，税费支出均已取得合法有效凭证。下列关于李某 2023 年 6 月取得的租金收入应纳税事项的表述中，正确的有（　　）。

A. 应缴纳房产税 320 元　　　　B. 应缴纳房产税 960 元

C. 应缴纳个人所得税 453.44 元　　　　D. 应缴纳个人所得税 549.44 元

15. 下列关于房产税免税的说法中，正确的有（　　）。

A. 中国铁路总公司所属铁路运输企业自用房产免征房产税

B. 企业办的技术培训学校自用的房产免征房产税

C. 非营利性老年服务机构自用房产暂免征收房产税
D. 外商投资企业的自用房产免征房产税
16. 下列车船中，属于车船税征税范围的有（　　）。
A. 电车　　B. 拖拉机
C. 三轮汽车　　D. 半挂牵引车
E. 低速载货汽车
17. 下列各项中，按照货车计征车船税的有（　　）。
A. 电车　　B. 半挂牵引车
C. 三轮汽车　　D. 低速载货汽车
E. 客货两用汽车
18. 下列关于车船税的说法，正确的有（　　）。
A. 中国境内应税车辆、船舶的所有人或者管理人为车船税的纳税人
B. 拖船按照发动机功率每 1 千瓦折合净吨位 0.05 吨计征车船税
C. 计税单位有尾数的应四舍五入保留两位小数后计算车船税应纳税额
D. 计算得出的应纳税额有尾数的一律按照含尾数的金额据实缴纳车船税
E. 购置的新车船，购置当年的应纳税额自纳税义务发生的当月起按月计算
19. 下列关于车船税征收管理的说法，正确的有（　　）。
A. 依法不需要办理登记的车船，车船税的纳税地点为车船所有人或管理人的所在地
B. 扣缴义务人代收代缴车船税后车辆登记地主管税务机关不再征收车船税
C. 购买的船舶，纳税义务发生时间为购买发票或其他证明文件所载日期的当月
D. 车船税按年申报，分月缴纳，纳税年度为公历 1 月 1 日至 12 月 31 日
E. 车船税的纳税地点为车船的登记地或者车船税扣缴义务人所在地
20. 下列关于印花税的计税依据的说法，正确的有（　　）。
A. 货物运输合同以运输费用和装卸费用总额为计税依据
B. 以物易物方式的商品交易合同，以购销合计金额为计税依据
C. 电网与发电企业签订的购售电合同，以购销合同列明的金额为计税依据
D. 由委托方提供主要材料的加工合同，以加工费和主要材料合计金额为计税依据
E. 建筑安装工程承包后又转包的，以承包总额扣除转包金额后余额为计税依据
21. 根据印花税相关规定，下列各项中，不需要缴纳印花税的有（　　）。
A. 增值税小规模纳税人证券交易印花税
B. 国际奥委会相关实体与北京冬奥组委签订的各类合同
C. 甲企业记载资金的营业账簿
D. 房地产管理部门与个人签订的租房合同，房屋用于生活居住的

22. 下列关于耕地占用税的概念、特点及计税依据的说法，正确的有（　　）。

A. 在中华人民共和国境内占用耕地建设建筑物的单位和个人，应征收耕地占用税

B. 以实际占用的耕地面积为计税依据

C. 兼具资源税与特定行为税的性质

D. 采用地区差别税率

E. 每年均征收耕地占用税

23. 下列各项中，属于耕地占用税的纳税人的有（　　）。

A. 建设农田水利设施占用耕地的单位

B. 建设直接为农业生产服务的生产设施占用耕地的单位

C. 因地质勘查临时占用耕地的单位

D. 未经批准占用农用地建设建筑物的实际用地人

E. 经批准占用耕地从事非农业建设的建设用地人

24. 下列用地行为中，应征收耕地占用税的有（　　）。

A. 新建住宅和办公楼占用林地　　B. 飞机场修建跑道占用耕地

C. 修建专用公路占用耕地　　D. 企业新建厂房占用耕地

25. 下列项目占用耕地，可以直接免征耕地占用税的有（　　）。

A. 军事设施占用耕地　　B. 经批准成立的技工院校占用耕地

C. 学校内经营性场所占用耕地　　D. 学校内教职工住房占用耕地

26. 下列关于资源税税率的说法，正确的有（　　）。

A. 有色金属选矿一律实行幅度比例税率

B. 开采不同税目应税产品的，未分别核算或不能准确提供不同应税产品的销售额或销售数量，从高适用税率

C. 原油和天然气税目不同，适用税率也不同

D. 水资源税根据当地水资源状况、取用水类型和经济发展等情况实行差别税率

27. 下列关于资源税的处理的说法，正确的有（　　）。

A. 以自采原矿加工为非应税产品，视同销售非应税产品缴纳资源税

B. 以自采原矿加工为选矿无偿赠送，视同销售选矿缴纳资源税

C. 以自采的原煤加工为洗选煤自用，视同销售原煤缴纳资源税

D. 以自采原矿洗选后的选矿连续生产非应税产品，视同销售原矿缴纳资源税

E. 将自采原矿加工为选矿用于抵债，视同销售选矿缴纳资源税

28. 下列企业生产或开采的资源产品中，不属于免征资源税的有（　　）。

A. 煤炭开采企业因安全生产需要抽采的煤成（层）气

B. 从深水油气田开采的天然气

C. 从低丰度油气田开采的原油

D. 高凝油
E. 从衰竭期矿山开采的矿产品
29. 下列情形中，不征收土地增值税的有（ ）。
A. 继承房地产
B. 房地产的评估增值
C. 房地产公司的代建房行为
D. 房地产开发企业将自建的商品房奖励给职工
E. 企业将自有房产等价交换其他企业的土地使用权
30. 下列事项中，属于土地增值税征税的范围有（ ）。
A. 英国人史密斯将中国境内一处房产赠送给好友
B. 政府出让国有土地使用权
C. 房地产开发公司受托对某企业闲置厂房进行改造
D. 居民个人之间交换非居住用房产
31. 下列项目中，属于土地增值税扣除项目中的房地产开发成本的有（ ）。
A. 土地征用及拆迁补偿费
B. 公共配套设施费
C. 销售过程中发生的销售费用
D. 开发间接费用
E. 建筑安装工程费
32. 转让旧房产计算土地增值税增值额时准予扣除的项目有（ ）。
A. 旧房产的评估价格
B. 取得土地使用权所支付的地价款
C. 旧房产的重置成本
D. 按国家统一规定缴纳的有关费用
E. 因计算纳税需要支付的评估费
33. 下列关于契税的特点及立法原则的说法，正确的有（ ）。
A. 契税属于财产转移税
B. 契税由财产转让方缴纳
C. 契税有利于广辟财源，增加地方财政收入
D. 契税有利于保护合法产权，避免产权纠纷
E. 契税有利于调节财富分配，体现社会公平
34. 下列各项行为中，受让人应当缴纳契税的有（ ）。
A. 因改变土地用途而重新签订土地使用权出让合同的
B. 以房产抵债
C. 为翻建新房而购进房屋
D. 房屋赠与
E. 法定继承人继承土地、房屋权属
35. 下列行为中，属于契税征税范围的有（ ）。
A. 获奖方式取得房屋产权

B. 房屋互换
C. 承受与房屋相关的停车位所有权
D. 分期付款方式购买房屋附属设施土地使用权
E. 土地经营权的转移

36. 下列关于契税计税依据的说法，正确的有（　　）。
A. 以出让金为依据计算缴纳契税的，不得因减免土地出让金而减免契税
B. 以房产抵债，由产权承受人按房屋现值缴纳契税
C. 实物交换房屋，按交换的价格差额缴纳契税
D. 采取分期付款方式购买房屋附属设施土地使用权、房屋所有权的，应按当期实际支付的价款计征契税

37. 下列关于环境保护税税目的说法，正确的有（　　）。
A. 二氧化碳属于应税大气污染物　　B. 危险废物属于应税固体废物
C. 石棉尘属于应税大气污染物　　D. 交通噪声属于应税噪声污染
E. 饮食娱乐服务业排放的污水属于水污染物

38. 根据烟叶税法的规定，下列各项中，属于烟叶税征收范围的有（　　）。
A. 晾晒烟叶　　B. 烟丝　　C. 卷烟　　D. 烤烟叶
E. 新鲜烟叶

39. 下列关于烟叶税的说法，正确的有（　　）。
A. 烟叶税的征税对象是生烟叶
B. 烟叶税的纳税人为收购烟叶的单位
C. 烟叶税的纳税地点是烟叶的收购地
D. 烟叶税纳税义务发生时间为收购烟叶的当天
E. 烟叶税的税率为 20%

40. 下列有关车辆购置税退税的相关规定的说法，正确的有（　　）。
A. 应退税额＝已纳税额×(1－使用年限×10%)
B. 已缴纳车辆购置税的车辆退回车辆生产企业或者销售企业的，准予纳税人申请退税
C. 使用年限的计算方法是自纳税人缴纳税款之日起至申请退税之日止
D. 申请退税时，退税额以已缴税款为基准，自缴纳税款之日至申请退税之日，每满一年扣减 5%

四、计算分析题

1. 某企业 2022 年年初占用土地 10 000 平方米，其中幼儿园占地 600 平方米，其余为生产经营用地；9 月购置一栋办公楼且合同约定当月交付使用，占地 700 平方米。该企业所在地城镇土地使用税年税额 5 元/平方米。计算该企业 2022 年应缴纳的城镇土地使用税。

2. 2022 年 7 月王某从汽车 4S 店（一般纳税人）购置了一辆推气量为 1.8 升的乘用车自用，支付购车款（含增值税）226 000 元，取得 4S 店开具的机动车销售统一发票，支付代收保险费 5 000 元并取得保险公司开具的票据。计算王某应缴纳的车辆购置税。

3. 某上市公司 2022 年以 5 000 万元购得一处高档会所，然后加以改建，支出 500 万元在后院新建一露天泳池，支出 500 万元新增中央空调系统，拆除 200 万元的照明设施，再支付 500 万元安装智能照明和楼宇声控系统，会所于 2022 年年底改建完毕并对外营业。当地规定计算房产余值扣除比例为 30%。计算 2022 年该会所应缴纳的房产税。

4. 2022 年某企业有两处独立的地下建筑物，分别为工业用途房产（原价 30 万元）和非工业用途房产（原价 20 万元）。该企业所在省规定房产税依照房产原值减除 30%后的余值计算缴纳，工业用途地下建筑房产以原价的 50%作为应税房产原值，其他用途地下建筑房产以原价的 80%作为应税房产原值。计算 2022 年该企业的地下建筑物应缴纳的房产税。

5. 某运输企业 2022 年年初拥有小轿车 5 辆，2022 年 3 月外购货车 12 辆（整备质量为 10 吨/辆），并于当月办理登记手续。货车年税额为整备质量每吨 50 元，小轿车年税额为每辆 500 元。计算该企业 2022 年应缴纳的车船税。

6. 某船运公司 2022 年度拥有旧机动船 5 艘，每艘净吨位 1 500 吨；拥有拖船 4 艘，每艘发动机功率 3 000 千瓦。2022 年 7 月购置新机动船 6 艘，每艘净吨位 3 000 吨。该公司机动船舶适用的车船税年税额为：净吨位超过 200 吨但不超过 2 000 吨的，每吨 4 元；净吨位超过 2 000 吨但不超过 10 000 吨的，每吨 5 元。计算该公司 2022 年度应缴纳的车船税。

7. 某公司签订甲、乙两份加工承揽合同，甲合同约定：由委托方提供主要材料 600 万元，受托方提供辅助材料 40 万元，并收取加工费 50 万元。乙合同约定：由受托方提供主要材料 400 万元并收取加工费 20 万元。计算该公司上述加工承揽合同应缴纳的印花税。

8. 2022 年 1 月，农村居民张某经批准在户口所在地占用耕地 2 500 平方米，其中 2 000 平方米用于种植中药材，500 平方米用于新建住宅（在规定标准用地以内）。该地区耕地占用税税额为每平方米 30 元。计算张某应缴纳的耕地占用税。

9. 某油田企业 2022 年 4 月销售自采原油 86 000 吨，收取不含增值税价款 34 400 万元；销售与原油同时开采的天然气 47 500 立方米，收取不含税价款 2 375 万元；自用原油 25 吨，其中 18 吨用于本企业在建工程，7 吨在开采原油过程中用于加热。该油田原油、天然气的资源税税率均为 6%。计算该油田企业本月应缴纳的资源税。

10. 某矿泉水生产企业 2022 年 4 月开发生产矿泉水 6 900 立方米，当月销售 6 000 立方米。该企业所在地规定，矿泉水实行定额征收资源税，资源税税额为 5 元/立方米。计算该企业 2022 年 4 月应缴纳的资源税。

11. 某市国有企业为增值税一般纳税人，2015 年 5 月在市区购置一栋办公楼，支付价款 8 400 万元。2022 年 5 月，该企业将办公楼转让，取得含税收入 10 500 万元，签订产权转移书据。办公楼经税务机关认定的重置成本价为 12 000 万元，成新度折扣率 75%。该企业选择简易计税办法计算增值税，当地有关部门规定计算土地增值税时准予扣除地方教育附加。计算该企业缴纳土地增值税时的增值额。

12. 某公司于 2022 年 3 月 2 日以竞价方式承受土地使用权用于房地产开发。根据规定，国有土地使用权出让合同需缴纳土地出让金 2 000 万元，上缴土地补偿费 200 万元，于 4 月 3 日办讫国有土地使用权证。当年因国家调整重新修订土地使用权出让合同，补交土地出让金 600 万元，另向规划局缴纳市政建设配套费 200 万元。土地所在地契税税率为 4%。计算该公司承受该土地使用权应缴纳的契税。

13. 甲企业 2022 年 5 月产生尾矿 1 200 吨，其中综合利用的尾矿 400 吨（符合国家和地方环境保护标准），在符合国家和地方环境保护标准的设施贮存 300 吨。尾矿适用的环境保护税税额为 15 元/吨。计算甲企业 5 月尾矿应缴纳的环境保护税。

14. 某养殖场 2022 年 2 月养牛平均存栏量为 100 头，污染当量值为 0.1 头。当地水污染物适用税额为每污染当量 2.8 元。计算该养殖场当月应纳环境保护税。

15. 某企业有一个污水排放口，2022 年 2 月排放总铅 600 千克，污染当量值 0.025 千克。其所在省公布的环境保护税税额为每污染当量 4.2 元。计算该企业应缴纳的环境保护税。

项目九
税务行政法制

职业能力与思政目标

1. 了解税务行政法制的基本法律内容，包括行政处罚、行政复议、行政诉讼等；
2. 掌握行政处罚的种类；
3. 理解行政复议和行政诉讼的程序；
4. 了解我国的税收法制政策，培养学生依法治国的理念和爱国主义精神；
5. 培养学生良好的职业道德、诚信品质、依法纳税意识等。

案例导入

近年来，随着直播带货成为电商平台最大的增长点，网络主播的收入也水涨船高，部分头部主播的单场带货交易额达到千万甚至上亿元。

2021 年 12 月 20 日，税务部门发布通报，某著名头部网络主播偷逃税被罚共计 13.41 亿元。调查显示，其在 2019 年至 2020 年期间，通过隐匿个人收入、虚构业务转换收入性质虚假申报等方式偷逃税款 6.43 亿元，其他少缴税款 0.6 亿元。税务机关依法对其做出税务行政处罚决定，追缴税款、加收滞纳金并处罚款，共计 13.41 亿元。

税务局有关负责人介绍，2019 年至 2020 年期间，该主播通过隐匿其从直播平台取得的佣金收入虚假申报偷逃税款；通过设立企业管理咨询中心、企业管理咨询合伙企业等多家个人独资企业、合伙企业虚构业务，将其个人从事直播带货取得的佣金、坑位费等劳务报酬所得转换为企业经营所得进行虚假申报偷逃税款；从事其他生产经营活动取得收入，未依法申报纳税。税务部门依据《个人所得税法》《税收征管法》等规定，依法确认其偷逃税款 6.43 亿元，其他少缴税款 0.6 亿元。本次依法做出的处罚13.41亿元，主要组成部分有：对其隐匿收入偷税但在检查立案后主动补缴和报告的部分，处0.6倍罚款；对隐匿收入偷税未主动补缴的部分，处4倍罚款；对虚构业务转换收入性质虚假申报偷税的部分，处1倍罚款。

依法纳税是每个公民的基本义务，直播行业不是法外之地。直播带货除了要遵守网络安全等方面的法律要求外，还要注意遵守税法，不能忘记乃至逃避依法纳税的义务。《税收征管法》第六十三条第一款规定，对纳税人偷税的，由税务机关追缴其不缴或者少缴的税款、滞纳金，并处不缴或者少缴的税款百分之五十以上五倍以下的罚款。

课程思政元素

1. 用现实案例进行普法教育，网络直播并非法外之地，网络直播从业人员要自觉依法纳税，承担与其收入和地位相匹配的社会责任。
2. 税务机关的处理处罚决定，坚持依法严查严处，坚决维护国家税法权威，促进社会公平正义。
3. 税务机关的处理处罚决定，反映税务部门宽严相济，促进新经济新业态在发展中规范，在规范中发展。

任务9.1　税务行政处罚

税务行政处罚是行政处罚的重要组成部分。我国税务行政处罚的现行法律规范以1996年3月17日第八届全国人民代表大会第四次会议通过的《中华人民共和国行政处罚法》（以下简称《行政处罚法》）为法律依据，以1996年9月28日国家税务总局发布的《税务行政处罚听证程序实施办法（试行）》、2016年11月30日国家税务总局发布的《税务行政处罚裁量权行使规则》等法规规章制度为主要内容。

一、税务行政处罚概述

（一）税务行政处罚的概念

税务行政处罚是指公民、法人或者其他组织有违反税收征收管理秩序的违法行为，尚未构成犯罪，依法应当承担行政责任的，由税务机关给予行政处罚。

(二) 税务行政处罚的特点

1. 施行税务行政处罚的主体是税务机关。

2. 行政处罚的客体是违法行为，即尚未构成犯罪，依法应当给予行政处罚的行为。

3. 当事人行为违反税收法律规范，侵犯的客体是税收征收管理秩序，应当承担税务行政责任。

4. 税务行政处罚并不区分是否具有主观故意或者过失，只要有税务违法行为存在，并有法定依据应受到行政处罚的，就要承担行政责任，依法接受税务行政处罚。

(三) 税务行政处罚的种类

根据税法的规定，现行的税务行政处罚种类主要有三种。

1. 罚款。税务行政规章对非经营活动中的违法行为设定罚款不得超过1 000元；对经营活动中的违法行为，有违法所得的，设定罚款不得超过违法所得的3倍，且最高不得超过3万元，没有违法所得的，设定罚款不得超过1万元；超过限额的，应当报国务院批准。

2. 没收财物和违法所得。

3. 停止出口退税权。

【做中学9-1】 现行的税务行政处罚的种类中，不包括（　　）。

A. 罚款　　　　B. 没收财物和非法所得

C. 停止出口退税权　　　　D. 停止享受免税权

【答案】 D

【解析】 现行的税务行政处罚种类主要有三种：①罚款；②没收财物和违法所得；③停止出口退税权。

二、税务行政处罚的原则

(一) 法定原则

法定原则一是指税务行政处罚必须由法定的国家机关在其职权范围内按照法定程序设定和实施；二是指税务机关施行税务行政处罚必须有法定依据，在法规中无明文规定不得处罚。

(二) 公正、公开原则

公正就是要防止偏听偏信，要使当事人了解其违法行为的性质，并给予其申辩的机会。公开是指税务行政处罚的规定要事先公布，行政处罚的程序要公开透明。

（三）以事实为依据原则

任何法律规范的适用必然基于一定的法律行为和事件，法律事实不能脱离法律。税务行政处罚必须以事实为依据，以法律为准绳。

（四）过罚相当原则

税务行政处罚的结果要根据税务违法行为的性质、情节、社会危害性的大小而定。

（五）处罚与教育相结合原则

税务行政处罚的目的是纠正违法行为，教育公民自觉守法，处罚只是手段。对情节轻微的违法行为可不实施处罚。

【做中学 9-2】 税务行政处罚的设定和实施都要根据税务违法行为的性质、情节、社会危害性的大小而定，这体现了税务行政处罚的（　　）。

A. 公正原则　　B. 以事实为依据原则

C. 处罚与教育相结合原则　　D. 过罚相当原则

【答案】 D

三、税务行政处罚的管辖和首违不罚制度

（一）税务行政处罚的管辖

根据《行政处罚法》和《税收征管法》的规定，税务行政处罚由当事人发生税收违法行为的所在地的县级以上税务机关管辖。税务行政处罚的地域管辖原则是行为发生地原则。

（二）首违不罚制度

首违不罚是行政处罚法上的一项制度，依据《行政处罚法》第三十三条第一款，初次违法且危害后果轻微并及时纠正的，可以不予行政处罚。为了进一步推进税务领域“放管服”改革，更好地服务市场主体，根据《行政处罚法》《税收征管法》等法律法规，国家税务总局推广“首违不罚”清单制度。

自 2021 年 4 月 1 日起，对当事人首次发生清单中所列事项且危害后果轻微，在税务机关发现前主动改正或者在税务机关责令限期改正的期限内改正的，不予行政处罚。但税务违法行为造成不可挽回的税费损失或者较大社会影响的，则不能认定为“危害后果轻微”。适用税务行政处罚“首违不罚”的，主管税务机关应及时做出不予行政处罚决定，充分保障当事人合法权益。对适用税务行政处罚“首违不罚”的当事人，主管税务机关应采取签订承诺书等方式教育、引导、督促其自觉守法，对再次违反的当事人应严格按照规定予以行政处罚。

四、税务行政处罚的程序

（一）简易程序

税务行政处罚的简易程序是指税务机关及其执法人员对于公民、法人或者其他组织违反税收征收管理秩序的行为案情简单、事实清楚、违法后果比较轻微且有法定依据应当给予处罚的，可以当场填写《税务行政处罚决定书》做出税务行政处罚决定的行政处罚程序。

（二）一般程序

除了适用简易程序的税务违法案件外，对于其他情节比较复杂、处罚比较重的违法案件，税务机关在做出处罚决定之前都要经过立案、调查取证（有的案件还要举行听证）、审查、决定等程序。

1. 调查与审查

对税务违法案件的调查取证由税务机关内部设立的调查机构负责。调查机构进行调查取证后，对依法应当给予行政处罚的，应及时提出处罚建议，以税务机关的名义制作《税务行政处罚事项告知书》并送达当事人，告知当事人作出处罚建议的事实、理由和依据，以及当事人依法享有的陈述申辩或要求听证的权利。调查终结，调查机构应当制作调查报告，并及时将调查报告连同所有案卷材料移交审查机构审查。

2. 听证

听证是指税务机关在对公民 2 000 元以上或者对法人或其他组织 10 000 元以上罚款的违法行为做出处罚决定之前，按照一定形式听取调查人员和当事人意见的程序。凡属听证范围的案件，在做出处罚决定之前，应当首先向当事人送达《税务行政处罚事项告知书》告知当事人已经查明的违法事实、证据、处罚的法律依据和拟给予的处罚，并告知有要求举行听证的权利。要求听证的当事人应当在收到《税务行政处罚事项告知书》后 5 日内向税务机关书面提出听证要求，逾期不提出的，视为放弃听证权利。税务机关应当在当事人提出听证要求后的 15 日内举行听证，并在举行听证的 7 日前将《税务行政处罚听证通知书》送达当事人，通知当事人举行听证的时间、地点、主持人等情况。

3. 决定

审查机构做出审查意见并报送税务机关负责人审批后，应当在收到审批意见之日起 3 日内根据不同情况分别制作不同的处理决定书再报税务机关负责人签发。

当事人有下列情形之一的，不予行政处罚：

（1）违法行为轻微并及时纠正，没有造成危害后果的；

（2）不满 14 周岁的人有违法行为的；

（3）精神病人在不能辨认或者不能控制自己行为时有违法行为的；

（4）其他法律规定不予行政处罚的。

当事人有下列情形之一的，应当依法从轻或者减轻行政处罚：

（1）主动消除或者减轻违法行为危害后果的；

（2）受他人胁迫有违法行为的；

（3）配合税务机关查处违法行为有立功表现的；

（4）其他依法应当从轻或者减轻行政处罚的。

违反税收法律、行政法规应当给予行政处罚的行为在5年内未被发现的，不再给予行政处罚。

行使税务行政处罚裁量权应当依法履行告知义务，即在做出行政处罚决定前应当告知当事人做出行政处罚决定的事实、理由、依据及拟处理结果，并告知当事人依法享有的权利。税务机关行使税务行政处罚裁量权涉及法定回避情形的，应当依法告知当事人享有申请回避的权利。税务人员存在法定回避情形的，应当自行回避或者由税务机关决定回避。当事人有权进行陈述和申辩。税务机关应当充分听取当事人的意见，对其提出的事实、理由或者证据进行复核，陈述申辩事由成立的，税务机关应当采纳；不采纳的，应说明理由。税务机关不得因当事人的申辩而加重处罚。

对情节复杂、争议较大、处罚较重、影响较广或者拟减轻处罚等税务行政处罚案件，应当经过集体审议决定。税务机关按照一般程序实施行政处罚，应当在执法文书中对事实认定、法律适用、基准适用等说明理由。

任务9.2　税务行政复议

税务行政复议是我国行政复议制度的一个重要组成部分。为了防止和纠正税务机关违法或者不当的具体行政行为，保护纳税人及其他当事人的合法权益，保障和监督税务机关依法行使职权，根据《中华人民共和国行政复议法》（以下简称《行政复议法》）、《税收征管法》和其他的有关规定，国家税务总局于2009年12月15日审议通过《税务行政复议规则》，自2010年4月1日起施行，并于2015年12月28日、2018年6月15日分别对该规则进行了修订。

一、税务行政复议的概念及特点

（一）税务行政复议的概念

税务行政复议是指纳税人和其他税务当事人对税务机关的税务行政行为不服，依法向上级税务机关提出申诉，请求上一级税务机关（复议机关）对原行政行为的合理性、合法性做出审议，复议机关依法对原行政行为的合理性、合法性做出裁决的行政司法活动。实行税务行政复议制度的目的是维护和监督税务机关依法行使税收执法权，防止和纠正违法或者不当的税务行政行为，保护纳税人和其他当事人的合法权益。

（二）税务行政复议的特点

1. 税务行政复议的前提是当事人不服税务机关及其工作人员做出的具体行政行为。

2. 税务行政复议因当事人的申请而产生。当事人不申请，就不可能通过行政复议这种形式获得救济。

3. 税务行政复议案件的审理一般由原处理税务机关的上一级税务机关进行。

二、税务行政复议的管辖

（一）一般规定

1. 对税务所（分局）、各级税务局的稽查局的行政行为不服的，可以向其所属税务局申请行政复议。

2. 对各级税务局的行政行为不服的，可以向其上一级税务局申请行政复议。

3. 对计划单列市税务局的行政行为不服的，可以向国家税务总局申请行政复议。

4. 对国家税务总局的行政行为不服的，可以向国家税务总局申请行政复议。

5. 对行政复议决定不服的，申请人可以向人民法院提起行政诉讼，也可以向国务院申请裁决。

国务院的裁决为最终裁决。

（二）特殊规定

1. 对两个以上税务机关以共同的名义做出的行政行为不服的，可以向共同上一级税务机关申请行政复议；对税务机关与其他行政机关以共同的名义作出的行政行为不服的，可以向其共同上一级行政机关申请行政复议。

2. 对被撤销的税务机关在撤销以前所作出的行政行为不服的，可以向继续行使其职权的税务机关的上一级税务机关申请行政复议。

3. 对税务机关作出逾期不缴纳罚款加处罚款的决定不服的，可以向作出行政处罚决定的税务机关申请行政复议，但是对已处罚款和加处罚款都不服的，一并向作出行政处罚决定的税务机关的上一级税务机关申请行政复议。

三、税务行政复议的范围

纳税人及其他当事人认为税务机关侵犯其合法权益，可依法向税务行政复议机关申请行政复议。税务行政复议的范围包括具体行政行为及一些规范性文件。

（一）可以申请行政复议的具体行政行为

1. 征税行为，包括确认纳税主体、征税对象、征税范围、减税、免税、退税、抵扣税款、适用税率、计税依据、纳税环节、纳税期限、纳税地点和税款征收方式等行政行为，征收税款、加收滞纳金，扣缴义务人、受税务机关委托的单位和个人作出的代扣代缴、代收代缴、代征行为等。

2. 行政许可、行政审批行为。

3. 发票管理行为，包括发售、收缴、代开发票等。

4. 税收保全措施、强制执行措施。

5. 行政处罚行为，包括罚款、没收非法财物和违法所得、停止出口退税权。

6. 不依法履行下列职责的行为，包括开具、出具完税凭证，行政赔偿，行政奖励。

7. 资格认定行为。

8. 不依法确认纳税担保行为。

9. 政府公开信息工作中的行政行为。

10. 纳税信用等级评定行为。

11. 通知出入境管理机关阻止出境行为。

12. 其他行政行为。

（二）可以一并申请行政复议的规范性文件

申请人认为被申请人的行政行为所依据的下列规定不合法，对行政行为申请行政复议时可以一并向复议机关提出对该规定（不包括规章）的审查申请：

1. 国家税务总局和国务院其他部门的规定。

2. 其他各级税务机关的规定。

3. 地方各级人民政府的规定。

4. 地方人民政府工作部门的规定。

【做中学 9-3】 纳税人对税务机关的下列行为不服时，可以申请行政复议的有（　　）。

A. 税务机关为其确认征税范围

B. 税务机关对其做出征收税款的决定

C. 税务机关关于具体贯彻落实税收法规的规定

D. 税务机关责令其提供纳税担保

【答案】 ABD

【解析】 根据税务行政复议规则的规定，纳税人如果认为税务机关的行政行为所依据的规定不合法，可以向有关机关进行反映，或者在对行政行为申请行政复议时一并向复议机关提出对该规定的审查申请，但申请范围不包括规章。

四、税务行政复议的申请

申请人自知道税务机关做出行政行为之日起60日内可以提出行政复议申请。因不可抗力或者被申请人设置障碍等原因耽误法定申请期限的，申请期限的计算应当扣除被耽误时间。

申请人申请行政复议可以书面申请，也可以口头申请。书面申请的，可以采取当面递交、邮寄、传真或者电子邮件等方式提出行政复议申请。口头申请的，复议机关应当当场制作行政复议申请笔录，交申请人核对或者向申请人宣读，并由申请人确认。

申请人对复议范围内征税行为不服的，应当先向复议机关申请行政复议，对行政复议决定不服的，再向人民法院提起行政诉讼。

申请人按前述规定申请行政复议的，必须依照税务机关根据法律、行政法规确定的税额、期限，先行缴纳或者解缴税款及滞纳金，或者提供相应的担保，才可以提出行政复议申请。申请人对税务机关做出逾期不缴纳罚款加处罚款的决定不服的，应当先缴纳罚款和加处罚款，再申请行政复议。申请人对复议范围内税务机关做出的征税行为以外的其他行政行为不服的，可以申请行政复议，也可以直接向人民法院提起行政诉讼。

五、税务行政复议的受理

复议机关收到行政复议申请后，应当在5日内进行审查，决定是否受理。对不属于本机关受理的行政复议申请，应当告知申请人向有关行政复议机关提出；对符合规定的行政复议申请，自行政复议机构收到之日起即为受理，应当书面告知申请人；对不符合规定的行政复议申请不予受理，并应当书面告知申请人。复议机关收到行政复议申请以后未按照规定期限审查并做出不予受理决定的，视为受理。

申请人先向复议机关申请行政复议，对行政复议决定不服再向人民法院提起行政诉讼的行政行为，复议机关决定不予受理或者受理以后超过行政复议期限不作答复的，申请人可以自收到不予受理决定书之日起或者行政复议期满之日起15日内依法向人民法院提起行政诉讼。

申请人向复议机关申请行政复议，复议机关已经受理的，在法定行政复议期限内申请人不得向人民法院提起行政诉讼；申请人向人民法院提起行政诉讼，人民法院已经依法受理的，不得申请行政复议。行政复议期间行政行为不停止执行，但有下列情形之一的，可以停止执行：

1. 被申请人认为需要停止执行的。
2. 行政复议机关认为需要停止执行的。
3. 申请人申请停止执行，行政复议机关认为其要求合理，决定停止执行的。
4. 法律规定停止执行的。

六、税务行政复议的审查和决定

（一）税务行政复议的审查

复议机关审理税务行政复议案件，应当由 2 名以上行政复议人员参加。行政复议原则上采用书面审查的办法，对重大、复杂的案件，申请人提出要求或者复议机关认为必要时，可以采取听证的方式审理。听证应当公开举行，但是涉及国家秘密、商业秘密或者个人隐私的除外。行政复议听证人员不得少于 2 人，听证主持人由复议机关指定。听证应当制作笔录，申请人、被申请人和第三人应当确认听证笔录内容。第三人不参加听证的，不影响听证的举行。

复议机关应当全面审查被申请人的行政行为所依据的事实证据、法律依据、法律程序和设定的权利义务内容的合法性、适当性。

申请人在行政复议决定做出之前撤回行政复议申请的，经复议机关同意，可以撤回。申请人撤回行政复议申请的，不得再以同一事实和理由提出行政复议申请。但是，申请人能够证明撤回行政复议申请违背其真实意思表示的除外。

行政复议期间被申请人改变原行政行为的，不影响行政复议案件的审理，申请人依法撤回行政复议申请的除外。

复议机关审查被申请人的行政行为时认为其依据不合法，本机关有权处理的，应当在 30 日内依法处理；无权处理的，应当在 7 日内按照法定程序逐级转送有权处理的国家机关依法处理。处理期间中止对行政行为的审查。

（二）税务行政复议的决定

复议机关应当自受理申请之日起 60 日内做出行政复议决定。情况复杂、不能在规定期限内做出行政复议决定的，经复议机关负责人批准可以适当延期，并告知申请人和被申请人，但延期不得超过 30 日。复议机关在规定期限内依法提出审查意见，经负责人批准，根据不同情况做出行政复议决定。复议决定通常为以下几种：

1. 行政行为认定事实清楚，证据确凿，适用依据正确，程序合法，内容适当的，决定维持。

2. 被申请人不履行法定职责的，决定其在一定期限内履行。

3. 行政行为有下列情形之一的，决定撤销、变更或者确认该行政行为违法：

（1）主要事实不清、证据不足的；

（2）适用依据错误的；

（3）违反法定程序的；

（4）超越或者滥用职权的；

（5）行政行为明显不当的。

决定撤销或者确认该行政行为违法的，可以责令被申请人在一定期限内重新做出行政行为。复议机关责令被申请人重新做出行政行为的，被申请人不得以同一事实和理由做出与原行政行为相同或者基本相同的行政行为，但复议机关以原行政行为违反法定程序而决定撤销的除外。

复议机关责令被申请人重新做出行政行为的，被申请人不得做出对申请人更为不利的决定，但是复议机关以原行政行为主要事实不清、证据不足或适用依据错误决定撤销的除外。被申请人应当在60日内重新做出行政行为；情况复杂、不能在规定期限内重新做出行政行为的，经复议机关批准，可以适当延期，但是延期不得超过30日。

申请人对被申请人重新做出的行政行为不服的，可以依法申请行政复议，或者提起行政诉讼。

4. 被申请人不按照规定提出书面答复，提交当初做出行政行为的证据、依据和其他有关材料的，视为该行政行为没有证据、依据，决定撤销该行政行为。

【做中学 9-4】 纳税人对税务机关的行政行为不服时可以申请行政复议，也可以直接向人民法院提起行政诉讼的有（　　）。

A. 确认纳税环节　　B. 税收保全措施

C. 不出具完税凭证　　D. 停止出口退税权

【答案】 BCD

【解析】 根据税务行政复议规则的规定，税务机关做出征税行为以外的其他行政行为，申请人可以申请行政复议，也可以直接向人民法院提起行政诉讼。

七、税务行政复议的和解与调解

对于有些行政复议事项，按照自愿、合法的原则，申请人和被申请人在行政复议机关做出行政复议决定前可以和解，行政复议机关也可以调解。这些行政复议事项包括：

1. 行使自由裁量权做出的具体行政行为，如行政处罚、核定税额、确定应税所得率等。
2. 行政赔偿。
3. 行政奖励。
4. 存在其他合理性问题的具体行政行为。

任务 9.3　税务行政诉讼

税务行政诉讼作为行政诉讼的一个重要组成部分，必须要遵循行政诉讼法确立的基本原则和程序。其法律依据是 1989 年 4 月 4 日第七届全国人民代表大会第二次会议通过，根据 2014 年 11 月 1 日第十二届全国人民代表大会常务委员会第十一次会议《关于修改〈中华人民共和国行政诉讼法〉的决定》第一次修正，根据 2017 年 6 月 27 日第十二届全国人民代表大会常务委员会第二十八次会议《关于修改〈中华人民共和国民事诉讼法〉和〈中华人民共和国行政诉讼法〉的决定》第二次修正的《中华人民共和国行政诉讼法》（以下简称《行政诉讼法》）。

一、税务行政诉讼的概念

税务行政诉讼是指公民、法人或其他组织认为税务机关及其工作人员的具体行政行为违法或者不当，侵犯了其合法权益，依法向人民法院提起行政诉讼，由人民法院对其具体行政行为的合法性和适当性进行审理并做出裁决的司法活动。其目的是保证人民法院正确、及时审理税务行政案件，保护纳税人、扣缴义务人等当事人的合法权益，维护和监督税务机关依法行使行政职权。

税务行政诉讼的被告必须是税务机关或经法律、法规授权的行使税务行政管理权的组织，而不是其他行政机关或组织。税务行政诉讼解决的争议发生在税务行政管理过程中，对因税款征纳发生的争议，复议是诉讼的必经前置程序。

二、税务行政诉讼的原则

1. 人民法院特定主管原则

根据《行政诉讼法》的规定，人民法院对税务行政案件只有部分管辖权，即只能受理因具体行政行为引起的税务行政争议案件。

2. 合法性审查原则

除审查税务机关是否滥用权力、税务行政处罚是否显失公正外，人民法院只对具体税务行为是否合法予以审查。与此相适应地，人民法院原则上不直接判决变更。

3. 不适用调解原则

税收行政管理权是国家权力的重要组成部分，人民法院不能对税务行政诉讼进行调解。

4. 起诉不停止执行原则

对税收保全和税收强制执行等税务机关做出的具体行政行为，当事人不得以起诉为理由而停止执行。

5. 税务机关负举证责任原则

税务行政行为是税务机关单方面做出的，税务机关需要对事实和理由负举证责任，如果税务机关不提供或不能提供证据就可能败诉。

6. 由税务机关负责赔偿的原则

依据《中华人民共和国国家赔偿法》的有关规定，税务机关及其工作人员因执行职务不当，给当事人造成损失的，应当承担赔偿责任。

三、税务行政诉讼的管辖

税务行政诉讼的管辖是指人民法院受理第一审税务案件的职权分工，税务行政诉讼的管辖分为级别管辖、地域管辖和裁定管辖。

（一）级别管辖

级别管辖是指上下级人民法院之间受理第一审税务案件的分工和权限。《行政诉讼法》规定，基层人民法院管辖一般的税务行政诉讼案件；中高级人民法院管辖本辖区内重大、复杂的税务行政诉讼案件；最高人民法院管辖全国范围内重大、复杂的税务行政诉讼案件。

（二）地域管辖

地域管辖是指同级人民法院之间受理第一审行政案件的分工和权限，分一般地域管辖和特殊地域管辖两种。

1. 一般地域管辖

一般地域管辖是指按照最初做出具体行政行为的机关所在地来确定管辖法院。未经复议直接向人民法院提起诉讼的，或经过复议，裁决维持原具体行政行为的，当事人不服，向人民法院提起诉讼的，均由最初做出具体行政行为的税务机关所在地人民法院管辖。

2. 特殊地域管辖

特殊地域管辖是指根据特殊行政法律关系或特殊行政法律关系所指的对象来确定管辖法院。经过复议的案件，复议机关改变原具体行政行为的，最初做出具体行政行为的税务机关所在地的人民法院和复议机关所在地人民法院都有管辖权，最先收到起诉状的人民法院为第一审法院。

（三）裁定管辖

裁定管辖是指人民法院依法自行裁定的管辖，包括移送管辖、指定管辖及管辖权转移三种情况。

1. 移送管辖

移送管辖是指人民法院将已经受理的案件移送给有管辖权的人民法院审理。移送管辖必须具备三个条件：一是移送人民法院已经受理了该案件；二是移送人民法院发现自己对该案件没有管辖权；三是接受移送的人民法院必须对该案件确有管辖权。

2. 指定管辖

指定管辖是指上级人民法院以裁定的方式指定某下一级人民法院管辖某一案件。有管辖权的人民法院因特殊原因不能行使对行政诉讼的管辖权的，由其上级人民法院指定管辖；人民法院对管辖权发生争议且协商不成的，由它们共同的上级人民法院指定管辖。

3. 管辖权转移

管辖权转移是指经上级人民法院决定或同意，将某个案件的管辖权由上级人民法院转交给下级人民法院，或者由下级人民法院转交给上级人民法院。

四、税务行政诉讼的受案范围

1. 税务机关做出的征税行为（复议前置）。
2. 税务机关做出的责令纳税人提交纳税保证金或者纳税担保行为。
3. 税务机关做出的行政处罚行为。
4. 税务机关做出的通知出境管理机关阻止出境行为。
5. 税务机关做出的税收保全措施。
6. 税务机关做出的税收强制执行措施。
7. 认为符合法定条件申请税务机关颁发税务登记证和发售发票，税务机关拒绝颁发、发售或者不予答复的行为。
8. 税务机关的复议行为。

五、税务行政诉讼的起诉和受理

（一）税务行政诉讼的起诉

税务行政诉讼起诉是指公民、法人或者其他组织认为自己的合法权益受到税务机关具体行政行为的侵害，而向人民法院提出诉讼请求，要求人民法院行使审判权，依法予以保护的诉讼行为。在税务行政诉讼中只有税务行政相对人才享有起诉权，税务机关不享有起诉权，只有应诉权，即税务机关只能作为被告，作为被告的税务机关也不能提起反诉。税务行政相对人起诉时，必须符合下列条件：

1. 原告是被具体行政行为侵犯合法权益的公民、法人或者其他组织。
2. 有明确的被告。
3. 有具体的诉讼请求和事实、法律依据。
4. 属于人民法院的受案范围。
5. 属于受诉人民法院管辖。

对税务机关的征税行为提起诉讼，必须先经过行政复议。对行政复议决定不服的，可以在接到复议决定书之日起 15 日内向人民法院起诉；对其他具体行政行为不服的，当事人可以在接到通知或者知道之日起 15 日内直接向人民法院起诉。税务机关做出具体行政行为时未告知当事人起诉权和起诉期限，致使当事人逾期向人民法院起诉的，其起诉期限从当事人实际知道起诉权或者起诉期限时计算，但最长不得超过 2 年。

(二) 税务行政诉讼的受理

原告起诉，经人民法院审查，认为符合起诉条件并立案审理的行为，称为受理。对当事人的起诉，人民法院一般从以下几方面进行审查并作出是否受理的决定：一是审查是否属于法定的诉讼受案范围；二是审查是否具备法定的起诉条件；三是审查是否已经受理或者正在受理；四是审查是否有管辖权；五是审查是否符合法定的期限；六是审查是否经过必经复议程序。人民法院接到诉状，经过审查，应当在 7 日内立案或者做出不予立案的裁定。原告对不予受理的裁定不服的，可以提起上诉。

【做中学 9-5】 根据法律的规定，人民法院接到税务行政诉讼的诉状，经过审查，应当在（　　）日内立案或者做出不予立案的裁定。原告对不予受理的裁定不服的，可以提起上诉。

A. 5　　　　B. 7　　　　C. 10　　　　D. 15

【答案】 B

六、税务行政诉讼的审理和判决

(一) 税务行政诉讼的审理

人民法院审理行政案件实行合议、回避、公开审判和两审终审的审判制度。审理的核心是审查被诉具体行政行为是否合法，即做出该行为的税务机关是否依法享有该税务行政管理权，该行为是否依据一定的事实和法律做出，税务机关做出该行为是否遵照必备的程序等。

(二) 税务行政诉讼的判决

人民法院对受理的税务行政案件，经过调查、收集证据、开庭审理之后，依法做出如下几种判决。

1. 维持判决

对于事实清楚、证据确凿，适用法律、法规正确，符合法定程序的案件判决维持。

2. 撤销判决

对于证据不足，适用法律、法规错误，违反法定程序，或者超越职权、滥用职权的案件，人民法院应判决撤销或部分撤销，同时可判决税务机关重新做出具体行政行为。

3. 履行判决

税务机关不履行或拖延履行法定职责的，判决其在一定期限内履行。

4. 变更判决

税务行政处罚显失公正的，可以判决变更。

对一审人民法院的判决不服，当事人可以选择上诉。但对发生法律效力的判决，当事人必须执行，否则人民法院有权依对方当事人的申请强制执行。

【做中学 9-6】 下列关于税务行政诉讼的表述中，正确的有（　　）。

A. 税务机关可作为税务行政诉讼案件的原告

B. 作为税务行政诉讼案件被告方的税务机关不能反诉

C. 原告对人民法院做出的不予受理的裁定不服的，可以提起上诉

D. 当事人对一审人民法院的判决不服的，可以上诉

【答案】 BCD

【解析】 税务机关不享有起诉权，只有应诉权，即税务机关只能作为被告。

【案例实训】

某市B区税务局C分局税收管理员发现：文远公司股东陈亮在分得50万元的股息红利后没有按照税法规定申报缴纳个人所得税10万元，后核实确定该公司没有为陈亮代扣代缴相关税款。之后，税收管理员联系陈亮，告知其取得50万元股息红利后应履行的纳税义务，得到的回答却是："我虽然分到了50万元的股息红利，但这笔红利的纳税人并不是我，而是前股东李平，李平将股权转让给我时已经缴税。"

之后税收管理员调取了有关股权转让的协议和纳税资料查明股权转让协议内容，经查，股权出让人李平因身体原因不能继续参与文远公司经营，故将自己持有的公司股份转让给陈亮。股权转让时李平请求分红，而文远公司暂时没有分红意向。经过协商，李平和陈亮达成一致，以转让当期会计报表账载的未分配利润为基数，将李平享有的对应未分配利润50万元一并转让给陈亮，故陈亮除了向股权出让人李平支付股本100万元之外，需另行向李平支付未分配利润50万元。税单资料显示，李平当时确实就这50万元转让额申报缴纳了个人所得税10万元，由文远公司代扣代缴，只是申报的品目是股权转让所得。

C分局认为，李平的所得是股权转让所得，缴纳的是股权转让所得个人所得税，陈亮拿到的是股息分红，应缴纳的是股息红利个人所得税。因此，C分局向陈亮发出《税务事项通知书》，要求其就50万元股息红利所得申报缴纳个人所得税，同时对文远公司未履行有关代扣代缴义务的行为另行处理。

陈亮对此处理不服，在缴纳有关税款后向B区税务局提出了行政复议申请。

申请人陈亮在复议申请书中主要申明了三点内容：

一是申请人不是纳税争议涉及的50万元股息红利的纳税人。因为该50万元分红是分配给前股东李平的，李平才是正确的纳税人，且李平已经为该笔分红缴纳个人所得税10万元。

二是纳税争议涉及的50万元直接支付给了申请人陈亮，是债权转让的结果。文远公司应分配给前股东李平的50万元股息红利属李平拥有的债权，只是因为在股权转让时该

笔债权尚未到期，即文远公司未到股息红利分配时间，所以李平转让股权时一并将该预期债权转让给了申请人。

三是债权是平价转让，申请人从中并没有获得所得，故不需要缴纳个人所得税。

综上所述，申请人不是该笔股息红利的纳税人，故请求撤销被申请人做出的《税务事项通知书》，并将征缴的税款退还给申请人。

根据收到陈亮的复议申请，B区税务局立即组成行政复议委员会对本案展开复议。

复议过程中，被申请人C分局对申请人的请求逐一予以回应，认为文远公司本次股息红利分配决议列明申请人取得股息红利50万元，申请人应就其所得申报缴纳个人所得税。

经本案行政复议委员会复议后，决定撤销C分局做出的有关行政处理。

【本案启示】 陈亮的主张有其合理性，且符合交易实际。现实中，在针对个人股权交易明细偏低情况进行纳税调整时，常见的一种方式是基于企业净资产进行配比，但实质还需要考虑股权转让人的预期收益。按照实质重于形式的原则，预期收益对应的是企业账面上的未分配利润、盈余公积和资本公积，此类权益分配需要缴纳的是股息红利方面的个人所得税。所以，在确认股权转让所得时，应考虑所得实质由转让方李平缴纳税款，这样处理并不存在税款流失的风险。今后陈亮再转让有关股权时，50万元分红所得将不被视为成本，通过税收审核可以保障涉及税款入库。

当前，个人股权转让涉税问题较为复杂，存在“阴阳合同”、现金交易等难以监管的情形，税务机关需要练就“火眼金睛”，去伪存真，遇到没有明确法律规定的问题时，需要透过表象看实质，兼顾依法征税和维护纳税人的权益。

项目小结

税务行政法制包括税务行政处罚、税务行政复议和税务行政诉讼，其中税务行政处罚是本章重点。明确税务行政处罚的原则，掌握税务行政处罚的种类。实务当中要学会如何合理避免税务行政处罚。理解税务行政复议的原理，明确税务行政复议的受案范围。掌握税务行政诉讼的管辖，会进行税务行政诉讼的起诉。

课后训练

一、判断题

1. 甲公司对《税收保全措施决定书（扣押/查封适用）》不服，可以在未缴纳税款、滞纳金的情况下直接向人民法院提起行政诉讼。（ ）

2. 税务机关的行政强制执行不得委托实施。（ ）

3. 具有税务行政处罚权的税务机关是市级以上税务局（分局），以及相关法律法规特别授权的税务所和省级以下税务局稽查局。（ ）

4. 某企业取得虚开的增值税专用发票抵扣税款，经查明属于善意取得，主观上没有过错，则该企业取得发票的行为不应被认定为税收违法行为。（　）

5. 情况紧急时，税务执法人员可以当场实施行政强制措施，但应当在 2 个工作日内向行政机关负责人报告，并补办批准手续。（　）

二、单项选择题

1. 下列各项中，不属于行政处罚的是（　）。

A. 责令停产停业　　B. 责令限期改正

C. 责令关闭　　D. 降低资质等级

2. 下列关于税务行政处罚管辖权的说法，不正确的是（　）。

A. 应给予税务行政处罚的违法行为，通常由违法行为发生地的税务机关管辖

B. 应给予税务行政处罚的违法行为，一律由县级以上税务机关管辖

C. 对同一违法行为，两个或者两个以上税务机关都有处罚管辖权的，一般由相关的行政税务机关协商或按惯例解决，或者按“谁先查处谁处罚”的原则处理

D. 税务机关受理了不属于自己管辖的案件，应及时将案件移送有管辖权的税务机关实施查处

3. 下列关于税务行政诉讼被告的说法，不正确的是（　）。

A. 经复议的案件，复议机关决定维持原行政行为的，做出原行政行为的行政税务机关和复议机关是共同被告

B. 经复议的案件，复议机关改变原行政行为的，复议机关是被告

C. 两个以上行政税务机关做出同一行政行为的，共同做出行政行为的行政税务机关是共同被告

D. 行政税务机关委托的组织所作的行政行为，受委托的组织是被告

4. 纳税人对税务机关做出的下列行政行为不服时，应当先向行政复议机关申请复议后才可以向人民法院提起行政诉讼的是（　）。

A. 加收滞纳金　　B. 税收保全措施

C. 处以税款 50%的罚款　　D. 强制执行措施

5. 税务行政复议期间发生的下列情形中，应当终止行政复议的是（　）。

A. 作为申请人的公民被宣告失踪

B. 行政复议机关因不可抗力原因暂时不能履行工作职责

C. 作为申请人的公民死亡，其近亲属尚未确定是否参加行政复议

D. 行政复议申请受理以后，发现其他行政复议机关已经先于本机关受理

6. 在税务行政诉讼案件中，税务机关可享有的权利有（　）。

A. 应诉权　　B. 反诉权　　C. 起诉权　　D. 撤诉权

7. 税务行政处罚的设定和实施，要根据税务违法行为的性质、情节、社会危害性大小而定，这体现了税务行政处罚的（　）。

A. 法定原则　　B. 公正公开原则

C. 以事实为依据原则　　D. 过罚相当原则

8. 尚未制定法律、行政法规的，国家税务总局可以通过规章的形式设定一定数额的行政处罚，涉及公民生命健康安全、金融安全且有危害后果的，设定的罚款数额最高不得超过（　　）元，超过上述限额的，要报国务院批准。

A. 50 000　　B. 100 000　　C. 200 000　　D. 300 000

9. 以下各项中，不具备税务行政处罚主体资格，但能够以自己的名义在一定金额内实施税务行政处罚的是（　　）。

A. 县级税务机关的内设机构　　B. 市级税务机关的税政处

C. 税务所　　D. 税务所的内部岗位

10. 以下各项中符合行政处罚的简易程序规定的是（　　）。

A. 当场收缴罚款

B. 当场做出税务行政处罚决定

C. 对个人罚款 2 000 元以下，对法人、单位罚款 10 000 元以下

D. 当场进行听证

三、多项选择题

1. 税务机关进行税务行政处罚时，应当依法从轻或者减轻处罚的法定情形有（　　）。

A. 当事人有证据足以证明其没有主观过错的

B. 配合税务机关查处违法行为有立功表现的

C. 受他人胁迫或诱骗有违法行为的

D. 不满十四周岁的人有违法行为的

2. 税务机关应当及时解除查封、扣押的情形有（　　）。

A. 被执行人没有违法行为　　B. 查封、扣押的财物与违法行为无关

C. 被执行人无履行能力　　D. 查封、扣押期限已经届满

3. 下列各项中，体现了依法行政基本要求中“程序正当”的有（　　）。

A. 行政信息真实　　B. 行政公开

C. 回避　　D. 保障当事人的陈述权申辩权

4. 税务机关拟对纳税人某企业罚款 10 万元，在《税务行政处罚事项告知书》中依法应当告知纳税人的权利有（　　）。

A. 陈述申辩权　　B. 听证申请权　　C. 回避申请权　　D. 复议申请权

5. 当事人逾期不履行行政处罚决定的，做出行政处罚决定的税务机关可以采取的措施有（　　）。

A. 到期不缴纳罚款的，每日按罚款数额的百分之三加处罚款

B. 根据法律规定，将查封、扣押的财物拍卖、依法处理抵缴罚款

C. 向人民法院提起行政诉讼

D. 依照行政强制法的规定申请人民法院强制执行

6. 税务行政复议决定的种类有（　　）。

A. 维持原具体行政行为　　B. 责令限期履行法定职责

C. 撤销、变更原具体行政行为　　D. 确认原具体行政行为违法

7. 下列各项中，属于税务行政复议受案范围或审查范围的有（　　）。

A. 国家税务总局制定的规章　　B. 税务机关做出的税收保全措施

C. 税务机关做出的征税行为　　D. 税务机关做出的行政处罚行为

8. 申请人对税务机关的下列行政行为不服时可以申请行政复议的有（　　）。

A. 没收财物　　B. 行政赔偿　　C. 行政审批　　D. 发票管理

9. 税务行政复议期间出现下列情形时，行政复议中止的有（　　）。

A. 作为申请人的公民下落不明或者被宣告失踪的

B. 申请人要求撤回行政复议申请，复议机构准予撤回的

C. 申请人、被申请人因不可抗力，不能参加行政复议的

D. 案件涉及法律适用问题，需要有权机关做出解释或确认的

10. 下列各项中，属于侵犯纳税人和其他税务当事人权益的情形，并且纳税人和其他税务当事人可以提起税务行政诉讼的有（　　）。

A. 税务机关通知银行冻结其存款的行为

B. 税务机关逾期未对其复议申请做出答复的行为

C. 税务机关对其所缴纳的税款没有入缴国库的行为

D. 税务机关制定的规范性文件损害其合法权益的行为

课后训练
参考答案

参考文献

1. 中国注册会计师协会．税法［M］．北京：经济科学出版社，2022.
2. 中国注册会计师协会．税法［M］．北京：经济科学出版社，2023.
3. 全国注册税务师执业资格考试教材编写组．税法（Ⅰ）［M］．北京：中国税务出版社，2023.
4. 全国注册税务师执业资格考试教材编写组．税法（Ⅱ）［M］．北京：中国税务出版社，2023.
5. 财政部会计资格评价中心．经济法［M］．北京：中国财政经济出版社，2022.
6. 财政部会计资格评价中心．经济法基础［M］．北京：经济科学出版社，2023.
7. 王碧秀．税务会计［M］．2 版．北京：高等教育出版社，2021.
8. 梁伟样．税费计算与申报［M］．4 版．北京：高等教育出版社，2021.
9. 梁文涛．税法［M］．4 版．北京：中国人民大学出版社，2021.
10. 王莉．税法［M］．3 版．北京：清华大学出版社，2019.
11. 王曙光．税法［M］．9 版．大连：东北财经大学出版社，2021.
12. 梁文涛．企业纳税实务［M］．4 版．北京：高等教育出版社，2023.